数据信托制度研究

于强伟 著

法律出版社 LAW PRESS·CHINA
北京

图书在版编目（CIP）数据

数据信托制度研究／于强伟著. -- 北京：法律出版社，2025. -- ISBN 978-7-5244-0040-0

I. D922.174

中国国家版本馆 CIP 数据核字第 2025612AF1 号

| 数据信托制度研究
SHUJU XINTUO ZHIDU YANJIU | 于强伟 著 | 责任编辑 赵明霞
装帧设计 马 帅　臧晓飞 |

出版发行　法律出版社　　　　　　　　开本　710 毫米×1000 毫米　1/16
编辑统筹　法商出版分社　　　　　　　印张　19.75　　字数　270 千
责任校对　慕雪丹　　　　　　　　　　版本　2025 年 8 月第 1 版
责任印制　胡晓雅　　　　　　　　　　印次　2025 年 8 月第 1 次印刷
经　　销　新华书店　　　　　　　　　印刷　河北晔盛亚印刷有限公司

地址:北京市丰台区莲花池西里 7 号(100073)
网址:www.lawpress.com.cn　　　　　　销售电话:010-83938349
投稿邮箱:info@lawpress.com.cn　　　　客服电话:010-83938350
举报盗版邮箱:jbwq@lawpress.com.cn　　咨询电话:010-63939796
版权所有·侵权必究

书号:ISBN 978-7-5244-0040-0　　　　　定价:98.00 元

凡购买本社图书，如有印装错误，我社负责退换。电话:010-83938349

序

在数字经济时代，AI 代表了先进的生产力，Web3.0 代表了先进的生产关系，二者的组合为经济社会的发展带来无限可能。作为 AI 的基石，数据与算力、算法共同构成了人工智能的三大基础底座，数据在 AI 大模型训练、链上数分析、DeFi、PayFi 等场景的应用中发挥着关键作用；在 Web3.0 的各种链上应用中，数据也是不可或缺的信息载体和价值表达。某种程度上可以说，没有数据，就没有 AI 和 Web3.0，更不可能有基于二者的组合所能带来的效率提升和价值传递，互联网的形态也就不可能从以信息传递为主的"信息互联网"，过渡到以价值传递为主的"价值互联网"。

从技术角度，AI 的出现是人类社会发展的必然，当几乎所有人都在讨论 AI 如何改写甚至颠覆某些行业时，关注的核心问题其实是数据价值如何挖掘。从价值作用机理来看，数据的作用不可被夸大，也不可被低估。主要基于两个考虑：

第一，数据是新时代的土地。将数据类比为"新时代的石油"是不准确的，因为数据是非消耗性的，具有无限可复制性，且可以持续不断地进行多次融合、加工和使用，也因此表现出不同的价值形式，但数据本身依然还在。无论是商业领域的数据价值应用，还是政治领域的策略选择，数据都表现出了惊人的能力。一定程度而言，数据已经不再是泛化的信息，而是特化的情报，已成为帮助组织获取竞争优势的利器。

第二，数据的价值在于场景。国内许多学者和数据实践从业者，做了很多努力试图为数据进行"定价"，最后发现，数据很难定价。因为在不同业务场景下，数据的价值表现出一定程度的差异化。某些场景下数据具有财产属性，不排除在另外场景下可能完全没有价值，这也是当前数据实践中确权困难的重要原因。正因为如此，在英国数据信托中，对数据是否"财产"没有做出明确的界定，而只是强调了数据信托中的受托人对数据应当有明确无疑的权利要求。

既然数据蕴含着这么大的价值，对它的开发、利用、抢夺，甚至是爬虫窃取等，就成了各路兵家的必争之地。然而，有数据不一定必然能够产生价值，对它的开发及利用还受到个人隐私保护、网络安全、数据安全等多方面合规性的限制。数据"黑灰产"固然能够产生短平快的价值，但同样埋伏着违法甚至犯罪的巨大法律风险。

本书尝试借用信托法基本原理，将数据受益权作为数据价值流转的基础，赋予特定数据处理者以受托人的角色，使其承担一定程度的信义义务，将加工处理后的数据标签（数据衍生变量）作为信托财产进行管理并产生经济价值，在相关方之间进行合理的价值分配，从而使数据蕴含的价值得到挖掘和发挥。虽然，当前国家政策、法律法规、学理分析对数据确权、数据流通等方面的认知仍然存在一定的分歧，但监管思路也正在逐渐清晰，在此背景下，以"数据信托"作为切入点研究和分析数据的合理化应用，对数据价值挖掘和未来的数据立法都具有积极的作用，是有益的尝试。

中国政法大学民商经济法学院教授、博士生导师

洪范法律与经济研究所所长

2025 年 7 月 13 日

自　序

选择以"数据信托"作为本书的写作主题，需要很大的勇气。一方面，目前国内有关数据信托的理论研究尚未形成体系，相关研究主要集中在理念和方法论的层面，对规则和可操作性方面的具体研究不多，数据实践中也没有成功案例，因此，要研究数据信托，必须在熟悉国内数据流通和交易实践的基础上进行制度创新；另一方面，国外的数据信托制度环境与国内有很大差别，英美国家的信托制度环境相当成熟，可以很灵活地将信托理念与数据管理相结合，以解决特定方面的问题（如强化受托人义务、实现个人数据主体受益权等），而国内的信托由于法律传统的原因，从信托制度引进之初就存在"双重所有权""信托财产登记"等困惑，这也注定了英、美、日、韩等国家的数据信托经验并不能直接照搬。在此背景下，考虑到数据财产的固有特性，数据信托的本土化研究需要另辟蹊径，应以挖掘实践价值应用为主要导向，以商业模式创新和配套规则建设为切入点，如此方可找到中国特色的数据信托制度落脚点。所幸的是，我的导师王涌教授在此过程中帮我梳理和明确了研究方向，并给了我极大的鼓励，虽然写作过程中多次进行修改，甚至大幅度调整结构框架，但最终还是顺利完成了写作任务。

本书虽然已经完成，但需要研究的问题更多。例如，在淡化数据所有权的论述中，本书主张的数据"控制"，相比传统民法学上的"占有"，在概念上是否可以通用，尤其是在 Web3.0 时代，随着区块链技术的深度普及和应用，"去中心化"的个人信息存储和管理能否构成"占有"抑或"准占有"？再如，就数据授权规则的变更问题，从"前端授权"变更为"后端授权"，如何设计授权文件，使大而化之的概括式授权与现有监管规定进行妥善衔接？虽然在理论上，以救济为主要特征的责任规范相比以赋权为主要特征的权利规范，成本更低、效率更高，但如何防范数据处理者借此机会"搭便车"，超范围、超用途加工和处理数据并损害个人数据主体的合法权益，从而造成新的数据不公？等等，诸如此类的问题，依然需要持续深入的研究。正如本书开篇部分所述，数据所荷载的信息在一定程度上已经不再是简单的信息，而是特化的情报，它对一个组织的决策和竞争力有着十分关键的影响。

另外，本书的写作初衷是能够在数据保护和数据利用之间寻找恰当的平衡点，为各方带来收益。数据信托是其中一种模式，并非唯一模式；只不过，相比其他类型的数据应用（如数据买卖、隐私计算等），数据信托具有的"淡化所有权、强化使用权/受益权"的功效，也能够使当前学界争论较多的数据确权问题可以暂时搁置，转向迅速挖掘数据的商业和社会价值。也许就如当年的股权问题一样，在无法用"物债二分、物必有体"的大陆法系逻辑界定其财产权时，先关注其他有用的方面可能更容易摆脱思维定式的羁绊，发挥财产的实际价值。总之，本书认为数据信托的研究只是刚刚起步，留给我们的具体课题还非常多，理论研究和实践应用在数据领域依然任重道远。

本书在写作过程中，得到了许多人的帮助，没有他们的支持，不可能按时完成。在此，我首先要感谢我的家人，没有他们帮我分担家务和照看孩子，课题研究几乎是不可能进行下去的；还要感谢我的导师王涌教授，他超前的洞察力和睿智的判断力，是本书的骨架和灵感之源；也要感谢工作上给我支持的众多朋友，包括易宝支付创始人唐彬、天创信用 CEO 李文贤等，正是他们的包容和信任让我得以工作和学习两不误；最后，还要感谢我的师弟曾博、周晓冬、罗南森、王钊阳等，他们的心得和经验也让我少走了很多弯路。另外，特别要感谢法律出版社法商分社社长薛晗和资深编辑赵明霞，没有她们的支持，本书不可能如此顺利地付梓印刷。还有许多曾经帮助过我的朋友，在此不一一列举了，一并致以最诚挚的谢意！

愿本书的些许浅见能起到抛砖引玉之效，在当前及未来的数字经济大潮中，有更多志同道合的朋友一起见证和参与数据要素的价值创造，使数据真正成为新时代的"土地"，能够生生不息，绵延不绝，为国家安全和人民福利带来更多实实在在的价值。书中观点不妥之处，敬请读者朋友不吝指正。

于强伟

2025 年 7 月 13 日

目录

绪论

- 002　一、选题依据
- 002　　（一）数据要素市场潜能巨大
- 004　　（二）数据流通面临多重障碍
- 007　　（三）数据交易机制供给不足
- 011　　（四）数据交易的创新性选择
- 013　二、研究综述
- 013　　（一）英美国家的数据信托研究
- 019　　（二）日本和韩国的数据信托现状
- 022　　（三）国内的数据信托现状
- 026　三、研究方法
- 026　　（一）文献分析法
- 027　　（二）比较法分析法
- 027　　（三）（霍菲尔德）分析法学研究法
- 028　　（四）法经济学分析法

029　（五）实践分析法

030　**四、选题创新与不足之处**

030　（一）创新之处

031　（二）不足之处

第一章
数据信托概述

033　**一、数据与数据财产**

034　（一）数据含义厘清

047　（二）数据财产属性的界定

060　**二、数据财产与信托之结合**

060　（一）传统信托要义及其对数据信托的启示

064　（二）传统信托理论对数据财产的张力与契合

070　**三、数据信托的理论基础**

071　（一）数据权利理论：以意思自治为导向

073　（二）"卡—梅框架"理论：数据自治与信托模式的启示

076　（三）信任理论：数据可信流通的根基

078　**四、以数据信托形式促进数据流通**

078　（一）数据供给端之困惑

081　（二）数据需求端之困惑

083　（三）我国数据流通困境：在使用与保护之间

089　**五、本章小结**

第二章
数据信托主体架构及设立

- 090   一、国内信托理论对数据信托当事人的理论张力
- 091   （一）委托人
- 093   （二）受托人
- 095   （三）受益人
- 098   （四）其他信托关系人
- 098   二、数据信托主体的比较法考察
- 098   （一）美国数据信托的经验启示
- 102   （二）英国数据信托的经验启示
- 108   （三）日本的信息银行经验启示
- 111   （四）韩国 MyData 实践
- 117   三、我国数据信托主体的架构设想
- 117   （一）数据信托委托人：数据主体与数据控制者的比较分析
- 119   （二）数据信托受益人：个人、企业与政府的多元化考量
- 122   （三）数据信托受托人：第三方独立机构势在必行
- 125   （四）数据产业链条的专业技术提供方
- 129   四、数据信托的设立
- 129   （一）数据信托的应用场景简析
- 133   （二）数据信托合同
- 136   （三）数据信托的业务模式架构
- 139   （四）数据信托财产的税制问题
- 140   五、本章小结

第三章
数据信托财产

- 143　一、数据财产的比较法研究及表现形态
- 143　（一）数据财产的比较法研究
- 151　（二）从"所有"到"控制"：霍菲尔德理论对数据信托财产的启示
- 156　（三）数据信托财产的表现形态：基于衍生变量的数据标签
- 161　二、数据信托财产的独立性
- 161　（一）数据信托财产能否独立：“法人说”与“双财团理论”之比较
- 164　（二）数据信托财产与各方主体财产之间的区隔
- 167　三、数据信托财产的登记
- 168　（一）我国信托财产登记的现状和问题
- 169　（二）数据信托财产登记的效力模式选择
- 170　（三）数据信托财产登记的可行选择：联盟链技术
- 172　四、数据信托财产处分的逻辑前提
- 172　（一）数据源的合法性
- 180　（二）数据伦理与科技向善
- 185　（三）法律的强制性规范
- 186　五、数据信托财产处分的内涵要义考量
- 186　（一）数据信托财产处分的内涵和逻辑：基于财产权谱系的解读
- 195　（二）场景化隐私与数据财产转让
- 201　六、本章小结

第四章

数据信托受托人信义义务

204	**一、走向系统信任——数字时代的信义义务基础**
206	（一）数字时代信义义务的技术基础
215	（二）数字时代信义义务的私法基础
220	（三）数字时代信义义务的公法基础
225	**二、数据信托受托人信义义务的展开**
226	（一）数据信托受托人信义义务的主要内容
232	（二）数据信托受托人信义义务的终极目的：保障数据可信流通
235	**三、数据信托受托人违反信义义务的救济**
235	（一）私法领域的救济
243	（二）公法领域的救济
246	**四、本章小结**
246	（一）系统信任为信义义务提供了技术基础
247	（二）数据信托的信义义务具有公法制度基础
247	（三）数据信托的信义义务因数据价值的场景依赖性而表现出高度的复杂性
247	（四）数据信托的信义义务包括数据忠实义务和数据勤勉义务两方面
248	（五）数据信义义务的救济具有特殊性

第五章

数据信托正当时：数据交易现状及规则建议

250	**一、数据交易市场失范的类型化**
250	（一）原始数据直接买卖
251	（二）数据合作中超范围采集
253	（三）非法公开爬取数据

255	（四）通过实施"撞库"进行数据补强
255	（五）通过数据缓存收集信息
257	**二、我国数据信托制度规则构建的主要考量因素**
257	（一）数据授权规则
260	（二）数据信托财产处分规则
268	（三）数据信托受托人规制规则
270	**三、我国开展数据信托的立法建议**
270	（一）数据信托主体规则
271	（二）数据信托财产规则
272	（三）受托人信义义务规则

273	**结论**
276	**主要参考文献**
299	**附录**

绪　　论

许多人将数据比喻为"新时代的石油"①，认为数据具有前所未有的巨大价值。其实，这种说法并不十分准确。"石油"是可消耗品，理论上越用越少。相比之下，从数据本身固有的非消耗性、近乎零成本的无限可复制性等角度观察，数据更类似于"新时代的土地"：在土地的滋养下，人们可以反复种植出各种农作物，但土地价值并没有因此明显减损；数据亦是如此，它可以持续不断地进行多次融合、加工和使用，也因此表现出不同的价值形式，但数据本身依然还在。在认识到数据蕴含的巨大价值之后，数据被各个国家和地区放置到愈加重要的战略性位置。从商业领域的数据价值应用（如智能风控、辅助决策、精准营销等）到政治领域的策略选择（如分析选民行为、精准投放选举广告等），数据都表现出了惊人的能力。数据已经不再是泛化的信息，而是特化的情报，已成为帮助组织获取竞争优势的利器。② 在数据价值驱动的理念之下，拥有数据即代表价值实现的可能；于是乎，数据成为兵家必争之地。

然而，数据财产权益形式极其复杂：数据之中不仅包含了个人隐私权益，也囊括了众多数据处理者的软件和硬件价值投入。就个人对数据的权利边界如何划定，数据到底为谁所有、如何确权，数据之中包括哪些权益等问题，迄今为止，国内外立法和数据实践中仍未见到共识性结论，以至于有国内学者借用

---

① See Samuel Flender, *Data is Not the New Oil*, Towards New Data Sci, https：//towardsdata-science. com/data－is－not－thenewoil－bdb31f61bc2d, last visited on Mar. 17, 2022.

② 参见吕斌、李国秋：《组织情报学》，上海世界图书出版公司2013年版，第111页。

霍菲尔德（Wesley Hohfeld）对权利的分析框架，干脆将数据权益以"权利束"的形式进行概括，① 这反映了虚拟世界对自罗马法以来"物债二分、物必有体、物权排他"的强力挑战。也正是由于立法层面的可行性制度供给不足，导致实践中数据"黑灰产"交易乱象丛生，个人隐私权益被肆意践踏，类似于滴滴事件、② 徐玉玉案件、③ 在当前数据实践中仍不罕见。一方面是数据经济高速发展带来的数据红利，另一方面是立法滞后导致个人信息保护和商业化应用的严重失衡，两者相互交织共同成为当前数据经济发展不可回避又亟待解决的现实问题。从实践表现来看，当前国内数据流通和交易效果也不尽如人意，表现出合规化数据交易不积极、数据要素流通困难、应用场景挖掘不足等众多问题。④ 因此，如何构建数据流通的合规化交易架构，通过数据权利义务关系的合理配置，引导和促进数据要素价值的发挥，同时又能给予个人信息以合理尊重和保护，最终在数据要素流通应用和数据安全保护之间寻求合理的最佳平衡，是摆在立法和实践面前的重大课题。

一、选题依据

（一）数据要素市场潜能巨大

数字经济的核心是数据要素；区块链、云计算、人工智能、物联网等新一代信息技术，都与数据要素息息相关。近年来，我国移动支付、网络购物、共享经济等数字经济蓬勃发展，数据要素市场处于高速发展阶段。中国信息通信研究院发布的数据显示，2021 年中国数字经济规模已达 45.5 万亿元，占 GDP

---

① 参见王利明：《论数据权益：以"权利束"为视角》，载《政治与法律》2022 年第 7 期。
② 参见《滴滴被罚 80.26 亿元，存在 16 项违法事实》，载浙江网信网，https://www.zjwx.gov.cn/art/2022/7/21/art_1694595_58871622.html?eqid=e6d0a8e40003154700000000066497f06c。
③ 参见《8·19 徐玉玉电信诈骗案》，载百度百科，https://baike.baidu.com/item/8%C2%B719%E5%BE%90%E7%8E%89%E7%8E%89%E7%94%B5%E4%BF%A1%E8%AF%88%E9%AA%97%E6%A1%88/20091304?fr=ge_ala，最后访问日期：2023 年 12 月 9 日。
④ 参见周汉华：《数据确权的误区》，载《法学研究》2023 年第 2 期。

比重为 39.8%。① 围绕数据开展的基础设施规划和建设、数据资产的整合、数据的分析处理，以及数据开放共享和数据安全，铸就了大数据产业的蓬勃发展。根据国家工业信息安全发展研究中心测算数据，2021 年我国数据要素市场规模达到 815 亿元，2022 年市场规模接近千亿元。数据要素市场规模有望在 2025 年迈上 2000 亿元新台阶，对应 3 年复合增长率（compound annual growth rate，CAGR）为 30%。从远期来看，数据要素市场在 2030 年有望突破万亿元。② 数字化发展浪潮催生了许多新型商业模式，更是让每个人的消费模式和消费观念发生了质的变化，也给数字政务、智慧城市建设带来了巨大便利。

可以预见的是，数据要素对人类社会的巨大影响将持续深入，尤其是人工智能、深度学习神经网络技术的快速发展，催生了"大模型"③ 的出现，正在对多个行业的商业模式产生颠覆性的影响。例如，OpenAI 公司开发的 ChatGPT、谷歌开发的 Bard、百度开发的"文心一言"等生成式人工智能大模型，已经深刻影响了自动驾驶、医疗诊断、法律服务、广告投放等行业的发展，极大地提高了工作效率和工作质量，进一步激发了人们对人工智能的想象力。随着数据量的持续快速增加，④ 人工智能的能力必将进一步增强。有人预测，人工智

---

① 参见《中国数据要素安全流通白皮书》（2023），载百度百家号，https://baijiahao.baidu.com/s?id=1761767347502311369&wfr=spider&for=pc，最后访问日期：2023 年 12 月 10 日。

② 参见《2024—2029 年全球及中国数据要素市场监测调研及投资潜力评估预测报告》，载哔哩哔哩网站，https://www.bilibili.com/read/cv27520978/，最后访问日期：2023 年 12 月 10 日。

③ 大模型是大规模语言模型（large language model）的简称。语言模型是一种人工智能模型，它被训练用于理解和生成人类语言。"大"在"大语言模型"中的意思是指模型的参数量非常大。在深度学习领域，大模型通常是指具有数百万到数十亿参数的神经网络模型。这些模型需要大量的计算资源和存储空间来训练和存储，并且往往需要进行分布式计算和特殊的硬件加速技术。大模型的设计和训练旨在提供更强大、更准确的模型性能，以应对更复杂、更庞大的数据集或任务。大模型通常能够学习到更细微的模式和规律，具有更强的泛化能力和表达能力。

④ 根据 IDC 数据预测，全球数据量持续快速增长，预计到 2025 年全球数据量将达到 175ZB。载百度百家号，https://baijiahao.baidu.com/s?id=1759667466003225393&wfr=spider&for=pc，最后访问日期：2023 年 12 月 10 日。

能在未来的某个时点可能会出现"奇点",实现终极目标——强人工智能(artificial general intelligence,AGI),使机器具备思维能力和自主决策能力,到时,人类与它们的智力差别差不多就是昆虫和人类的差距。① 但也有人对此表示悲观,埃隆·马斯克就将强人工智能称为"人类文明的最大风险"。② 即便如此,仍然不可否认人工智能在当前经济社会发展中的作用,只要通过理性的监管和规则控制将人工智能的负面影响限定在人类可控范围之内,③ 数据要素的价值作用就会持续增加。

(二)数据流通面临多重障碍

数据实践中所称"数据流通",通常指数据开放、数据共享、数据交易。④ 这三种类型的数据流通,因其都可能涉及个人信息主体的人格性权益,在当前数据流通实践中又无统一适用性规则,因而带来了许多问题,一定程度上使数据流通受阻。主要表现为数据侵权、匿名化和数据授权三个方面。

1. 数据侵权:数据结构复杂导致数据流通侵权风险加大

数据的复杂性源于生成的复杂性以及识别的复杂性。在数据生成方面,既有个人提交的本人数据,也有平台生成的网页数据,还有计算机运行产生的大量非个人数据,甚至记载数据的载体也成为数据,如电子图书、电子图片等;如此复杂的数据导致试图对数据进行确权的许多努力至今也未达成共识。在数据识别方面,个人信息的范围越来越难以准确界定,无论是美国还是欧盟或者我国的个人信息立法技术,均强调个人信息的"可识别性",凡是能够识别到

---

① 参见李开复:《AI·未来》,浙江人民出版社2018年版,第166页。
② 参见《马斯克警告:人工智能是人类文明最大的威胁之一》,载比特网,https://m.chinabyte.com/ai/350/2147443350.shtml,最后访问日期:2023年12月10日。
③ 国家互联网信息办公室等7部门颁布的《生成式人工智能服务管理暂行办法》已经于2023年8月15日实施;欧洲议会、欧盟成员国和欧盟委员会三方于2023年12月8日就《人工智能法案》达成协议,该法案将成为全球首部人工智能领域的全面监管法规。
④ 参见《中国数据要素安全流通白皮书》(2023),载百度百家号,https://baijiahao.baidu.com/s?id=1761767347502311369&wfr=spider&for=pc,最后访问日期:2023年12月10日。

特定个人的信息，无论是直接识别还是间接识别，均为个人信息。[1] 达姆曼（Ulrich Damman）认为，只有能够清楚地表示某项数据是关于此人而非他人时，此人才能被认为是已识别。[2] 在当今计算技术不断更新迭代的背景下（如边缘计算、量子信息计算等），以前看似与个人毫不相干的数据，有可能也被重新定义识别到个人，数字技术给个体识别创造了无限便利和可能。[3] 这使个人数据的范围面临技术挑战，增添了数据结构的复杂性。另外，数据经过加工之后形成用户的"特征标签"。如果只是单纯的"标签"提供行为，其实已经很难再向用户要求同意；而且单纯的"标签"事实上已经不再是个人信息，这也会进一步增加数据的复杂性。

正是数据结构的复杂性，使得在数据流通时，数据控制者对外处分的数据权利可能并不充分，事实上很有可能会处分个人数据主体的权益，从而导致侵权风险。

2. 匿名化：数据匿名化和数据价值最大化之间存在矛盾

要解决数据侵权风险，匿名化是被立法认可的做法。所谓匿名化，是指个人信息经过处理无法识别特定自然人且不能复原的过程。[4] 数字经济的发展要求高质量的数据流通，数据流通的次数越多，产生价值的机会越大，数据的非匿名化程度（敏感程度）越高，数据应用产生的价值也越大；然而，由此侵犯个人隐私权的可能性也就越高。这似乎是一对天然的矛盾。当前就数据流通进行规制的措施也集中在数据脱敏和匿名化保护方面。我国个人信息保护立法

---

[1] 参见高富平：《个人信息保护立法研究》，光明日报出版社2021年版，第8页。
[2] Ulrich Dammann, in: Simitis, Bundesdatenschutzegesetz, 7. Aufl., 2011, § 33 Rn.
[3] 参见高富平：《个人信息流通利用的制度基础——以信息识别性为视角》，载《环球法律评论》2022年第1期。
[4] 参见我国《个人信息保护法》第73条第4项。

认为，匿名化后的数据不再是个人数据，也因此不需要进行特别保护，① 但数据的价值也将会因此减损，甚至不再有应用价值。这是当前数据流通实践面临的主要矛盾，其背后深层次的原因仍在于数据保护和数据应用的价值优先顺位问题。

3. 数据授权：以"知情同意原则"为代表的个人信息事先授权模式事实上已经陷入形式合规怪圈，无法真正起到促进数据流通的作用

一般认为，除了匿名化外，取得个人的"知情同意"是阻却数据违法性的重要手段。当前，在数据流通面临的三个挑战中，这是最严峻的一项挑战。数据控制者在向消费者提供服务时，常见在其网站或 App 上展示"隐私政策"，取得勾选同意后再提供相关服务。但这些文件内容一般晦涩冗长，且包含大量专业技术术语，消费者理解成本很高。一项调查显示，如果充分完整地阅读遇到的每份"隐私政策"，每年将耗费 80 天时间。② 这些"隐私政策"因其冗长的内容、专业化的术语，使得完全阅读其版本将极其耗时耗力；这对于寻求快速服务的用户而言，"隐私政策"基本沦为摆设。一些不法商家也趁机在"隐私政策"中加入了过度授权、超范围采集信息等内容，一般消费者往往难以觉察。这些因素叠加起来使得"隐私政策"看起来对个人信息进行了充分保护，但实质上并未真正起到保护个人信息权益的效果。数据实践中的常见情形是，由于数据"黑灰色"交易的隐蔽性和数据的无限可复制性，大量个人数据已经散落于许多平台，事实上已成为"透明信息"；而个人数据主体甚至不知道其数据存放于何处，被哪些数据控制者所掌控。在此情形下，事先授权模式在逻辑上是不周全的，已经无法起到充分保护个人信息权益的作用。

---

① 我国《个人信息保护法》第 4 条第 1 款规定："个人信息是以电子或者其他方式记录的与已识别或者可识别的自然人有关的各种信息，不包括匿名化处理后的信息。"这意味着，匿名化处理后的信息不再属于个人信息，从而不再受个人隐私保护的限制。

② 参见周晓冬：《论大数据时代个人数据产权化的伦理准则》，载《南大法学》2022 年第 4 期。

更重要的是，大数据时代凸显重要的是海量数据产生的聚合价值，单一个人数据的价值非常有限。因此，如果要继续坚持"知情同意原则"，让数据控制者在对原有存量数据进行加工使用之前，重新取得个人的授权，在成本上是不经济的，事实上也难以操作和实施；因为有的消费场景可能已经结束，数据控制者重新与其建立联系并取得新的授权往往不具有可操作性。故此，"知情同意原则"应当是"小数据时代"的授权思维，在"大数据时代"已显得格格不入。

（三）数据交易机制供给不足

除了前述数据侵权、匿名化和数据授权三方面对数据流通带来的阻碍和挑战之外，在机制供应层面，我国数据交易也面临机制供给不足的窘境。包括现有政策法律机制的弱可行性、交易信任机制的缺失、现有赋权规则的简陋、数据场内交易配套规则缺失导致的交易惨淡等问题，都使数据交易和合规化流通在当前数据实践中仍然步履维艰、两极分化。由于缺少明确的分类指导细则，数据交易合规底线不清晰，数据交易各方的预期不稳定，导致遵纪守法的企业谨小慎微、止步不前，而胆大的企业则放飞自我、在违法的边缘来回试探。

1. 政策领先法律，规则效力尚须提升

自党的十九届四中全会首次提出将数据纳入生产要素以来，十九届五中全会提出要持续深化数据要素市场改革，中共中央、国务院也于2022年12月19日发布《关于构建数据基础制度更好发挥数据要素作用的意见》（以下简称"数据二十条"）。尤其是"数据二十条"的出台，代表了我国对数据资产确认和数据要素流通及交易的全面认可，不再强调"数据所有权"，转而更加注重"数据使用权"，并创造性地提出了"数据资源持有权、数据加工使用权、数据产品经营权"的三权分置模式，使人们对充分发挥数据要素价值、促进数据合规流通充满期待。但是在法律规范层面，作为我国数据法律体系核心的"三法"，即《网络安全法》、《数据安全法》和《个人信息保护法》，均未对数据交易和流通列明详细的规则指引。效力位阶最高的《民法典》第 127 条规定："法律对数据、网络虚拟财产的保护有规定的，依照其规定。"但此条款仅为引致条款，也没有对数据流通、数据权属等问题作出规定。反倒是各个地方政府陆续出台了大量的数据管理条例，但这些规定的效力位阶低，不具有法律效力。由此可以看出，国家政策对数据流通的指向性虽然非常明确，但毕竟不是法律，规则的详尽程度及规则的法律效力仍有待提升，才能将其逐渐应用到数据流通场景之中。

2. 监管机制缺失，监管模式透明性差

数据平台企业基于互联网技术进行数据的收集使用，并始终在技术和产品不断快速迭代中探索全新的数据处理模式；这对监管制度的革新速度提出了高要求。近年来，数据隐私泄露等事件频发，反映出数据要素市场存在的技术安全风险问题，但也从侧面反映出我国监管力度没有到位。其主要表现在两方面：一方面是缺乏监管措施，在数据采集、存储、加工、交易、共享过程中可能涉及的公共安全事件，目前没有可以依赖的条例进行监管；如何通过监管数据流通过程的关键信息如授权信息、流转记录等发现交易异常或违规、违法交易，并在发现后如何对涉及交易的主体进行管理，目前也没有可以依赖的透明化监管机制。另一方面是由于监管模式不明确，目前没有适用于数据交易的透明监管，区块链技术具有防篡改、可追溯等特点；是否可以依赖区块链的存证技术对数据流通过程进行监管，通过大数据和人工智能技术对存证数据进行分析，进一步加强监管审查能力，目前这个模式是否行得通还有待验证。另外，对于数据在流通过程中的安全监管，目前同样没有具体的监管机制。如何在流通中确保数据安全，这也需要定义安全的标准是什么，由哪些主体负责实施和认定，否则监管无从下手。

国内目前对数据交易监管透明化的相关文件主要是国家互联网信息办公室、公安部等四部门于 2022 年 3 月 1 日实行的《互联网信息服务算法推荐管理规定》。依据该规定第 24 条，具有舆论属性或者社会动员能力的算法推荐服务提供者，应当通过互联网信息服务算法备案系统进行备案公示，履行透明化备案手续。对于其他不涉及舆论属性或者社会动员能力的算法，并无相应监管要求进行管理。

3. 信任机制缺失，数据保护面临挑战①

由于数据负载的价值具有高度机密性、高价值性及数据权益复杂性，导致数据交易相关方之间天然地不信任。交易信任机制的缺失也导致数据流通无法正常进行。不同数据控制者之间更多是出于商业利益及竞争优势的考虑，牢牢掌控其已经实际控制的数据，从而出现数据垄断、损害公平竞争秩序等现象；即使同一个数据控制者内部，由于部门利益的考量，也会导致数据无法内部共享和使用，出现"数据孤岛"，致使数据固态封存无法发挥更大价值。于是，为了打破这种不平衡，数据流通实践中产生了大量数据"灰色"交易、地下原始数据交易、数据非法爬取、数据盗窃等乱象，反而进一步加大了个人信息泄露的风险和个人信息保护的难度。以国有数据资源和公共数据资源为主导的有形数据被冰封；而地下数据交易黑市规模庞大，非法收集、窃取、贩卖、利用用户信息等行为猖獗，甚至形成了一条"一站式"的产业链。如何建立流通数据的监管、追溯和标识体系，建立行业秩序和规范行为模式，打击非法流通数据，保护企业和个人利益，维护行业健康发展迫在眉睫。在"净网 2020"专项行动中，全国公安机关侦办黑客攻击及新技术犯罪案件 5.6 万起，抓获犯罪嫌疑人 8 万余名。② 不过，这依然只是冰山一角，事实上还有更多的黑客潜

---

① 笔者以"侵犯公民个人信息罪"为检索关键词，在中国裁判文书网搜索到 14,099 篇刑事裁判文书，案件涉及买卖身份证、SIM 卡信息等多个类型。载中国裁判文书网，https://wenshu.court.gov.cn/website/wenshu/181217BMTKHNT2W0/index.html? s8 = 02&pageId = 0.7202121735053455。

② 参见《公安部："净网 2020"专项行动全年侦办网络犯罪案件 5.6 万起》，载中国政府网，https://www.gov.cn/xinwen/2021 – 03/08/content_ 5591521.html。

伏于地下，数据交易黑市还在正常运行。

4. 赋权规则简陋，数据主体利益失衡

以欧盟《一般数据保护条例》（General Data Protection Regulation，GDPR）为例，GDPR赋予了个人数据主体诸多权利，包括遗忘权、删除权、拒绝权、可携带权等，我国个人信息保护法也参照GDPR立法实践赋予了个人许多权利。已有的赋权保护规则，主要聚焦于个人信息处理过程对个人权益的保护，并未涉及数据交易流程中如何对个人进行赋权性保护。同时，数据处理过程中也因为个人数据主体与数据控制者之间地位不对等，导致赋权保护效果有限。从实践效果看，数据实际控制者对数据的控制，拥有个人所无法企及的技术优势和资本优势；享有法律上权利的个人数据主体相比拥有实际控制权的数据平台或企业，在对数据的处理和使用方面难以具有对抗能力，从而使得对个人数据主体进行赋权式保护的效果大打折扣。有学者认为，个人信息保护和商业利益之间的矛盾，其深层次原因在于人们尚未真正理解和掌握个人信息的权利属性，[1] 这可能也是导致赋权规则简陋的重要原因。

5. 场内交易惨淡，多重规则亟须补位

全国各地目前也已经设立了多家数据交易所，期望借此促进数据流通和数据价值的优化配置。自2015年4月14日全国首家大数据交易所——贵阳大数据交易所正式挂牌运营以来，国内目前已有60余家数据交易所在运营。这些交易所数据交易的基本模式大致可以分为三类：中介撮合交易、数据分析结果交易和数据产品交易。随着全国各地数据交易机构的成立、首部"数据确权授权"标准正式立项、[2] 数据资产入表试点以及各地出台数据要素登记规则等工作的开展，数据要素流通产业逐渐从"粗放式"交易向"精细化"监管方

---

[1] 参见彭诚信：《论个人信息的双重法律属性》，载《清华法学》2021年第6期。
[2] 载百度百家号，https://baijiahao.baidu.com/s?id=1774402041267640462&wfr=spider&for=pc，最后访问日期：2023年10月8日。

向发展，数据交易所的发展貌似迎来春天。然而，从数据交易所的运营实践来看，数据交易规模不尽如人意，与理想预期相去甚远，普遍呈现出数据交易额度低、质量低、层次低、风险高的"三低一高"现象，[①] 交易数据的真实性也存疑；[②] 各地的数据交易所并未发挥数据中介的优势，有些甚至处于停止运营或半停止运营状态。造成场内交易惨淡的主要原因，除了数据交易所不掌握具体业务场景外，还与缺乏权威可行的数据质量评价标准、资产评估标准、定价标准、数据合规性评价标准等有关。尤其是数据合规性评价标准，到底是以数据源方提供的用户事先详细授权为准，还是以数据需求方提供的用户事后授权为准，在目前各数据交易所的实操过程中仍然广泛存在保守性认知。

（四）数据交易的创新性选择

鉴于数据要素市场的巨大潜力及数据流通的上述种种问题和障碍，国内当前的数据交易和流通实践花样繁多且变化极快，既有基于隐私计算的合规数据交易（如联邦学习、多方安全计算、差分隐私等），也有通过联合建模输出数据标签进行的数据交易，还有简单粗暴的数据集买卖、暴力爬取等欠缺合规性的数据交易。不同类型的交易方式代表了不同的合规化水平和交易成本，也因此对数据交易的效率产生不同影响。例如，隐私计算的交易成本较高，中小型企业可能难以承受；数据暴力交易违法性突出，模式不可持续；而基于联合建模的数据标签交易，由于兼顾了合规性和交易成本，在数据交易实践中应用广泛。但是，这种交易模式下相关交易标准也未统一，如数据源合规标准、交易定价标准、数字标签的去标识化标准等，导致各交易方之间仍然基于双边合同关系自主约定交易事项，监管规则和机制也未能有效覆盖此类交易模式。

在此情形下，作为大规模数据流通应用和交易的可行性选择，数据信托是

[①] 参见周汉华：《数据确权的误区》，载《法学研究》2023 年第 2 期。
[②] 参见中国信息通信研究院：《数据价值化与数据要素市场发展报告》（2021 年），载中国信通院官网，http://www.caict.ac.cn/kxyj/qwfb/ztbg/202105/P020210527392862309670.pdf。

可以考虑的选择。数据信托是具有鲜明时代背景的新概念，是将传统信托法律制度与当代互联网信息技术以及数据进行深度融合的新尝试。国外对数据信托的研究和应用，最近10年来开始加速，① 例如美国的"Information Fiduciary"② 及欧盟的"Data Trust"。③ 国内对数据信托的系统性理论研究成果目前十分稀少，也尚未见到真正将信托理念应用于数据管理的有实践指导意义的案例。④ 作为一种制度创新，数据信托概念的提出，回避了数据确权问题，核心关注相关主体之间的法律关系，不再纠结于数据权属分配，侧重于数据受益权的流转，能够对当前国家政策层面"数据二十条"倡导的数据要素流通进行有效回应，是一种数据治理的新范式，可以在数据主体的权益保护和数据商业化应用之间寻求较佳的平衡，从而有望解决长期以来困扰数据流通和交易保护的诸多矛盾和问题。

回首望去，在数据经济高速发展的信息化时代，无论是个人还是企业，或者政府，都是数据经济的受益者，且都对充分挖掘数据价值、借助数据红利赋能实体经济怀有憧憬之心；但是囿于国内法律框架的宽严不一，以及对数据价值产生路径的不同理解，致使数据的流通和交易越来越成为经济和社会发展不可回避的问题。故此，本书选择以数据信托作为解决数据流通问题的切入点，期望通过对数据信托财产、数据信托主体和数据信托的信义义务等核心问题的

---

① 参见翟志勇：《论数据信托：一种数据治理的新方案》，载《东方法学》2021年第4期。

② Jack M. Balkin, *Information Fiduciaries and the First Amendment*, 49 University of California, Davis Law Review 1183（2016）.

③ Jack Hardinges, *Defining a "Data Trust"*, https://www.theodi.org/article/defining-a-data-trust/，最后访问日期：2023年4月10日。

④ 国内首个"数据信托"由中航信托于2016年11月实施，名为"天启（2016）82号特定数据资产财产信托产品"，通过将委托人的数据资产作为信托财产，受托人中航信托委托数据服务商对特定数据资产进行运用增值并产生收益向社会投资者进行信托利益分配。中航信托公司作为信托专业公司，面对数据集缺乏专业的运营能力，因此其将数据集委托给数据运营服务商进行数据运营。数据堂对数据集拥有所有权，且将信托受益权转让给中航信托公司以获得其支付的对价（主要是现金）。但从交易实质来看，该案例并非真正以数据财产作为标的实施的"数据信托"。参见蔡丽楠：《数据信托参与数据治理：理论逻辑与实现机制》，载《金融评论》2022年第1期。

论证,将信托理念应用于数据治理,探求解决数据流通问题的"中国方案"。

二、研究综述

本书旨在研究数据信托,借用传统信托理念对数据的管理和流通问题进行理论重塑,因此从信托制度关键要素的视角审视数据是极为重要的。故此,数据财产、数据信托主体以及数据信托的信义义务是本书研究的三个关键词,相关参考文献也围绕它们展开。在对现有研究成果进行分析的过程中,笔者发现,国内外相关理论研究文献直接应用于数据的甚少,这也与"数据"的特殊权益形态发展历程不长密切相关。本书讨论的数据,是近30年来伴随计算机和信息技术发展起来的"大数据";过往久远存在的"数据"是"小数据"。虽然同为"数据",但两者在价值产生机理、权益表现形态等方面不可同日而语。在此背景下,本书的研究将着眼于"数据"的特性,基于数据产生价值的机理,试图以信托理念解决当前数据流通中悬而未决的难题,并非简单地进行"旧瓶装新酒",而是立足中国特色的数据经济实践,通过灵活的信托制度对数据流通进行理论和制度建构,相关研究均围绕此目标展开。

整体而言,数据信托的理论研究和实践可分为以下三类:第一类,以英美国家为代表的数据信托理论成果丰富,商业化实践因受制于个人隐私权的强保护从而没有大规模展开;第二类,以日本和韩国为代表的数据信托理论研究不及英美国家丰富,但数据信托的商业化实践相比英美国家更加开放;第三类,我国数据信托理论研究尚未自成体系,更多是借鉴英美国家的数据信托理念在方法论层面开展研究,尚未见体系化的数据信托商业实践,商业化程度不及日本和韩国。

(一)英美国家的数据信托研究

从时间维度上看,数据信托是伴随着大数据的急剧增加,最近20年内在英美法系国家得到快速发展的一种数据管理理念和方法。早在2004年,LiLian

Edwards 发表的《隐私问题：一个温和的建议》论文中主张，应从普通法信托的角度来理解消费者和数据控制者之间的关系，讨论了通过数据信托对数据进行管理的必要性和可行性。[①] 但是，当时该理论并没有引起学界重视。从 2014 年开始，耶鲁大学法学院知名学者 Balkin 教授开始撰写论文，对数据信托问题进行了进一步详细的论证。在《信息受托人和宪法第一修正案》一文中，Balkin 教授指出，许多收集、分析、使用个人信息的在线服务提供商和云计算公司应该被视为面向其客户和最终用户的信息受托人，它们对最终用户拥有更大的权力，因此也应有更大的责任来保护这些信息。[②] 2017 年，耶鲁大学法学院的 Dobkin 博士撰写了《实践中的信息受托人：数据隐私和用户期望》一文，[③] 通过对沃尔玛、Uber、Facebook 等知名公司的实证研究，认为应禁止服务提供者利用用户的个人信息来操纵和歧视他们，并禁止企业在某些情况下与第三方共享数据；并建议服务提供者应当通过采用易于理解的隐私政策来与用户进行互动，以帮助减少信息的不对称性。2018 年，Sylvie Delacroix 和 Neil Lawrence 提出，可以创建"自下而上"的数据信托，即通过将个人数据进行汇集，在公司和个人之间对个人数据控制进行权衡，并提供一种能够使数据主体在反映其偏好和需求的不同数据管理方法之间作出选择的法律机制。[④] 英国的开放数据研究所（Open Data Institute，ODI）自 2018 年起持续对数据信托进行了大量研究，陆续发布了许多研究报告，阐述了数据信托的定义，[⑤] 认为数

[①] See L. Edwards, *The Problem with Privacy: A Modest Proposal*, 18 International Review of Law Computers & Technology 309 (2004).

[②] See Jack M. Balkin, *Information Fiduciaries and the First Amendment*, 49 University of California, Davis Law Review 1183, 1186 (2016).

[③] See Ariel Dobkin, *Information Fiduciaries in Practice: Data Privacy and User Expectations*, 33 Berkeley Technology Law Journal 12 (2018).

[④] See Sylvie Delacroix & Neil D. Lawrence, *Bottom-up Data Trusts: Disturbing the "One Size Fits All" Approach to Data Governance*, 9 International Data Privacy Law 236 (2019).

[⑤] *Defining a "Data Trust"*, https://theodi.org/article/defining-a-data-trust/，最后访问日期：2023 年 12 月 10 日。

据信托是一种"法律结构",可提供独立的、可信的数据管理,[1] 对数据信托的经济功能、[2] 法律环境、[3] 认证效力、[4] 决策过程[5]以及具体法律要求[6]等方面进行了大量研究。2019 年,Delacroix 和 Lawrence 提出数据信托应是一种自下而上的数据管理机制,数据主体能在信托框架内主张自己的数据权利。[7] 2020 年,新加坡国立大学的 Jeremiah Lau 等学者提出,数据权利可以成为数据信托的信托财产,在解决个人数据和公共数据管理方面,数据信托是一种"完美的制度设计"。[8] Mcfarlane 在 2021 年也发表论文论述了数据权利作为法律意义上的财产具有成为信托财产的可行性。[9] 2021 年《麻省理工科技评论》发布的"全球十大突破性技术"榜单中,将数据信托作为十大突破性技术之一,数据信托被定义为一个"法律实体",由该法律实体代表人们收集和管理其个人数据。[10] 不过,根据欧洲法律协会的解释,数据信托通过合同设立时,数据信托合同及其所建立的关系不需要符合任何特定的组织结构,也不需要包

---

[1] *Data Trust in* 2020, https://www.theodi.org/article/data-trusts-in-2020/.
[2] *Independent Assessment of the Open Data Institute's Work on Data Trusts and on the Concept of Data Trusts*, http://theodi.org/wp-content/uploads/2019/04/Datatrusts-economicfunction.pdf.
[3] *Extended ODI Data Trust Report*: 5 – *Further Use Cases to Consider*, http://theodi.org/wp-content/uploads/2019/04/BPE_PITCH_EXTENDED_ODI-FINAL.pdf.
[4] *Exploring Data Trust Certifications*, https://theodi.org/wp-content/uploads/2019/04/Report_-Exploring-Data-Trust-Certification.pdf.
[5] *Designing Decision Making Processes for Data Trusts*: *Lessons from Three Pilots*, https://theodi.org/wp-content/uploads/2019/04/General-decision-making-report-Apr-19.pdf.
[6] *Data Trusts*: *Legal and Governance Considerations*, https://theodi.org/wp-content/uploads/2019/04/General-legal-report-on-datatrust.pdf.
[7] Sylvie Delacroix & Neil D. Lawrence, *Bottom-up Data Trusts*: *Disturbing the "One Size Fits All" Approach to Data Governance*, 9 International Data Privacy Law 236, 236–252 (2019).
[8] Jeremiah Lau, James Penner & Benjamin Wong, *The Basics of Private and Public Data Trusts*, 19 National University of Singapore Law Paper 1 (2019).
[9] McFarlane B. *Data Trusts and Defining Property*, https://www.law.ox.ac.uk/research-and-subject-groups/property-law/blog/2019/10/data-trusts-and-defining-property.
[10] 10 *Breakthrough Technologies* 2021, MIT Technology Review, https://www.technologyreview.com/2021/02/24/1014369/10-breakthrough-technologies-2021. 转引自凌超:《"数据信托"探析:基于数据治理与数据资产化的双重视角》,载《信息通信技术与政策》2022 年第 2 期。

括与普通法信托相关的特征和职责。①

美国式的"信息受托人"理论由美国学者 Jack Balkin 系统提出并论证。② 信息受托人模式着眼于隐私保护,是一种新兴的隐私保护方法,旨在对数字时代的新型隐私问题提供可能的解决方案。由于美国当前的隐私法规无法有效地保护个人在数字时代的隐私权利,故 Balkin 教授建议对收集、使用和管理个人数据的公司或组织实行更高的关怀标准,类似于医生或律师对其客户的受托责任,要求公司以其用户最佳利益为先,并将其隐私权利置于利润之上;要求公司保护个人数据不被滥用、泄露或出售给第三方,并确保他们的隐私权得到充分尊重和保护。如果这些公司违反了这些责任,他们可能会面临法律诉讼和其他制裁措施。③ 可以看出,Balkin 教授提出的"信息受托人"理论,并非创设一个独立第三方受托人对数据进行管理,而是为现有的数据控制者施加特殊的信托义务,以此来平衡个人数据主体和数据控制者之间不平衡的权利结构。

与美国式的"信息受托人"理论不同,英国采用的"独立受托人"理论,是一种通过指定一个实体来代表某一受益人"以信托形式"持有和管理数据的数据管理形式。如 Delacroix 和 Lawrence 教授提出的数据治理形式理论,④ Hall 和 Pesenti 在联合发布的《发展英国的人工智能产业》报告中提出的数据信托法律关系理论。⑤ 在众多研究成果中,尤其以英国开放数据研究所的一系

---

① Ali-eli Principles for a Data Economy: Data Transactions And Data Rights, https://www.principlesforadataeconomy.org/the-project/the-current-draft/,最后访问日期:2023 年 12 月 13 日。

② See Lina M. Khan & David E. Pozen, *A Skeptical View of Information Fiduciaries*, 133 Harvard Law Review 497 (2019).

③ See Jack M. Balkin, *Information Fiduciaries and the First Amendment*, 49 University of California, Davis Law Review 1183 (2016).

④ See Sylvie Delacroix, Neil D. Lawrence, *Bottom-up data Trusts: Disturbing the "One Size Fits All" Approach to Data Governance*, 9 International Data Privacy Law 236 (2019).

⑤ See W. Hall & J. Pesenti, *Growing the Artificial Intelligence Industry in the UK*, https://assets.publishing.service.gov.uk/government/uploads/system/uploads/attachment_data/file/652097/Growing_the_artificial_intelligence_industry_in_the_UK.pdf,最后访问日期:2023 年 12 月 27 日。

列研究为代表。① ODI 认为，在数据信托中，存在独立的委托人、受托人、受益人结构。委托人是持有数据的个人或组织，受托人（包括管理数据的独立个人、团体或实体等）则承担着具有法律约束力的义务，为了受益人的最大利益对数据作出管理决定，以便代表委托人对抗掌握强大数据源的数据控制者。因此，ODI 的研究项目负责人 Jack Hardinges 认为，"数据信托是一种提供独立的数据管理的法律结构"。不过，ODI 也认为，数据信托是一种新兴的数据机构形式，受托人致力于某一特定事业的组织，特别是一个公共、教育或慈善机构，其任务主要是对数据进行管理。还有学者认为，数据信托不是普通法传统意义上的信托，不能直接适用信托法，② 更多应当是面向实践的一种数据管理制度，③ 实质上是一种管理数据的方法。故此，直接套用传统信托制度中的主体结构可能也是不合适的。

关于数据信义义务的具体内容，既具有场景依赖性又没有达成广泛性共识。Balkin 认为，由于信息的不对称、权利的不对称和缺乏透明度，个人和数据控制者之间地位明显不对等，导致强加给脸书、谷歌和推特等实体的义务比强加给律师、医生和会计师的义务"更有限"，有时甚至相当狭窄，因而必须让其承担保密义务、注意义务和忠诚义务，以便更好地保护个人权益。④ Dobkin 在《实践中的信息受托人：数据隐私和用户期望》一文中指出，数据控制者承担的信义义务应围绕四项基本原则展开：⑤（1）不得操纵

---

① Jack Hardinges, *Defining a "Data Trust"*, https：//www.theodi.org/article/defining-a-data-trust/，最后访问日期：2023 年 4 月 10 日。

② See Kieron O. Hara, *Data Trusts：Ethics, Architecture and Governance for Trustworthy Data Stewardship*, University of Southampton Institutional Repository 8（2019）.

③ 参见翟志勇：《论数据信托：一种数据治理的新方案》，载《东方法学》2021 年第 4 期。

④ See Jack M. Balkin, *Information Fiduciaries and the First Amendment*, 49 University of California, Davis Law Review 1183（2016）.

⑤ See Ariel Dobkin, *Information Fiduciaries in Practice：Data Privacy and User Expectations*, 33 Berkeley Technology Law Journal 12（2018）.

用户,① 当一家公司利用有关用户的信息秘密操纵他们时，它可能会违反其受托责任。（2）反歧视，包括价格歧视、服务歧视，或避免基于种族或性别等特征来区分用户或歧视用户。（3）与第三方有限共享用户数据，例如决定可以与哪些第三方数据共享符合用户期望的数据。（4）数据控制者不得违反自己的隐私政策，从而背离用户的合理期望。可以看出，数据控制者是否承担或违反了信息义务的判断标准是用户的期望：如果数据控制者以一种用户不会期望的方式使用数据，那么服务提供者很可能就违反了其信义义务。但也有美国学者对 Balkin 的观点提出反对，认为让数据控制者的董事承担对数据主体或用户的信义义务，意味着会减损董事对股东承担的利益最大化的信义义务，这两者之间存在矛盾，从而产生"相互冲突的信义义务"或"分裂的忠诚度"的问题。② Balkin 对此回应称，由于数字资本主义所造成的脆弱性和依赖性，法律应该根据信托原则来对待收集和使用终端用户数据的数据控制者，通过将他们视为信息受托人，促使他们减少操纵用户的动机，信义义务可能会大大改变数字资本主义的状况。③

由此可以看出，英美等国家对数据信托的研究，在近 10 年来明显呈加速态势。在成果表现内容方面总体可以分为两个类别：其一，以 Balkin 教授为代表的"信息受托人"理论。在该理论框架下，信托机制不是要创设一个独立第三方受托人对数据进行管理，而是给现有的数据控制者施加特殊的信义义务，以此来平衡个人数据主体和数据控制者之间不平衡的权力结构；这种方式与传统的信托当事人架构具有明显的差异。其二，以英国 ODI 为代表的"数

---

① 在 Balkin 看来，"操纵"是指说服和影响别人的技巧，包括：（1）利用另一个人的情感脆弱性和缺乏知识；（2）使自己或盟友受益；（3）减少另一个人的福利。See Jack M. Balkin, *Fixing Social Media's Grand Bargain Political Science*, Law, Business 1814 (2018).
② See Lina Khan & David E. Pozen, *A Skeptical View of Information Fiduciaries*, 133 Harvard Law Review 497 (2019).
③ See Jack M. Balkin, *The Fiduciary Model of Privacy*, 134 Harvard Law Review 11 (2020).

据信任"理论。他们认为，数据信托是一种数据管理的法律结构，其目的主要在于通过引入专业第三方，缓解个人数据主体和数据企业之间不对等的权利处境，通过自下而上的数据信托授权结构设计，平衡保护个人的人格性权益和财产性权益，实现数据的共享、安全和妥善管理，而并非强调数据资产增值和数据商业化流通。由此可以看出，这两类理论的共性是，都将对个人隐私权利的保护放在首要考量的位置，没有过多就数据如何交易和流通进行研究，这与英美法系国家的立法较为注重个人的人权保护有关。

（二）日本和韩国的数据信托现状

相比英美国家对数据商业化应用的保守性，以日本和韩国为代表的东亚国家对数据的商业化应用表现出了浓厚的兴趣，但理论研究没有英美国家丰富。

日本的数据应用市场相对比较多元化，包括数据运营平台、数据交易市场、个人数据银行等。早在2012年，日本学者柴崎亮介就提出了"信息银行"概念，数据主体通过合约方式将其数据提供给信息银行，后者依据数据主体的指示和合约条件对数据进行运营和管理。[①] 日本政府于2016年通过了《官民数据活用推进基本法》（平成28年法律第103号），规定了"在个人参与下由多种主体合理活用官民数据"（该法第12条）。在高级信息通信网络社会促进战略本部（IT综合战略本部）领导下召开的"数据流通环境改善研讨会"上，讨论了信息银行的相关问题，将信息银行定位为在个人参与下推进数据流通和活用的机制。2017年2月，该研讨会下的"AI、物联网时代的数据活用工作组"总结指出，为了"实现包括个人数据在内的多种多样且大量数据的顺利流通"，信息银行等机制是有效的，表明了官民合作积极推进信息银行在社会上的实施的必要性。2017年7月日本总务省信息通信审议会"面向物联网/大

---

① 参见黄京磊、李金璞、汤珂：《数据信托：可信的数据流通模式》，载《大数据》2023年第2期。

数据时代的新信息通信政策应有状态"第四次中期答复中,将信息银行作为"确保可靠性的社会性机制"对数据进行有效流通和管理。2018 年 6 月,《信息信托功能认定指南 Ver 1.0》首次发布,并先后于 2019 年 10 月、2021 年 8 月、2022 年 6 月进行了 3 次修订,通过确立认证方案建立起信托基础设施,将"个人信息银行"正式定义为在本人同意的一定范围内,本人将个人信息提供委托给可以信赖的第三方主体,以提高本人的实际参与度(控制能力)、促进个人数据的流通、利用为目的。[①] 一些企业可能会发现很难自己收集各种类型的数据,因此他们可能会建立一个数据收集和分析的平台,或数据交易市场,以获取和利用数据。通过在此类平台和交易市场上聚合数据交易,数据提供者和用户的交易成本都可以比个人交易更低。[②]

韩国的数据信托研究与日本模式类似,更加侧重于实践操作中的模式搭建,目前主要采用了"本人数据管理"(MyData)的方式进行数据管理。自 GDPR 借鉴而来的"数据可携带权"是韩国 MyData 模式的基础。[③] 韩国于 2020 年修订通过了《个人信用信息管理法》,允许在金融领域进行 MyData 业务。[④] MyData 业务是个人基于数据可携带权主动管理和利用其个人数据的框架,将以往以机构为中心的发展模式转变为以数据主体为中心的管理模式。

[①] 《数据信托功能认定指南 Ver 2.2》,由"数据信托功能认定方案应有状态研讨会"于令和 4 年 6 月修订发布,https://www.meti.go.jp/press/2022/06/20220630006/20220630006 – b.pdf。

[②] 参见日本公平贸易委员会网站:https://www.jftc.go.jp/en/pressreleases/yearly – 2021/June/210625.html。

[③] 参见刘新海、安光勇等:《个人征信行业的创新方向——韩国 MyData 行业与征信应用》,载《征信》2023 年第 6 期。

[④] 韩国的 MyData 模式下,个人不仅对自己的信息积极地进行管理和控制,同时还把该信息用到信贷和资产管理的一系列流程。通过 MyData,个人可以一次性地确认分散在各机构和企业的本人信息;并通过向企业提供本人的信息来获得商品或服务的推荐。MyData 行业在美国、欧盟和英国都有开展,政府大力支持,创业公司积极尝试,MyData 未来将会成为数字经济的新兴产业。在全球范围内,韩国政府率先通过修改相关领域的法律来促进 My Data 产业发展。参见刘新海:《他山之石:征信立法与时俱进可促进数字经济健康发展》,载经济观察网,http://www.eeo.com.cn/2021/0121/459687.shtml。

MyData 业务充分尊重数据主体的信息自决能力，不仅允许数据主体"可携带数据"，也不完全局限于对自身数据的"查询"，而是允许携带后的数据用于新的业务场景（例如匹配合适的金融产品），聚焦个人数据的流动和应用，强调数据主体分享数字红利的权益。在 MyData 的整体运营架构中，除了监管机构（个人信息保护委员会、金融委员会）和支援机构（MyData 支援中心，隶属韩国信用信息院，是韩国官方征信数据提供方）以外，MyData 业务实际操作过程中涉及的相关主体主要包括数据源提供者（掌握个人数据的机构）、MyData 运营商、中介公司等。

与英美国家采用的数据信托理念比较注重受托人的信义义务相比，无论是日本的"信息银行"（Data Bank）还是韩国的"本人数据管理"（MyData），受托人更多是履行合同义务对数据进行管理，并非真正的"数据信托"，而是"数据委托"，这与信托法移植到这些国家之后对信托制度的本土化有关。故此，在他们的数据信托主体架构中，作为受托人的"信息银行"或者 MyData 运营商，基本职责都是代表个人就该个人数据进行合理规划，包括个人数据的维护管理、业务的适当提供和改善、选择恰当的利用方法、选择向合适的第三方提供等。

如前所述，数据信托在我国为新生事物，就数据信托主体的理论研究相对不足，也未见从财产关系或财产权类型角度对数据信托进行研究的相关成果。国内有学者从主体权利能力角度，将商事信托作为一种主体进行了研究，认为商事信托是一种全新的组织形式，[1] 这对理解中国式数据信托具有启示作用。从实践来看，我国当前信托实务中的信托基本上为商业信托，信托计划的设定者为信托公司，委托人和受益人角色混同，委托人更接近于金融消费者的地位。[2] 故此，本书认为，构建中国式数据信托的主体架构，应当根植于中国商

---

[1] 参见王钊阳：《论商事信托的法人化》，中国财政经济出版社 2023 年版，第 122 页。
[2] 参见赵廉慧：《信托法解释论》，中国法制出版社 2015 年版，第 257 页。

业实践，密切结合数据要素价值化的特征进行论证，在结合英美和日韩国家数据信托理论和实践经验的基础上，可以从以下几个方面展开：（1）关于数据信托委托人，可以考虑由控制数据的企业或者政府部门担任，开展商业数据信托及公共数据信托；（2）关于数据信托受益人，应结合信托目的，数据主体个人、数据企业与政府部门均可；（3）关于数据信托受托人，第三方独立机构势在必行，该机构的职责不仅在于保护个人隐私，还在于寻找数据价值的商业化场景，完成数据产品的开发和交付，是数据价值管理的中枢；（4）数据产业链条的专业技术提供方也非常重要，因为数据信托受托人可能并非精通数据管理的每一个环节，如数据建模、数据清洗、数据加密、数据存储和传输等，必须依赖专业第三方完成辅助管理。

由此可以看出，相比英美国家的数据信托商业化较为保守的现状，日本和韩国的数据实践更进一步，基于在本人同意的基础上，更加侧重数据的商业化应用。尤其是韩国的 MyData 模式，通过行使数据可携带权，将本人分布于不同数据控制者的数据进行汇聚，通过运营商将汇聚后的本人信息进行加工和使用。但是这两个国家的数据信托，并非传统意义上的信托，无论是信托主体结构还是数据信托财产，都没有体现出作为一个"信托"所应当具备的基本要素，而是更类似于在合同约定基础上的数据"委托处理"。另外，日本和韩国由于国家人口数量因素，以集中化方式进行数据管理，具有相比大国更为现实可行的数据处理体量，此种模式移植到我们国家未必具有应用的现实基础。即使这样，他们的数据管理模式也在商业化应用方面更前进了一步，值得我们学习。

（三）国内的数据信托现状

国内关于数据信托的研究刚刚起步，笔者以"数据信托"为关键词在中国知网数据库中检索，获得的相关文献仅 40 余篇，相关研究成果以介绍国外经验和提出问题为主，缺少基于符合中国国情的数据治理实践进行的深度理论研究，属于前沿研究课题。国内较早从信托视角研究数据的学者是张丽英，在其 2019 年发表的论文《电商平台对用户隐私数据承担的法律责任界定——以合同说、信托说为视角》中，① 提出采用信托法中的信义义务保障电子商务平台持续对消费者数据承担隐私保护责任，防止电子商务平台通过恶意转移隐私数据给第三方的方式，逃避应当承担的法律责任。

从现有研究和实践情况来看，关于数据信托的理论解释非常多元化，实践操作也五花八门，尚未见到真正以信托理念对数据进行主动管理的案例。

在数据信托理论研究方面，目前主要有以下几类观点：（1）数据信托是保护个人信息权利的机制。冯果、薛亦飒等认为，数据信托是一种数据主体权利保护机制，② 相比传统赋权模式，数据信托可以借助信义义务实现数据控制人与数据主体之间权利义务的均衡配置，可以降低举证难度、提高数据泄露时对公民进行有效救济的概率。（2）数据信托是新型的数据治理。翟志勇、蔡秉坤等认为，数据信托是一种数据治理新范式，③ 能够打破数据控制者和数据主体之间失衡的权力关系，在数据流通和交易中确保数据隐私和安全；蔡丽楠也认为，在实在法体系下，通过法律解释及其他方法能够为数据信托参与数据治理提供可能。④（3）数据信托是数据资产化的方式。凌超通过分析认为，数据信托涉及数据资产入表问题，信托财产在会计处理方面需要进行妥善考虑。⑤（4）数据信托是一种数据流通机制。夏义堃、管茜等经分析后认为，数据信托能够构筑可信赖的数据流通理念，打造稳定的数据供需流通体系，通过

---

① 参见张丽英、史沐慧：《电商平台对用户隐私数据承担的法律责任界定——以合同说、信托说为视角》，载《国际经济法学刊》2019 年第 4 期。

② 参见冯果、薛亦飒：《从"权利规范模式"走向"行为控制模式"的数据信托——数据主体权利保护机制构建的另一种思路》，载《法学评论》2020 年第 3 期。

③ 参见翟志勇：《论数据信托：一种数据治理的新方案》，载《东方法学》2021 年第 4 期。

④ 参见蔡丽楠：《数据信托参与数据治理：理论逻辑与实现机制》，载《金融评论》2022 年第 1 期。

⑤ 参见凌超：《"数据信托"探析：基于数据治理与数据资产化的双重视角》，载《信息通信技术与政策》2022 年第 2 期。

促进数据流通能够提升数据资产的价值性。①（5）数据信托是保障数据安全的机制。如席月民提出的数据信托是通过信托原理架构所形成的数据提供者与数据处理者、数据使用者等市场主体之间的数据法律关系，②通过对"入托"数据和"出托"数据的管理，在受托人信义义务的保障下实现对数据的安全管理。（6）数据信托是一种约束当事人之间权利和义务的制度安排。例如钟宏等认为数据信托可理解为一种符合信托法理的制度安排，将数据的全部或部分权利与权益作为信托财产，以信托法律关系约束当事人之间权利和义务。③

在国内的数据信托实践方面，最早提出进行数据信托应用的是中航信托2016年推出的基于数据资产的信托产品，名为"天启（2016）82号特定数据资产财产信托产品"，总规模为3000万元。④ 该信托的委托人为数据堂，于2014年12月在新三板挂牌，是一家专注于线下数据的互联网综合服务公司。信托架构如下：数据堂将自己所持有的数据资产作为信托财产设立信托，并通过信托受益权转让获得现金收入，受托人委托数据服务商对特定数据资产进行运用增值并产生收益，向社会投资者进行信托利益分配。这是国内以数据资产作为信托财产的首次尝试。初步分析，该模式信托目的以作为数据控制者的大数据公司的融资为主，尚未体现出以维护数据主体权益的前提下的数据共享和数据价值实现等数据管理行为。⑤ 2021年8月，由中国电子信息行业联合会发起的数据要素市场促进会筹备启动会发布"数据资产信托合作计划"，清华

---

① 参见夏义堃、管茜等：《数据信托的内涵、生成逻辑与实现路径》，载《图书情报知识》2022年第5期。

② 参见席月民：《数据安全：数据信托目的及其实现机制》，载《法学杂志》2021年第9期。

③ 参见钟宏、袁田：《数据信托的制度价值与创新》，载《中国金融》2020年第19期。

④ 参见《问路数据信托 中航信托发行首单数据资产信托》，载中国金融新闻网，https://www.financialnews.com.cn/trust/hyzx/201611/t20161128_108665.html。

⑤ 根据公开信息，2018年，数据堂因涉嫌非法传输公民个人信息而被查，该公司涉及在8个月内，日均传输公民个人信息1.3亿条，累计传输压缩数据4000G，这些数据包括手机号码、上网基站代码等40余项信息要素，最终相关违法人员被依法惩处。

x-lab数权经济实验室主任钟宏代表数权保护课题组介绍,"数据信托"中国版方案,将围绕国家"十四五"规划培育数据要素市场战略,依据数据安全法、个人信息保护法等法律法规实施,方案由北京互联网法院、清华大学经管学院、中航信托的专家共同研究设计。据介绍,此"数据资产信托"有别于欧美的实践,是更符合中国发展模式的数据要素市场多元治理与高效配置的一整套创新机制,合作计划分为三大主要内容,包括组织数据资产信托制度研究、共建数据信托公共技术平台以及开展数据资产信托示范试点。① 但截至目前,尚未见到有实质性的数据信托研究成果发布。

国内关于数据信义义务的研究总体上也是分为正反两方面立场。支持者认为,立法者构建的强调个人主义隐私观的数据隐私保护法律框架,对于个人在数据治理实践中的自治能力过于乐观,已经难以应对数据时代的隐私挑战。② 此种"小数据"时代的权利保护思维,在如今的大数据、大模型时代,迫切需要进行转换。反对者认为,数据控制者信义义务理论虽然具有启发性,但弊端也很明显:如果不将数据信托的信义义务上升为法定义务,即使个人交出了个人数据,可能也无法获得英美法上信义义务的保护程度。由于法官无法认定"默示"信托关系,基于理性"经济人"的假设,数据控制者不可能主动将自己定位于明示信托的受托人。即使将数据信托的信义义务上升为法定义务,也因缺少利益冲突禁止规则和义务冲突禁止规则,无法以信义义务理论解决数据控制者的利益冲突问题。③ 很明显,反对者对受托人信义义务法定性的理解作了狭义解释。本书认为,"法定性"并非意味着成文法以明示方式规定其须为

---

① 参见《"数据资产信托合作计划"发布 将优先推动"双碳"绿色能源等领域试点项目立项》,载百度百家号2021年8月31日,https://baijiahao.baidu.com/s?id=1709613760213686347&wfr=spider&for=pc。

② 参见解正山:《数据驱动时代的数据隐私保护——从个人控制到数据控制者信义义务》,载《法商研究》2020年第2期。

③ 参见邢会强:《数据控制者的信义义务理论质疑》,载《法制与社会发展(双月刊)》2021年第4期。

"法定"的义务；以立法方式将本来具有抽象性的信义义务具化为条文细则，在未充分论证其周延性和合理性之前，反而可能会带来混乱和不公。正如学者所言，受托人信义义务规则的抽象性是不可避免的。① 王涌在论证私募基金业的信义义务时也指出，"不可以合同法思维代替信托法思维，信义义务是超越合同文本的法定义务，不限于合同的具体约定，它有极高的要求"。② 事实上，2019 年 11 月 8 日最高人民法院《全国法院民商事审判工作会议纪要》第 7 条中已经确认了信义义务的法定性。

总体而言，国内目前数据信托的探索和应用仍处于初级阶段，数据信托是信托类型化研究和当代信托立法中典型的新生事物。现有理论研究对数据信托更加关注理念和方法论层面的论证，在制度构建以及数据信托实施的具体可行性等方面的研究仍不充分。尤其是对数据信托财产的表现形态和要求、数据信托受托人的信义义务范围和保障实施措施、数据信托架构主体当事人范围及其角色分工和权利义务安排等，均缺少充分的研究和论证。在数据信托的核心目的和主要应用场景、可行交易模式、相关技术应用等方面仍待持续深入研究。

三、研究方法

（一）文献分析法

文献分析法是本书的基本研究方法，指通过对与研究主体相关的论文、专著、生效裁判、互联网资料等进行研究，以探明研究对象的性质和状况，并从中引出自己观点的分析方法。③ 这是一种非接触性研究方法。本书以数据信托为研究对象，通过搜集国内外有关该主题的文献资料，分析文献论述的对象涉及哪些方面的具体问题，并找出文献中涉及的数据财产、信义义务等各种概

---

① 参见赵廉慧：《论信义义务的法律性质》，载《北大法律评论》2020 年第 1 期。
② 王涌：《信义义务是私募基金业发展的"牛鼻子"》，载《清华金融评论》2019 年第 3 期。
③ 参见何海波：《法学论文写作》，北京大学出版社 2014 年版，第 55 页。

念，再进一步查明它们之间的关系，从而形成本书若干完整的研究主题。经过对现有文献研究内容的分析和总结，归纳出现阶段研究的一般理论及其局限性，在此基础上论述数据信托制度的理论基础、现实价值，并就数据信托制度的构建从学理和实践路径方面进行论证，以期找到数据信托的中国式方案。

（二）比较法分析法

囿于不同法系的传统，比较法分析往往能够带来全新的研究视角。这种方法是通过搜集整理不同国家和地区的法律制度、理论学说等研究主题材料，对比分析其中的异同，以期通过多方位的分析获取更加全面的研究结论。比较法分析也是本书的主要研究方法之一；但是，本书并非简单地以引进为目的的比较法学研究，而是通过对比不同法域的数据信托制度，归纳出我国构建数据信托制度的理论进路。由于我国的数据基础设施和数据保护实践具有明显的不同于英美和日韩等国家的特色，因此数据信托制度构建过程中，应当在充分比较分析和借鉴域外经验的基础上进行本土化构思，以数据信托方式为我国数据要素的流通提供可行性选择。

（三）（霍菲尔德）分析法学研究法

作为法律方法论的分析法学，强调法学研究应当从形式和逻辑上分析实质的法律概念和规范，是一种以语言分析和逻辑分析为基础的精密法律分析方法。[①] 边沁、奥斯丁、格雷、霍菲尔德等著名法学家是分析法学派的典型代表人物，尤其是霍菲尔德的研究在当下更有代表性。他认为所有法律关系都可以化约为八个基本法律概念（他所称的"法律的最小公分母"），任何复杂的法律概念都可以用"法律的最小公分母"进行拆分和组合，从而为深入理解法律关系提供了全新的视角。例如对股权和信托财产，不要急于定性其权属性

---

① 参见王涌：《私权的分析与建构：民法的分析法学基础》，北京大学出版社2020年版，第6页。

质,具体分析它们的内在要素将会更加深入地理解其实质。数据也是一样;国内立法和理论及实践中基本都认可数据具有财产属性,具有经济价值,但立法层面对数据的规范缺少具体规定。因此理论研究中许多学者提出了多种研究学说,如前文所述的物权说、知识产权说、新型财产权说、合法权益说、数据资产说、"权利束"理论等,也在数据确权和无须确权之间进行激烈争辩。本书认为,数据作为一种全新的财产表现形式,其价值产生机理十分复杂,表现形态、应用场景也极其多变,传统法学概念理论已经无法胜任对数据的理解,继续套用传统理论解释数据财产权问题无异于缘木求鱼。故此,本书推崇霍菲尔德的分析法学方法,将无法归入现有法律概念体系的数据财产权益,打包为"权利束",从"用益"的角度而非"所有"的角度理解和解释数据财产权问题。在此基础上,由数据产生的受益权作为数据价值实现的管道,借助灵活的信托架构设计使数据要素流通起来,淡化所有权概念,促进数据发挥对实体经济的放大、叠加、倍增作用。

(四)法经济学分析法

数据信托制度作为当前可主要适用于金融业务实践的商事信托制度,除了要考虑网络安全、数据安全、个人信息保护等问题以外,也要考虑数据交易的成本和效率。对数据要素流通机制的关注,当前理论研究的视角多以安全、合规为切入点,强调个人数据主体的"知情同意"、"充分授权"和"数据授权链条的连续性"。应该说,这些视角都没错;但遗憾的是,它们属于"小数据"时代的授权合规性思维方式。在"大数据""大模型"时代,逐一取得个人数据主体的新授权,不仅难度大而且不经济,为重新取得授权所付出的成本可能无法被数据收益所覆盖,事实上也无必要;因为数据经过融合、加工之后,会延伸形成多级数据变量,在终端应用环节已经不能体现出原始数据的痕迹,"新授权"对个人数据主体的保护作用是可以忽略的,因此这种方式在实操中没有可行性。相比之下通过事后补充性授权,由个人数据主体在服务需求端向数据运营者进行授权更具有效率，成本也更低；如果数据运营者未能在新的数据应用场景下向个人数据主体索取该等授权，将可以通过责任规则进行惩罚和救济。由此可以看出，这些思路正是法经济学关注的规则和效率的主导范式。故此，本书在论述过程中借用了法经济学领域著名的"卡—梅框架"基础理论，通过对比分析"财产规则"和"责任规则"对数据应用的影响，进一步推导和佐证了基于事后法律责任的思考框架，可能对解决当前数据权属不清现状下的数据财产转让和交易实践有借鉴作用。

（五）实践分析法

张五常教授认为，愚蠢的学者往往去研究没有发生过的问题，所谓没有发生过的问题即没有经验事实支持的纯思辨问题。[①] 从马克思主义哲学角度，实践分析也是洗去了哲学史上关于实践概念的合理因素，正确地阐明了实践的本质及其在认识世界和改造世界中的作用，从而创立了科学的实践观。本书研究的数据信托制度也牢牢固守这些理念，数据问题根植于实践，研究成果又反作用于实践，两者是相辅相成、相互促进的。在本书论证过程中，首先着眼于数据交易实践产生的问题，基于这些问题结合现有境内外理论研究视角，分析其产生的根源，寻求中国式应对方案，而绝非拿来主义、照抄照搬。无论是数据信托财产的理论证成、数据信义义务的技术视角拓展，还是数据信托架构的搭建，均紧密围绕中国数字经济的特色、新一代互联网数据技术（区块链、云存储、隐私计算等），以及中国当前数据应用场景的主要实践（金融科技数据领域）而展开，期望通过基于数据实践的研究能够进一步"反哺"数据实践，为打造安全可信的数据流通环境，推进数据要素协同优化、复用增效、融合创新等作用的发挥，带动数据要素高质量供给、合规高效流通等国家数据战略提供新思路和新模式。

---

① 参见陈瑞华：《论法学研究方法》，法律出版社 2017 年版，第 146 页。

四、选题创新与不足之处

（一）创新之处

第一，研究对象的创新。如前所述，我国数据信托理论研究尚未自成体系，更多是借鉴英美国家的数据信托理念在方法论层面开展研究，未见体系化的制度设计，也未见真正以数据财产为管理对象的数据信托商业实践，商业化程度尚不及日本和韩国。因此，以数据信托作为研究对象，在国家政策层面可以呼应促进数据要素流通、激活数据要素潜能的政策导向，在立法层面可以促进数据财产权益归属及使用收益方面的条文规范化，还可以在数据交易实践中为数据要素的流通提供新机制和新模式，能够在个人信息的隐私权利保护和数据商业化应用之间寻求平衡的、符合中国特色的可行性实践路径。

第二，研究视角的创新。英美国家对数据信托的研究，多以受托人的信义义务为角度，强调保护个人数据主体的隐私权，对数据要素价值商业化的研究不多；日本和韩国对数据信托的研究，注重个人数据主体的数据可携带权及数据受益权，对个人隐私权利的保护没有像英美国家那样全面。本书对数据信托的研究，选取数据要素全生命周期价值实现的路径，从数据合规授权的后置性、数据财产的受益权流转形式、数据控制者信义义务的救济措施等角度展开，既强调对个人数据要素的合理保障，又注重数据要素商业化流通的可行性要求，并在详细调研国内现有数据交易模式的基础上，提出符合中国特色的数据要素流转和价值增值实现方式。通过比较化的视角和基于本土数据实践的近距离观察，创新性地将传统信托理念应用于数据要素的流通，在目前国内就数据信托的研究视角中并不多见。

第三，研究方法的创新。本书对数据信托的研究，始终坚持理论和实践相结合的方法，研究选题来源于实践，问题分析视角来源于实践，选题的研究结论也期望能够应用于实践。故此，本书选择的文献分析法、比较法分析法、分析法学研究法、法经济学分析法等均为数据信托的研究提供理论积淀；同时尤其着重于实践分析法的功能，对当前国内数据交易实践中出现的新问题、没有经验可供解决的本土化问题，以实践中的问题解决导向为支点，围绕"可行""管用"等研究目标，回避没有经验事实支持的纯思辨问题，对数据信托展开研究。

第四，学术观点的创新。其一，作为信托财产的数据并非原始数据，而是经过模型处理后生成的衍生变量数据（或称数据标签），此类数据的去标识化程度和数据价值之间存在负相关的关系，数据信托的目的是找到两者之间的平衡点并加以商业化或公益性应用。其二，关于数据要素流通涉及的授权链条完整性和合规性，应当从法经济学角度进行分析，从高度关注前端取得个人数据主体的事先授权，转变为数据应用者在后端能够提供个人数据主体的补充授权；"小数据"时代以赋权为核心的行为模式，应当让位于"大数据"时代以救济为核心的效果模式，从权利规范过渡到责任规范，才能从成本和效率角度促使数据要素流通起来。其三，在数据受托人的信义义务方面，鉴于数据的特殊性，信义义务应核心关注数据安全、个人隐私保护及商业价值的合规最大化；作为数据信托的受托人，要有效履行其受托管理数据的信义义务，应充分借用当前的新一代互联网技术，将"区块链＋隐私计算"应用于信义义务履行的各个环节，确保信义义务充分履行；同时，本书还提出了以公法视角对信义义务进行规制的思路。其四，构建了符合中国特色的数据信托主体架构模式，在委托人、受益人、受托人、数据需求方、数据监管方之间搭建通顺的数据要素及数据收益流转链条和数据监管链条，力求在现有数据实践基础上完成数据要素的合规高效流通。

（二）不足之处

笔者在处理国内大量数据合规案例的业务实践中，围绕数据流通和交易困境而持续思考的现实命题，是如何促使数据价值合规地最大化；尤其是目前学界争议较大的数据确权、数据价值评估等问题带来的数据交易两个极端（数据沉睡、数据黑灰产），已经成为当前发展数据经济、促进数据要素流通的掣肘。以保护个人信息之名强调数据合规，在当前的数据实践中已经面临越来越难的现实通路，严格立法之下带来的是噤若寒蝉；虽然国家政策层面为鼓励数据要素流通不断推陈出新、利好频传，但在数据交易的现实层面却看到的是数据交易所门可罗雀，数据失真。故此，以数据信托制度研究作为主题，是本书为解决数据交易现实困境而做的一次理论尝试，书中涉及的数据信托财产表现形态、数据信托财产独立性和可转让性、数据信托的信义义务的技术保障等问题，仅代表本人的一家之言，难言有十分成熟的理论思考，部分观点可能还需要结合数据实践进行深化。此外，在立法层面，由于缺失具有较高效力位阶的数据法律，本书的论述更多是出于数据交易实践维度的理论建议，诸如对数据信托通过立法明确允许数据受益权的可流通性、对受托人通过发放牌照进行管理、关于数据信托的日常监管等，这些问题也需要更多的理论研究和实践经验支撑方可确认其价值。期望本书的论述具有抛砖引玉的功效，未来在更多文献资料的基础上，结合最新的数据要素流通实践需求进行持续更新，将信托这一高度灵活的财产管理制度嫁接于新型的数据财产管理。

第一章

数据信托概述

一、数据与数据财产

数据自古有之,但今天充斥各种法规和政策文件的"数据",已经远超远古时代对数据的理解。"源于测量"的"数据"是对数据的朴素理解;而"源于记录"的"数据"是伴随互联网的发展,在当今的大数据、云计算和人工智能领域的新产物,[①] 数据是信息科技领域硬件和软件技术发展到一定程度而产生的新型社会资源。由于来源多元化、主体复杂化、内容场景化,[②] 且技术特征明显,导致数据的内涵和外延在理论和实务中至今仍未达成绝对共识。数据与数字、数据与信息、数据与知识等概念之间存在深刻的差异;如果不能被有效厘清,将会影响对数据财产的理解和分类,也会影响数据主体与数据处理

[①] 关于"源于测量"和"源于记录"的差异,涂子沛先生在《数文明》一书中解释为:"源于测量"产生的是以"量"为表现形式的"量数",如数字;而"源于记录"产生的是以"证据、根据"为表现形式的"据数",如照片、视频、音频等。但在今天的数字化时代,二者有共同的特点,即均以"比特"为单位进行存储。参见涂子沛:《数文明》,中信出版集团 2018 年版,第 9 页。

[②] "场景"一词源于美国教授尼森鲍姆(Helen Nissenbaum)的"情境脉络完整性"理论,即对权利保护的合理性论证及其边界范围应该避免有先入为主的主观抽象式预设,而应置身于其所处的具体场景来加以综合判断。参见彭辉:《数据权属的逻辑结构与赋权边界——基于"公地悲剧"和"反公地悲剧"的视角》,载《比较法研究》2022 年第 1 期。

者之间的关系之界定。探析数据内涵，区分数据与周边概念的差异，以及剖析其内在复杂性的产生机理，为本书研究的数据信托制度之关键要素，如数据信托财产、数据信托主体、数据信托相关主体之间的信义法律关系等，具有十分重要的现实意义。

（一）数据含义厘清

1. 数据的含义

探析数据的含义有助于理解数据的价值。有学者认为，凡是能够被电子化记录的都是数据，否则都不是数据。[1] 这种理解从技术手段角度出发，将数据等同于电子化。在电子化尚不发达的时代，许多在今天看来可以构成数据的事物在当时语境下并不属于数据，例如，纸质载体上的文字、图片、声音等，这种认识充分体现了数据的时代特征。也有观点认为，数据是在计算机及网络上流通的在二进制的基础上以0和1的组合而表现出来的比特形式，区别于传统的统计数据，也与文学、图像或视频等形式显示的信息有差异。[2] 这种定义的技术属性更集中，认为数据是比特形式的虚拟存在，相比前述泛泛的电子化定义更聚焦。还有观点认为，在理解数据概念时，应区分"数据文件"和"数据信息"："数据文件"一词指代单纯的数据，"数据信息"则用来指代数据所包含的信息内容。在没有特别指代时，数据的含义应当覆盖数据文件和数据信息两个层面。[3] 朱扬勇教授主编的《大数据资源》一书中对数据作出以下定义：数据是指能够输入网络空间的任何东西，它在网络空间中能够唯一存在，可度量、可预测、可处理，并占有一定空间。[4]

从这些对数据含义的理解中可以看出，当今对数据的理解与计算机技术紧

---

[1] 参见王汉生：《数据资产论》，中国人民大学出版社2019年版，第25页。
[2] 参见梅夏英：《数据的法律属性及其民法定位》，载《中国社会科学》2016年第9期。
[3] 参见纪海龙：《数据的私法定位与保护》，载《法学研究》2018年第6期。
[4] 参见朱扬勇主编：《大数据资源》，上海科学技术出版社2018年版，第1页。

密相连，在计算机和信息技术普及之前和普及之后，对数据的内涵理解存在重大差异。舍恩伯格教授在《大数据时代》一书中这样描述数据：在拉丁文中数据是"已知"的意思，也可以理解为"事实"，它原是欧几里得的一部经典著作的标题，这本书用已知的知识或者可由已知推导的知识来解释几何学。① 不可否认，"事实"是一种客观的存在，无论这种"事实"是否能够被人们感知。一旦将这种客观存在通过某种形式记录下来，并且可以流转或传阅，原始意义上的"数据"其实就已经产生了。原始社会的"结绳记事"即是通过绳结的数量表达不同的事项及含义，与现代意义上理解的"数据"在功能上已十分相似，其核心都在于"记"。② 现代计算机技术诞生之前，人们对数据的记录行为也已经广泛存在，只不过受限于物理载体的可复制性及便捷性，对数据的保存和流转在效率、价值深度挖掘等方面与当今时代不可同日而语。信息技术发展到现在，数据的产生、存储和传输方式等发生巨大变化，无处不在的传感器、移动智能终端、云存储系统、云计算等技术，将每个人的行为每时每刻都在进行数字化，每个人在网络空间中已经成为可以被永久记忆的"数字人"。AR 和 VR 技术、数字孪生、③ 区块链技术的蓬勃发展，支撑了"元宇宙"（Metaverse）概念的迅速普及，④ 数据已成为经济和社会发展的新元素。因而，当今对数据内涵的理解，的确应紧密结合信息技术的时代特征进行界

---

① 参见［英］维克托·舍恩伯格、肯尼思·库克耶：《大数据时代：生活、工作与思维的大变革》，盛杨燕、周涛译，浙江人民出版社 2013 年版，第 66 页。
② 参见涂子沛：《数文明》，中信出版集团 2018 年版，第 203 页。
③ 数字孪生是指将现实世界数据化并再造成一个同样的"虚拟世界"，它以时空大数据为基础，最大特点是将物理世界与数据世界进行深度融合，使得物理世界得以在虚拟空间中进行建模、仿真、演化和操控。参见方巍、伏宇翔：《元宇宙：概念、技术及应用研究综述》，载《南京信息工程大学学报（自然科学版）》2024 年第 1 期。
④ 迄今为止，"元宇宙"并没有统一清晰的定义。一般认为，它是基于互联网而生、与现实世界相互打通、平行存在的虚拟世界，是一个可以映射现实世界又独立于现实世界的虚拟空间，它涉及三项最核心的技术：扩展现实技术、数字孪生技术、区块链技术。早在 1992 年，美国作家尼尔·斯蒂芬森（Neal Stephenson）在著名科幻小说《雪崩》（*Snow Crash*）中提到元宇宙，之后元宇宙在多部科幻电影中被反复提及。

定。当前较为共识的看法是，数据是描述事件或物体的符号，是信息的载体，能够被计算工具识别、存储和加工，① 它以电子化或非电子化形式存在。

在外延上，以数据作为基本要素产生的新兴技术亦可反向协助理解数据的内涵，典型技术比如人工智能（以算力、算法和数据为核心，是大数据价值实现的主要途径），在数据采集、分析、可视化等方面，为数据价值的深度挖掘提供了重要支持。② 与数据外延紧密相关的概念是"大数据"。我们今天所讲的"大数据"并不是指海量数据的累积，它是一项信息计算技术，是一种思维，也代表了一个新的时代，③ 描述的是我们收集和分析社会中产生的大量数据的能力。④ IBM 曾经将大数据概括为 4 个 "V"，⑤ 即价值（value），数据价值巨大但是价值密度较低；速度（velocity），数据分析要在指定时间内完成，时效性要求较高；多样性（variety），数据的来源及形式多样化，多类型的数据对处理能力提出较高的要求；体量（volume），指可供分析的数据量十分庞大，大数据的起算计量单位至少是 P（1000T），甚至 E（100 万 T）或者 Z（10 亿 T）。这一定义是目前应用最为广泛的定义；但也有不同观点进行质疑，尤其是对于体量（volume）的要求，当技术水平处于不同发展阶段时，难以作出准确界定。今天可以被视为"大数据"的数据集合，若干年后可能就不再属于"大数据"。正如 Google 执行主席 Eric Schmidt 所述，"人类文明发展到 2003 年时共产生了 5 艾字节的数据，但现在我们每两天即可以产生 5

---

① 参见黄志雄：《数据治理的法律逻辑》，武汉大学出版社 2021 年版，第 8 页。但是数据不等同于记录。例如，按照 2020 年 12 月 1 日原国家药品监督管理局《药品记录与数据管理要求（试行）》的规定，数据是指在药品研制、生产、经营、使用活动中产生的反映活动执行情况的信息，包括文字、数值、符号、影像、音频、图片、图谱、条码等；记录是指在上述活动中通过一个或多个数据记载形成的，反映相关活动执行过程与结果的凭证。

② 参见何克晶：《大数据前沿技术与应用》，华南理工大学出版社 2017 年版，第 7~9 页。

③ 参见黄志雄：《数据治理的法律逻辑》，武汉大学出版社 2021 年版，第 4 页。

④ 参见高富平：《个人信息保护立法研究》，光明日报出版社 2021 年版，第 3 页。

⑤ 参见王忠：《大数据时代个人数据隐私规制》，社会科学文献出版社 2014 年版，第 7~8 页。

艾字节,而且生产速度还在继续加快"。① 在 2013 年 5 月召开的第 462 次香山科学会议上,针对大数据给出了技术型和非技术型两个不同定义。② 技术型定义认为,大数据是来源多样、类型多样、大而复杂、具有潜在价值,但难以在期望时间内处理和分析的数据集。非技术型定义认为,大数据是数字化生存时代的新型战略资源,是驱动创新的重要因素,正在改变人类的生产和生活方式。虽然没有统一定义,但总体可以认为,大数据是伴随数据外延的不断扩大,通过物联网、云计算等数据收集和处理模式,建立起的一种数据价值挖掘和应用新模式。

2. 数据与相关概念的比较分析

数据是一种记录符号,按照符号语言学的原理,它一般在指号、语义与语用三个不同层面进行区分。其中指号层面涉及符号及符号按照某种逻辑进行排列和联合;语义层面指向的是符号排列背后的含义和意谓;而语用层面则在符号出现的行为中研究符号的起源、应用与效果。③ 数据作为最常见的记载符号,在日常应用和研究中经常出现与相关概念的混用,陷入对数据本体的不同认知,导致要么出现"自说自话",要么完全混同;因此将数据与相关概念进行比较分析,澄清数据概念,对本书讨论的数据信托之财产内容具有重要意义。

(1)数据与数字

首先,在指号层面,数据不等于数字。在当今计算机信息技术背景下,人们倾向于将两者等同使用,核心就在于表述二进制代码的"0"和"1"是具体的数字。然而,如果在资产或产权层面讨论"数据",计算机领域单纯的

---

① 转引自高富平:《个人信息保护立法研究》,光明日报出版社 2021 年版,第 3 页。
② 《第 462 次香山科学会议召开》,载中国科学院官网,https://www.cas.cn/hy/xshd/201306/t20130605_3860820.shtml。
③ 参见〔美〕查理斯·莫里斯:《指号、语言和行为》,罗兰、周易译,上海人民出版社 1989 年版,第 260 页以下。

"0"和"1"就无任何意义。按照国际标准化组织（International Organization for Standardization，ISO）在信息技术术语标准中的定义，数据是信息的一种形式化体现，且此种体现可以用于沟通、展示或处理。① 可见，数据代表着对某项事物的描述，定位在指号层面，可以对该事项进行记录、分析和重组。而"数字"只是一种用来表示数量的书写符号，除此之外没有其他含义。

其次，从范围和界限来看，数字并不等同于数据。数据包括多种表达方式，数字只是其中一种。在计算机科学领域，数据是对所有输入计算机系统并且能够被计算机程序进行处理的各种符号的总称，它包括文字、数字、字母、图形、视频、声音、音乐等，数字化的数据只是数据的主要形态。② "数据化"也不等于"数字化"：数据化指将一种现象转化为可以制表分析的量化形式的过程；而数字化指将模拟数据转换为"0"和"1"的二进制代码的过程，是将"线下资产或业务"转化为"线上资产或业务"的过程，二者截然不同。

(2) 数据与信息

如同数据已充斥社会经济生活的各方面一样，信息也是世界的普遍属性。在现有法律文件和法律论述中，数据和信息被混同使用的情形非常多，包括我国《民法典》中对两者也未作明显的区分。有学者总结了信息和数据概念混用的三种表现形式，分别为信息包括数据型、数据包括信息型以及信息和数据并立型。③ 因此有观点提出，信息是数据的内容，数据是信息的载体和形式。两者之间是包含关系，数据包含信息；因为数据中除了包含信息以外，还包含一些非信息。④ 数据和信息被混同使用的深层次原因在于，数字技术的出现使

---

① ISO/IEC 2382：2015（en）Information technology—Vocabulary，https：//www.iso.org/obp/ui#iso：std：iso‑iec：2382：ed‑1：v2：en，最后访问日期：2022 年 12 月 24 日。
② 参见赵刚：《数据要素》，人民邮电出版社 2021 年版，第 3 页。
③ 参见韩旭至：《信息权利范畴的模糊性使用及其后果——基于对信息、数据混用的分析》，载《华东政法大学学报》2020 年第 1 期。
④ 参见李爱君：《数据权利属性与法律特征》，载《东方法学》2018 年第 3 期。

信息传输在一定程度上颠覆了传统媒介和信息之间的关系，信息被转换为数据之后通过网络进行传输；它被分化成二进制的比特流，数据形式的比特直接成为信息的基本单元，可以显示为信息并能高效传输。① 因此数据本身也是媒介的中间产物，数据本体和信息本体合二为一，在形式和内容上两者并不容易区分。故此，在数字技术和网络语境下，区分数据和信息似乎无太大必要，在实际使用时也不会将两者混淆。从使用效果分析，数据和信息在电子化技术的表述语境下，两者的概念区分没有绝对的意义，只有相对的价值。②

尽管数字技术环境下的数据和信息存在共生性，对二者进行区分仍然具有法律上的意义。

首先，我国在立法层面对信息和数据的关注重点已逐渐清晰。《网络安全法》第 21 条、《数据安全法》第 21 条已经提出将数据进行分类分级的制度安排，根据数据一旦遭到篡改、破坏、泄露或者非法获取及利用后，对国家安全、公共利益或者个人、组织合法权益造成的危害程度，将数据进行分类分级保护。特别是将数据区分为一般数据、重要数据、核心数据，相应采取不同的技术管理措施及出境监管要求。③ 而信息则没有在立法层面区分为一般信息、重要信息和核心信息。这表明立法层面对数据的关注更加倾向于数据安全、数据主权和国家安全等公法管制问题；而对信息的关注则不同，当前主要基于《个人信息保护法》的要求从维护个人在信息处理活动中的合法权益层面进行考量，更加关注私法保护问题。

---

① 参见［美］詹姆斯·格雷克：《信息简史》，高博译，人民邮电出版社 2013 年版，第 223~225 页。

② 参见梅夏英：《信息和数据概念区分的法律意义》，载《比较法研究》2020 年第 6 期。

③ 例如，《数据安全法》第 31 条规定，关键信息基础设施的运营者在中华人民共和国境内运营中收集和产生的重要数据的出境安全管理，适用《中华人民共和国网络安全法》的规定；其他数据处理者在中华人民共和国境内运营中收集和产生的重要数据的出境安全管理办法，由国家网信部门会同国务院有关部门制定。而依据《数据出境安全评估办法》第 4 条的规定，重要数据和达到一定数量的个人信息在出境时，应当通过所在地省级网信部门向国家网信部门申报数据出境安全评估。

其次，区分数据和信息有助于在面临商事法律纠纷时，将争议问题进行妥善的归类，并配置相应的解决规则。例如，通过爬虫技术抓取其他平台数据的行为，在行为性质及合法性认定上就存在许多争议。涉及爬虫争议的案件在数据和信息法律问题上，有两类处理方式值得关注：第一，涉嫌侵犯公民个人信息罪。在典型的"魔蝎公司爬虫案"中，涉案大数据服务支撑商在未获取被爬取方同意的前提下，采取"模拟登陆"方式获取用户社保、公积金等数据并出售给网贷平台，最终相关责任人员被判侵犯公民个人信息罪。从刑法保护的法益来看，其规制的对象是身份证号、手机号、家庭住址等可识别的公民个人信息。在网络爬虫的语境之下，构成入罪关键的"非法获取"指向"以违法性或破坏性手段获取""未经授权而获取""违背信息所有者真实意愿"等多种情形。[①] 第二，反不正当竞争保护。在中国数据不正当竞争第一案——"新浪微博诉脉脉不正当竞争"案中，二审法院在判决书中反复申明如何保护用户数据意义重大。[②] 在该案判决中，法院先是确认原告微梦公司因被告的数据抓取行为而在经济利益上受损，进而认定被告通过不正当手段获取原告控制的企业数据的行为，违反了商业道德要求、破坏了市场秩序，最终被判定构成不正当竞争。[③] 从这两种处理方式可以看出：在数据爬取行为性质严重时，更倾向于从"信息"的角度进行管制；行为性质仅涉及商业利益和市场秩序时，更倾向于从"数据"的角度进行调整。

最后，将信息与数据进行明确界分，有助于在权利设计上彼此兼顾，解决长期以来在数据权益上存在的人格权益与财产权益之争，并清晰回答数据能否成为财产权客体这一数据财产权构建的关键问题。实践中有观点认为，企业不

---

① 参见宋行健：《滥用网络爬虫技术收集个人信息的刑法规制》，载《湖南科技大学学报（社会科学版）》2021年第24期。
② 参见北京知识产权法院民事判决书，〔2016〕京73民终588号。
③ 参见许可：《数据保护的三重进路——评新浪微博诉脉脉不正当竞争案》，载《上海大学学报（社会科学版）》2017年第6期。

能控制和拥有个人信息,控制数据就等于控制了个人信息隐私,从而得出个人数据不能被交易的误解。这是目前数据财产权制度难以建构的重要原因。信息与数据的含义界分不清,一方面影响数据流通、数据共享和数据交易规则的建立,另一方面也限制了数据要素市场作用的发挥,同时也不利于对个人信息的保护。① 在构建企业数据财产权时,有学者认为,企业对数据的利益不在于对信息内容的独占,而体现为对数据的技术控制(或称对数据的垄断);② 因此从这个角度区分信息和数据问题,也具有十分重要的现实意义。

(3) 数据与知识

在笛卡尔的《谈谈方法》一书中,他认为人并不是一生下来就知晓自己所固有的那些观念,需要用理性进行思考才能发现它们的存在。这些思考十分类似于柏拉图所说的"回忆",与洛克的"反省"差不多,③ 实际上都是强调人的主观能动性对于知识的形成具有重要作用。波普尔也认为,知识区分为两种:主观知识(生物体知识)和客观知识(由理论、猜测和推理的内容构成)。他认为我们几乎所有的主观知识都依赖于通过图书、计算机存储器等途径而获得。④ 并且他进一步认为,知识的目的在于寻求客观上正确的说明性理论,⑤ 经不住剖析和推理的信息在客观上不属于知识。由此分析,从客观事实演进的角度来看,数据是对事实进行客观记录的符号,在被加工解释之前没有回答特定问题,只是一种客观存在;信息是对数据承载的事实进行加工解读之后表征出来的意义,具有动态变化和场景依赖的特性;知识则是经过验证的真

---

① 参见申卫星:《数字权利体系再造:迈向隐私、信息与数据的差序格局》,载《政法论坛》2022 年第 3 期。
② 参见梅夏英:《信息和数据概念区分的法律意义》,载《比较法研究》2020 年第 6 期。
③ 参见[法]笛卡尔:《谈谈方法》,王太庆译,商务印书馆 2000 年版,第 21~22 页。
④ 参见[英]卡尔·波普尔:《客观的知识》,舒炜光等译,中国美术学院出版社 2003 年版,第 76 页。
⑤ 参见[英]卡尔·波普尔:《通过知识获得解放》,范景中等译,中国美术学院出版社 2014 年版,第 10 页。

实的经验或认知,代表了对事实的剖析,经过了去伪存真的解析化过程。可见,两个概念在对待"事实"问题上存在较大程度的差异。举例来说,80%以上的人群接种了"COVID-19"疫苗,80% 即为数据;截至 2022 年 4 月 13 日 16 时,北京市 60 岁及以上老年人群累计接种 895.63 万剂新冠肺炎疫苗,接种 343.90 万人,接种率达 80%,此处的 80% 就是信息;由钟南山院士领导的一项关于疫苗的保护效果研究表明,在接种"COVID-19"疫苗的人群中,国药中生、科兴中维两种灭活疫苗预防中度新冠肺炎的保护效果可达到 70.2%,对重症的保护效果达 100%。这表明接种疫苗对重症、危重症均有良好的保护作用,即 56%—80% 的人群得到了疫苗的有效保护,此处的 56%—80% 即可以理解为知识。可见,数据是对世界上存在事实的客观记录和描述,是信息的原材料;而信息经过验证被认为是真实的、有价值的,在经过人类生物体吸收和积累后便形成知识。[1] 区分数据和知识的意义在于,两者凝结的人类智力劳动及外部检验不同,反映了对客观世界不同程度的感知,因而在法律保护方式上有不同的路径。如果知识具有独创性、原创性,可能会得到现有知识产权法的保护;而数据由于独创性相对较低,在是否给予知识产权保护方面具有较大争议。[2] 从我国民法总则立法变迁上看,立法草案也有过将数据信息与作品、商业秘密、发明等并列为知识产权客体的尝试,[3] 但最终仍妥协式地作出留白规定,"法律对数据、网络虚拟财产的保护有规定的,依照其规定",[4] 而未将数据明确为与知识成果具有等同地位的权利客体。知识产权保护的对象虽然也包括信息,但必须以独创性为前提,而数据集合不仅多数情况下难以体现智力成果所要求的独特性,还必须为他人收集公共领域的数据留下

---

[1] 参见赵刚:《数据要素》,人民邮电出版社 2021 年版,第 19 页。
[2] 参见崔国斌:《大数据有限排他权的基础理论》,载《法学研究》2019 年第 5 期。
[3] 参见《关于〈中华人民共和国民法总则(草案)〉的说明》,载中国人大网,http://www.npc.gov.cn/zgrdw/npc/lfzt/rlyw/2016-07/05/content_1993422.htm。
[4] 《民法典》第 127 条规定,法律对数据、网络虚拟财产的保护有规定的,依照其规定。

空间，因而相比于知识产权的排他性来说更为有限。①

综上所述，基于对数据、数字、信息、知识的关系描述，可以发现数据和数字是一种客观存在，而信息和知识则融入了更多的人类智力活动因素。根据理论界已广泛使用的"DIKW 模型"（分别指数据、信息、知识和智慧），② 人的主观能动性在 DIKW 模型四要素中发挥的作用越来越大：数据是对客观事实的原始记录；信息是对客观事实的意义描述；知识则是对客观事实的创造性剖析，体现了更高级别的智力创造活动。因此，得出"知识源于信息，信息源于数据"的结论能够较为客观地反映三者之间的关系。③

3. 数据内涵复杂的根源性探析

近年来，在理论上对数据的法律属性进行探讨的文章越来越多，但梳理之后发现，没有哪个观点能够压倒性说服其他观点，多是自建模型进行逻辑自洽式的分析。司法实践中对同类数据纠纷适用的法规文件也不一致，导致对数据法律关系的调整面临不确定性。究其原因，在于对数据权利内容的把握上存在难以达成的共识。数据内涵之所以如此复杂，既有数据技术变革方面的影响，也有数据立法滞后带来的困惑。下面分别进行说明。

（1）数据来源复杂

数据反映的对象可以是具体的人、组织及行为、事件等。当今时代背景下，一切可被记录的都能够成为数据；在万物皆可数据时，数据范围就十分庞大。如前所述，在计算机信息技术和大数据挖掘技术发达之前，人类对数据的记载和传播范围及量级相对有限，记录数据的载体限定了信息和数据之间的关

---

① 参见黄文杰：《论企业数据有限财产权》，载《宁夏大学学报（人文社会科学版）》2022年第5期。

② 参见黄璜：《数字政府的概念结构：信息能力、数据流动与知识应用》，载《学海》2018年第4期。

③ See Jennifer Rowley, *The Wisdom Hierarchy: Representations of the DIKW Hierarchy*, 33 Journal of Information Science 163 (2007).

系，信息从范围上广于数据。但人类进入电子化时代后，数据的来源急剧扩张；除了原来的数据外，甚至记载数据的载体也成为数据，比如电子图书、电子图片等。自然人的行为特征、购物习惯、上网痕迹、消费记录、行踪轨迹等在过去不是数据的场景情形，在经过海量数据记录和存储之后，也成为具有经济价值和意义的数据。特别是经过数据处理者利用大数据分析技术进行行为画像、个性化建模之后，能够为营销方案和商业决策产生新的价值。由于个人数据在数据来源中占有较大的比重，① 也更具有商业价值，因此一些商事组织想方设法获取此类数据。其中不乏一些非法或灰色手段，诸如在移动终端 App 中扩大收集权限，通过第三方 SDK 进行过度采集，② 或者通过爬虫技术恶意违反爬虫协议进行非法采集；通过这些手段获取的数据经过加工后再次流转等，诸如此类情形的存在进一步加剧了数据来源的复杂性。另外，当前新能源汽车行业正如火如荼地发展。为了提高车辆智能化程度及驾乘感受，车载物联网系统往往搭载了大量的传感器和数据采集设备，无论车内人员还是车外环境信息，都会被大量采集和记录。对于车外人员及环境数据，在缺乏知情同意的前提之下收集的此类数据如何被运用、数据处理目的如何进行限定等问题，也是亟需解决的新课题。由国家互联网信息办公室、工业和信息化部等机构于 2021 年 8 月 16 日发布的《汽车数据安全管理若干规定（试行）》，也从行业角

---

① 参见姬蕾蕾：《数据权的民法保护研究》，西南政法大学 2019 年博士学位论文。
② SDK 是 "Software Development Kit" 的缩写，即 "软件开发工具包"；它是协助软件开发的相关二进制文件、文档、范例和工具的集合，简称 SDK。SDK 本质上是一段封装好的代码，并提供了简单的调用接口，App 提供者将 SDK 嵌入 App 代码中，通过调用 SDK 提供的接口来实现相应的数据采集功能。

度首次就"重要数据"作出规定,① 明确了车内处理原则、默认不收集原则及脱敏处理原则等基本要求,规范目的即在于对数据来源进行限定和信息主体的权益保护。

（2）数据结构复杂

伴随着数据来源的不断丰富,数据类型也呈现多元化态势;特别是在经过大量数据的采集和汇聚融合之后,源数据的样态在结构上表现出进一步的复杂性,形成了结构性数据、半结构性数据和非结构性数据。② 正是因为大量多源异构数据的存在,导致"数据孤岛"现象成为数据处理者内部出现的管理上的困难,相应地给数据价值和应用带来障碍。近年来,在算法的不断改进提升和优化治理之下,"数据孤岛"现象逐渐被消除,③ 实践中探索的多源异构数据治理方案（见图1-1）通过数据集成平台对多个数据来源进行统一处理,意图在物理层面和逻辑层面上消除异构数据之间的形态差异,实现数据的统一表示、存储和管理,将多源异构数据集成为相互理解、相互关联的有机整体。④ 即便如此,在数据挖掘和治理技术完善之前,那些在非结构化数据中没

---

① 《汽车数据安全管理若干规定（试行）》第3条第6款规定,重要数据是指一旦遭到篡改、破坏、泄露或者非法获取、非法利用,可能危害国家安全、公共利益或者个人、组织合法权益的数据,包括：(1) 军事管理区、国防科工单位以及县级以上党政机关等重要敏感区域的地理信息、人员流量、车辆流量等数据;(2) 车辆流量、物流等反映经济运行情况的数据;(3) 汽车充电网的运行数据;(4) 包含人脸信息、车牌信息等的车外视频、图像数据;(5) 涉及个人信息主体超过10万人的个人信息;(6) 国家网信部门和国务院发展改革、工业和信息化、公安、交通运输等有关部门确定的其他可能危害国家安全、公共利益或者个人、组织合法权益的数据。

② 结构化数据是指存储在数据库中、有统一结构和格式的数据,这种数据比较容易分析和处理。非结构化数据是指无法用数字或统一的结构来表示的信息,包括各种文档、图像、音频和视频等,这种数据没有统一的大小和格式,给数据分析和挖掘带来更大的挑战。从结构化数据到非结构化数据的推进,也代表着可供挖掘的数据在大幅增加。参见涂子沛：《大数据：正在》,广西师范大学出版社2015年第3版,第100页。

③ 参见饶卫雄、高宏业等：《基于半监督学习的多源异构数据治理》,载《同济大学学报（自然科学版）》2022年第10期。

④ 参见孟小峰、杜治娟：《大数据融合研究：问题与挑战》,载《计算机研究与发展》2016年第2期。

有被排除关联性的数据,仍然在个别场景中存在特定的被遗漏识别的可能,从而给数据附载的个人信息权益及其保护带来困扰。当然,现在技术发展的主方向是通过提升整合分析能力,尽力从大量非结构化或半结构化数据寻找关联关系或相互之间的规律,从而提升数据的商业价值。① 毫无疑问,结构上的复杂性为数据内涵进一步增添了复杂性。

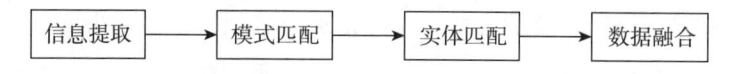

信息提取 → 模式匹配 → 实体匹配 → 数据融合

图 1-1 多源异构数据治理的普遍方案

（3）数据边界不清

国内当前商业实践中,数据能够流通和进行交易的基本前提是:数据不识别到具体个人,且不侵犯个人信息合法权益。《个人信息保护法》也明确规定,匿名化处理后的信息不再属于个人信息,② 从而也不再受个人信息保护法的规制。这是因为个人信息经过匿名化处理之后,信息包含的人格要素已经被剔除,个人信息面临的侵权风险已不复存在。因而,个人信息的界定就成为数据边界的主要影响因素。但是在当今的大数据时代,个人信息的范围却越来越难以准确界定。主要原因如下:

首先,个人信息的可识别性在发生变化。无论是美国还是欧盟或者我国的个人信息立法技术,均强调个人信息的"可识别性"。凡是能够识别到特定个人的信息,无论是直接识别还是间接识别,均为个人信息。③ 达姆曼（Ulrich Damman）认为,只有能够清楚地表示某项数据是关于此人而非他人时,此人才能被认为是已识别。④ 除了最简单原始的姓名、身份证号码等具有直接识别

---

① 参见涂子沛:《大数据:正在》,广西师范大学出版社 2015 年第 3 版,第 100 页。
② 《个人信息保护法》第 4 条规定,个人信息是以电子或者其他方式记录的与已识别或者可识别的自然人有关的各种信息,不包括匿名化处理后的信息。
③ 参见高富平:《个人信息保护立法研究》,光明日报出版社 2021 年版,第 8 页。
④ Ulrich Dammann, in: Simitis, Bundesdatenschutzegesetz, 7. Aufl., 2011, § 33 Rn.

效用的因素外，实践中出现许多看似无法直接识别个人的数据信息，如地理位置数据、设备指纹信息、Cookies 缓存记录等，它们经由大数据分析技术进行处理后，有可能仍然能够定位到具体的个人。在当今计算技术不断更新迭代的背景下（如边缘计算、量子信息计算等），以前看似与个人毫不相干的数据，有可能也被重新定义识别到个人，数字技术给个体识别创造了无限便利和可能。[1] 这使数据的范围面临技术挑战，增添了数据内涵的复杂性。

其次，个人信息与数据在某些场景下能够相互转化。大数据时代背景下，由于应用场景的多元化，无法继续以"全有或全无"的方式就个人信息范围进行一次性界定。而且，随着个人信息的多次流转，各个数据控制主体结合已有数据集和应用场景，往往能够重新识别已经脱敏或匿名化的数据，增加了数据转化为个人信息的可能性，[2] 从而使数据与个人信息之间的界限变得模糊；场景变化因素的存在，使数据内涵的复杂性表现出更加多元化的特征。

（二）数据财产属性的界定

1. 财产概念的演进

作为民法学研究的始点，财产既是重要的权利客体，也是社会经济运动的基础；[3] 但它的出现不是偶然的，是大众对"物"的理解和需求与社会同步发展的结果。正如哈特所称，法律内容的存在是因为某些人或某些群体有意无意地创造了它，这些内容都有其形成的历史。[4] 从自然财产到法律财产，从有形到无形，从自在之物到人为之物，不是有关财产的权利性质发生了变化，而是

---

[1] 参见高富平：《个人信息流通利用的制度基础——以信息识别性为视角》，载《环球法律评论》2022 年第 1 期。

[2] 参见崔聪聪、王融、何培育等：《个人信息保护法研究》，北京邮电大学出版社 2015 年版，第 69 页。

[3] 参见吴汉东：《财产权客体制度论——以无形财产权客体为主要研究对象》，载《法商研究》2000 年第 4 期。

[4] 参见［英］哈特：《法律的概念》（第 3 版），许家馨、李冠宜译，法律出版社 2018 年版，第 5 页。

新的客体形态进入财产领域。①

(1) 从狭义上的"物"到法律上的"财产"

"物"是一个抽象的概念,它的经济内涵和法律属性随着社会的变迁而不断发展。早期在罗马法时代,"物"是指除了自由人以外广泛存在于自然界的一切东西,不管有用的还是无用的,甚至是有害的,都属于广义上的"物"。② 后来,随着法学思想的发展,罗马法将"物"限定为人力能够支配、对人有用、能够成为人们财产组成部分的事物。优帝《学说汇编》中将"物"的范围涵盖了有体物、权利和诉权,又称之为"财物"(bona),这是最初狭义的"物"。③ 可见,罗马法上的"物"的概念,与今天民法中的物权、债权、继承权等概念类似,含义十分广泛,它泛指一切与人相对的,能够被人拥有或支配的客体,是对个人拥有或支配状况的经验性确认。④ 罗马法设计的财产权制度遵循了"物—物权—物法"的逻辑框架结构,他们的物和物权制度都是物质化的财产结构,除了客观实在的有体物之外,无体物也具有强烈的"似物性"。⑤ 此外,罗马法还以人对物的权利能力作为标准,将"物"区分为"财产物"和"非财产物":"财产物"是能够被个人拥有、能够成为权利客体且能够流通的物;"非财产物"则与之相反,其类型如神用物、公有物等。⑥ 随着奴隶制经济和私有制的发展,罗马法上"财产物"的概念也在持续发生变

---

① 参见陆小华:《信息财产权:民法视角中的新财富保护模式》,法律出版社2009年版,第33页。
② 参见周枏:《罗马法原论》,商务印书馆2014年版,第315页。
③ 参见周枏:《罗马法原论》,商务印书馆2014年版,第315页。
④ 参见陆小华:《信息财产权:民法视角中的新财富保护模式》,法律出版社2009年版,第34页。
⑤ 参见吴汉东:《财产的非物质化革命与革命的非物质财产法》,载《中国社会科学》2003年第4期。
⑥ 参见周枏:《罗马法原论》,商务印书馆2014年版,第317~319页。

化,从动产逐渐演化到不动产,私权的客体逐渐扩大。①

受罗马法"物"的概念影响,法国民法对"物"采取了广义的解释,认为"物"包括有体物、权利、知识财产等概念,② 1804 年《法国民法典》第516 条明确将财产限定为"动产"及"不动产"。按照法国民法的理解,"物"都是对人有益的、可以为人们带来经济价值的东西,无论有形还是无形。有法国学者认为,"物"和"财产"具有不同含义,"物"是自然界中一切存在的客观事物,只有那些能为人固有且具有排他性、处于所有权之下的"物"才能称为"财产"。③ 按这种理解,法国法中的"财产"与罗马法中的"财产物"十分相似。1896 年《德国民法典》第 90 条将"物"限定为"有体物",不包括权利和思想,坚持"物必有体"的观念。德国法上没有"财产"的概念,④ 认为财产是一个综合体,即各种权利的总和,而且与特定的财产所有者相联系,财产所有者的财产是由具有金钱价值的各种权利构成的。《德国民法典》中所述的"财产"仅指"积极财产"(类似会计学上的资产),不包括"消极财产"(如负债),与纯粹经济学意义上的"财产"是不同的。⑤

由上可见,从古代罗马法到近代法国民法、德国民法,"物"与"财产"虽然在客体范围上出现了重合,但二者的区分仍然是明显的:"物"应为事实概念,而"财产"应为法权意义上的概念。⑥ 由"物"到"财产",也体现了法律对社会关系调整的进化过程。现在,国内对"财产"概念的认知在法律上也已经相对比较清晰:"财产"是属于某特定人的一切权利和权利关系的综

---

① 参见吴汉东:《财产权客体制度论——以无形财产权客体为主要研究对象》,载《法商研究》2000 年第 4 期。
② 转引自吴汉东:《无形财产制度研究》,法律出版社 2005 年版,第 25 页。
③ 参见徐涤宇:《历史地、体系地认识物权法》,载《法学》2002 年第 4 期。
④ 参见孙宪忠:《中国物权法总论》,法律出版社 2014 年版,第 228 页。
⑤ 参见[德]卡尔·拉伦茨:《德国民法通论》(上),王晓晔等译,法律出版社 2004 年版,第 411 页。
⑥ 参见陆小华:《信息财产权:民法视角中的新财富保护模式》,法律出版社 2009 年版,第 35 页。

合，包括动产、不动产、债权及其他财产权，[1] 是可以确定并可以交易的实现某种利益的权利。[2]"财产"最终所指代的必然是一种"物"，但"物"却不必然是"财产"。因而，财产在本质上是法律概念，只能以财产权的形式表达；财产法通过财产权界定物质利益后，便产生了法律意义上的财产。[3]

相比之下，普通法中没有"物"的概念，一般用"财产"术语对相关利益进行描述。普通法中的财产概念可追溯到18世纪末，当时认为"财产"是对物的绝对的控制权。[4] 按照布莱克斯通对财产的定义，"财产"是人对物的一种权利，这种权利可以对抗世界上任何不特定的多数人。[5] 罗伯特·考特和托马斯·尤伦在《法和经济学》一书中也认为，"财产"是一组权利，是所有者自由支配物质资料且不受他人干涉的权利束。"财产"创造出一片稳定的空间，在这片空间里，所有者可以按照其意愿自由地行使权利而不用向他人解释。[6] "诉体物"的出现可以认为是更广泛意义上法律物的诞生。[7] "诉体物"即为对无形物上的财产权，或者权利人虽然不占有某种东西，但可以通过诉讼程序而获得，如股权、债权、工资及保险金等。即使在普通法传统的国家，自罗马法以来很长一段时间内，人们也一直认为财产就是纯粹的有形物或者法律拟制物，在这一点上两大法系基本是相同的。区别在于：大陆法系国家对无体

---

[1] 参见魏振瀛：《民法》，高等教育出版社2000年版，第117~118页。
[2] 参见高富平：《信息财产：数字内容产业的法律基础》，法律出版社2009年版，第197页。
[3] 参见马俊驹、梅夏英：《财产权制度的历史评析和现实思考》，载《中国社会科学》1999年第1期。
[4] See Kenneth J. Vandevelde, *The New Property of the Nineteenth Century: The Development of the Morden Concept of Property*, 29 Buffalo Law Review 325 (1980).
[5] 参见高富平：《信息财产：数字内容产业的法律基础》，法律出版社2009年版，第162页。
[6] 参见[美]罗伯特·考特、托马斯·尤伦：《法和经济学》，史晋川、董雪兵等译，上海人民出版社2012年版，第67页。
[7] 参见高富平：《信息财产：数字内容产业的法律基础》，法律出版社2009年版，第163页。

物的支配不认为是所有权,仅是一种财产权;而英美法系国家对无体物的支配认为是所有权,采用了广义所有权的做法。但从两者均将无体物视为财产的角度,又是相同的。① 迈克尔·A. 海勒曾经提出一个有名的三分法框架,他将财产按时间顺序划分为"有形物"、"法律拟制物"和"法律关系"三种形态,② 以对相关利益关系进行归类分析。地役权、租赁权及可继承地产权等都是属于复杂的"法律拟制物",它们相当于罗马法上的"无体物"。将"财产"定义为抽象的法律关系是人类社会进入 21 世纪后,对"财产"局限于纯粹的有形物或者法律拟制物的观念的重大突破。③ 这方面的典型代表人物是韦斯利·霍菲尔德,他提出的法律关系理论被美国 1936 年《财产法重述》所采纳,之后成为学术界的主流观点并广泛应用于司法实践。④

由上观之,关于"物"和"财产"之间的关系,应作如下界定:在概念的内涵(权利指向的对象性)上,"物"与"财产"具有等同性;而在外延(权利客体的指向范围)上,"物"与"财产"所包容的要素并不等同。⑤

(2)从自然财产到法律财产

由自然状态的财产到法律状态的财产,体现了财产观念由具体到抽象的转化,也反映了人们对财产属性的挖掘和深度理解。法学理论中的"财产"应

---

① 参见高富平:《信息财产:数字内容产业的法律基础》,法律出版社 2009 年版,第 164 页。

② See Michael A. Heller, *The Boundaries of Private Property*, 108 Yale Law Journal 1163 (1999).

③ See Gregory S. Alexander, *Commodity & Property: Competing Visions of Property in American Legal Thought*, 1776-1970, University of Chicago Press 1997, p. 311-13.

④ See Michael A. Heller, *The Boundaries of Private Property*, 108 Yale Law Journal 1163 (1999).

⑤ 关于"物"和"财产"的关系,吴汉东教授将财产的外延从宽到窄依次总结为三类:一是指具有经济内容的民事权利、义务的总体,其中表现权利的财产为积极财产,表现义务的财产为消极财产;二是指广义上的物(积极财产)不仅指有体物,而且包括专指特定财产权利的无体物,法国民法持此观点;三是指狭义上的物,以有体物为限,德国民法持此观点。参见吴汉东:《财产权客体制度论——以无形财产权客体为主要研究对象》,载《法商研究》2000 年第 4 期。

具有两层含义：第一层是具有经济利益的权利的集合；第二层是财产性权利的客体。[1] 德国学者卡尔·拉伦茨赞同在第一层含义上使用"财产"。他认为，"某主体的财产是其具有经济价值的多个权利所集成的，只有具备经济价值的权利方为财产，这些权利在一定的法律关系中可以转化为物质利益"。[2] 作为经济利益的权利集合的载体，随着经济活动和生产力水平的变化，更多体现出由有体物向无体物的转化。尤其是近代商品经济与科学技术的发展，大大扩张了财产权客体的范围，也导致法律对社会关系的干预显得更加必要。

吴汉东教授在《财产权客体制度论——以无形财产权客体为主要研究对象》一文中，概括了财产权客体制度在近代社会出现的三个变化：[3] 第一，有价证券的出现，使得有形物品抽象化，人们对物的占有不再仅仅是为了使用某物，而且更重要的是将其投入流通领域进行流转，从而获取增值。第二，知识产品的出现，使得精神产物财产化，知识产品成为独立于传统意义上物的新的独立客体。第三，自然力（如光、水、电、气等）被人类掌控和使用，无形之物表现出一定的客观实在化；它与权利不同，权利虽然也是抽象物，但却可以通过行使权利或支配权利行使的结果而感觉它的存在，而自然力既没有具体的物质形态也不能为感官所感知。因此，这种新客体形态的出现，很大程度上受益于社会的经济发展水平，客体范围作为权利的对象表现出一定的进化性。我们现在也能切实感受到，由这些新变化催生的股权制度、知识产权制度等，当前已经成为社会财富的主流形态，这在古罗马法时代是不可想象的。

（3）从自在之物到人为之物

财产是一个历史性的概念，其内涵和外延也随着社会的发展而不断扩张。

---

[1] 参见李爱君：《数据权利属性与法律特征》，载《东方法学》2018 年第 3 期。
[2] ［德］卡尔·拉伦茨：《德国民法通论》（上），王晓晔等译，法律出版社 2004 年版，第 410~411 页。
[3] 参见吴汉东：《财产权客体制度论——以无形财产权客体为主要研究对象》，载《法商研究》2000 年第 4 期。

正如斯蒂芬·芒泽所述,"财产代表了我们所处世界的显著特色"。[1] 特别是随着人类认识世界和改造世界能力的提升,对于自然界已存在之物和新合成之物的驾驭能力在持续提升,越来越多的有形之"物"和无形之"物"被生产制造出来。这些"物"中凝结了人类各式各样的智力和体力劳动,以"产品"形式在社会中进行流转和交易。古罗马时代,土地是社会的主要财富,因此法律必须对土地这种自在之物进行保护;[2] 资本主义时代,机器、设备、生产材料等凝聚了人力劳动的物品作为重要的"物"的形态,被纳入法律保护范围;工业革命之后,纳入财产权客体的"物"进一步丰富,不仅包括工业产品,一些商业性衍生品也被作为新的财产权形态进入法律视野,如股票、债权、商誉等。人的主观能动性在被视为"物"的"产品"生成过程中,得到更加充分的体现。随着科技进步,不仅人的因素未来在"人为之物"形成中必将发挥更大的作用,而且也一定会有历史上不曾存在的"物"之形态被创造出来。当前,在元宇宙概念大行其道的时代背景下,作为虚拟世界重要基础设施之一的 NFT(Non-Fungible Token)数字资产,就因其技术复杂性和法律属性的界定障碍,成为数字资产领域的现象级话题,这是历史上任何时代都不曾出现过的财产权利形态。

(4)关于财产本质的理解

从以上对财产和物的关系以及财产概念的演变历史可以归纳出以下结论:

第一,财产具有权利本体和权利客体双重层面的含义。权利本体是社会群体的赞同性、允许性的意见内容——正当性。"正当性"具有多重含义,它可以指主体行使某种行为的资格、权利拥有者的行为自由、主体相对于被提要求的他人处于优势或支配地位、权利在形式上来自法律规定、权利看起来就是利

---

[1] [美]斯蒂芬·芒泽:《财产理论》,彭诚信译,北京大学出版社2006年版,第1页。
[2] 参见马俊驹、梅夏英:《财产权制度的历史评析和现实思考》,载《中国社会科学》1999年第1期。

益、权利有着源自法律系统的强制力等。① 财产作为权利本体，反映的是对价值的支配；如果一个主体对一个客体具有正当的排他性支配能力，财产便已产生。② 科斯认为，财产是对特定资源的综合使用；这些使用有的是被允许的，有的则被禁止。③ 被允许的使用即为权利，被禁止的使用即为义务；可见，在权利本体意义上，财产也存在积极财产和消极财产两个面向。英美法学者从法律关系角度理解财产时，对财产概念的运用更接近于权利本体层面的理解。④

作为权利客体意义的财产，是财产权调整的对象，反映的是价值。从罗马法到法国民法，物与财产在权利客体的层面上是重叠的。⑤ 英美法由于法律传统的差异，极少使用权利客体的概念，多在权利本体意义上使用"财产"，⑥在这一点上与大陆法系有别。

第二，财产的核心是受法律保护的利益。财产作为利益的载体，通过法律的拟制和确认，使得拥有财产的主体通过对财产的支配和使用，实现财产价值。通过前述财产概念的演变可以看出，无论时代如何变迁以及外延如何扩大，财产代表的本质——利益始终未发生改变。作为权利诉求的核心内容，利益处于首要考虑的位置，无利益则无私法保护的必要。⑦ 财产价值主要通过两种方式实现，即控制者自己对财产进行占有和使用、控制者对财产进行处分。⑧ 这便涉及财产的三个重要属性：支配性、排他性、可转让性。支配性强

---

① 参见张恒山：《论权利本体》，载《中国法学》2018年第6期。
② 参见高富平：《信息财产：数字内容产业的法律基础》，法律出版社2009年版，第177页。
③ 参见高富平：《信息财产：数字内容产业的法律基础》，法律出版社2009年版，第171页。
④ 参见黄泷一：《英美法系的物权法定原则》，载《比较法研究》2017年第2期。
⑤ 参见吴汉东：《财产权客体制度论——以无形财产权客体为主要研究对象》，载《法商研究》2000年第4期。
⑥ 参见吴汉东：《无形财产制度研究》，法律出版社2005年版，第26页。
⑦ 参见李晓辉：《信息权利研究》，知识产权出版社2006年版，第28页。
⑧ 参见高富平：《信息财产：数字内容产业的法律基础》，法律出版社2009年版，第177页。

调对财产的直接利用或者直接处分,是一种积极面向的权利形态;排他性强调对支配性的保护,其作用在于划定权利人与非权利人之间的财产界限;① 而可转让性则是财产最基本的属性,是财产能够流通的根源,但也要清晰地认识到并非所有财产都具有可转让性。② 财产权利客体的非排他性(如商业秘密)及法律规定的禁止性(如毒品)等,是导致财产不具有可转让性的重要原因。康芒斯在讲到财产和财产权利的关系时也认为,财产是有权控制稀少的自然物资归自己或他人使用,但财产权利是政府给予个人的且个人的使用要受到来自政府的管制。③ 所以,受法律保护的利益是财产的核心;不受法律保护的利益,甚至都不能称为财产,更遑论法律对其提供财产权保护。

2. 数据财产属性之理论基础

探讨数据财产属性的理论基础,有助于数据企业及相关从业者理解数据的财产权规则,并对数据流通提供相关理论基础。

(1)哲学理论

根据马克思在《资本论》中的描述,商品的一般价值形态是凝结在商品中的无差别的人类劳动,商品价值是一切劳动的产物。④ 数据企业经过对合法收集和控制的数据进行加工后,便生产出"数据商品",可以用来使用和交换,从而实现了数据使用价值和交换价值的统一。如果要获取数据产品的使用价值,必须付出一定的交换价值才能实现;经过加工后的数据产品,能够帮助数据企业提升决策效率、改进市场营销的精准度及提高风险控制的能力,具有切实可见的使用价值。马克思主义哲学发展观也认为,发展的实质是新事物的

---

① 参见高富平:《信息财产:数字内容产业的法律基础》,法律出版社2009年版,第179页。
② 参见王涌:《私权的分析与建构:民法的分析法学基础》,北京大学出版社2020年版,第260页。
③ 参见[美]康芒斯:《制度经济学》(上册),于树生译,商务印书馆1962年版,第353页。
④ 参见[德]马克思:《资本论》,郭大力、王亚南译,上海三联书店2009年版,第25页。

产生和旧事物的消亡。数据作为新型的财产形态也遵循这个逻辑。2020年3月30日中共中央、国务院发布的《关于构建更加完善的要素市场化配置体制机制的意见》中指出，数据是与土地、劳动力和资本等传统生产要素并列的一种新型生产要素。这表明，面对"数据"这一电子化的新兴产物，我们的认识已经由量变上升为质变，突破了传统意义上将数据简单视为"记录"的观念形态，并且在生产要素市场化配置过程中，数据与传统要素一样可以进行实际的"占有"和流转。只不过，这种"占有"已经突破了直接的身体把握，也并非给物以定形，更多体现为以"标志"的形式借观念而占有。① 作为新型生产要素的数据，也需要平衡好与传统生产要素之间的主次地位，并借助马克思主义哲学的理论指导，处理好事物的主要矛盾和次要矛盾之间的关系，在相关配套制度和规则尚未完善之前，数据的法律地位似乎应以补充为主。

（2）数据人权理论

数据人权理论的出现也是数据财产属性的重要理论基础。2010年，时任英国首相卡梅伦首次提出了"数据权"概念；他认为，应当将数据权作为一项基本人权赋予公民并保障其实现。② 数据人权的出现，也是由于产业数字化的勃兴，导致数据成为人们日常生活中不可或缺的组成部分，人们的出行、通信、购物、支付等行为都需要数据的支撑，数据给社会运转带来了极大的便利。但我们在享受数字化带来数字红利的同时，也不得不面对公民个人信息被侵犯的风险和挑战，诸如电信诈骗、人肉搜索等侵害个人人身和财产安全的行为也往往都与数据泄露、非法买卖和数据不当使用有关。以2020年突发的新型冠状病毒的防疫措施为例，为了有效控制疫情传播和进行病例的准确排查，相关政府部门通过App程序及人脸识别等技术手段，收集了大量的个人信息。这些个人信息涉及大量的个人隐私，如行踪轨迹、家庭住址等，一旦被泄露或

---

① 参见［德］黑格尔：《法哲学原理》，范扬、张企泰译，商务印书馆1961年版，第70页。
② 参见黄志雄主编：《数据治理的法律逻辑》，武汉大学出版社2021年版，第36页。

非法利用，将给个人权益带来严重的侵害。事实上，有些地方也出现了滥用防疫信息、侵害个人权益的案件，如河南某村镇银行储户的"赋红码"事件。①这些现象的出现表明，数字社会的公民已经成为"数字人"，社会所面临的人权保障问题是过去任何时代不曾出现过的。信息社会对人类的影响已经远超农业革命和工业革命的影响，以互联网协议、云计算、算法、社交网站等为代表的数字化技术正在改变生活中的一切。②马长山在《智慧社会背景下的"第四代人权"及其保障》一文中也提出，日渐涌现的各种新兴数据信息权利及其保障，其本质是在数字时代和智慧发展中，人之为人而应该享有的基本权利"。③在物理时空消解、主权边界模糊、生物数字双重属性等因素的共同作用下，人权保护面临前所未有的威胁和挑战。④数据人权强调人在数据经济中的全面发展且突出强调人应当起主导作用，无论从公民个人还是数据企业的角度来说，承认数据的财产属性，对以经济杠杆促进数据人权的保护具有积极作用。数据人权理论的提出，为构建数据财产权制度、平衡保护数据主体人格尊严和数据流通之间的关系提供了明确的指引。

（3）法经济学理论

依据庞巴维克的经济学原理，"有用性"和"稀缺性"是界定有价值商品的两个核心维度。⑤依此原理，数据的"有用性"表现为：数据汇集融合之后被控制者加工成为具有经济利益的数据产品，能够被用来作为生产要素进行交

---

① 参见《河南村镇银行储户红码事件》，载百度百科，https：//baike. baidu. com/item/%E6%B2%B3%E5%8D%97%E6%9D%91%E9%95%87%E9%93%B6%E8%A1%8C%E5%82%A8%E6%88%B7%E7%BA%A2%E7%A0%81%E4%BA%8B%E4%BB%B6/61462506？fr＝aladdin，最后访问日期：2023年1月5日。

② 参见［美］安德鲁·V. 爱德华：《数字法则：机器人、大数据和算法如何重塑未来》，鲜于静等译，机械工业出版社2016年版，第2页。

③ 马长山：《智慧社会背景下的"第四代人权"及其保障》，载《中国法学》2019年第5期。

④ 参见马长山：《迈向数字社会的法律》，法律出版社2021年版。

⑤ 参见殷赣新：《价值、货币和资本新论》，经济日报出版社2009年版，第14页。

换。而它的"稀缺性"则表现为：数据的获取需要征得数据主体的同意或者基于法定事由的授权，而非无限量供应，数据被数据处理者控制之后，数据处理者也采取一系列技术安全保护措施，由此，使其他数据处理者非经授权不能轻易获取。从而"有用性"和"稀缺性"使数据获得了财产属性的理论支持依据。

洛克提出的劳动赋权理论也是数据财产权的法经济学基础之一。他在《论财产》中认为，当人们将他的劳动与处于共有状态的某个东西混合之时，他便因此取得该东西的财产权，并且只要有人愿意向原来共有的东西施加劳动，劳动就能够产生财产权。劳动是劳动者无可争议的所有物，对于这一有所增益的东西，除他以外没有人能够享有权利。[1] 基于洛克的这一理论，仅仅收集和控制数据尚不足以支撑数据处理者取得数据财产权，数据处理者还必须对数据付出"劳动"，即采取数据存储、加密安全措施、数据建模、本地化安全控制等措施，使数据之上附加"劳动"，形成"数据产品"或者"数据服务"，数据处理者才能够取得对数据的财产权。亚当·斯密在《国民财富的性质和原因的研究》中提出，劳动是一切必需品和便利品的源泉。[2] 因而，从劳动角度，控制数据的主体之所以能够获取由此产生的利益，本质在于数据处理者对原本杂乱无序的海量数据进行了数据清洗和深度加工，为数据的财产增值付出了劳动，因此劳动是数据财产权益属性的重要来源。

科斯在《社会成本问题》一文中认为，经济社会的交易有两个核心，即"产权初始配置"和"交易成本"，只要交易费用为零，不管产权最初界定给谁，市场交易的最终结果都是一样的。并且，如果市场交易无须成本，明确各方的权利从法律上很容易预测这种法律界定的结果。但是当市场交易成本过

---

[1] 参见［英］洛克：《政府论》（下篇），叶启芳、瞿菊农译，商务印书馆1964年版，第17~29页。

[2] 参见［英］亚当·斯密：《国民财富的性质和原因的研究》（上卷），郭大力、王亚南译，商务印书馆1972年版，第1页。

高，以致难以改变法律对权利的初始安排时，情况就会变得复杂。① 由此可以推知：当存在交易成本时，初始产权配置会影响资源的最终配置效率，因此，初始产权配置所实现的最大福利，优于没有界定权利时通过交易实现的最大福利。数据企业对控制的数据进行加工及场景化应用过程中，遇到的问题与科斯描述的场景具有相似性。在数据被采取安全控制措施的情况下，数据无法被自由获取，因而数据处理者与交易对手之间也一定存在交易成本，此时为了最大化降低交易成本，给数据赋予财产性权利可能是比较高效的方法。

（4）数字经济理论

数字经济理论也是数据财产权的理论来源。数字经济的概念最初由日本于1997年提出，其主要倡导建立"超智能社会"，之后德国于2010年发布《数字德国2015》，目前多数经合组织国家都出台了数字经济发展议程，普遍倡导国家对数字经济的干预，甚至部分国家由政府主导进行数字基础设施建设，发展人工智能、扶持数据科技企业等。②

数字经济是建立在新兴信息技术基础上的经济形态，其主要通过大数据（数字化的知识与信息）的算法匹配，引导实现资源的快速优化配置，实现经济高质量发展的经济形态。数字经济是在传统经济的基础上发展起来的，多数西方经济理论仍然适用于数字经济，如契约理论、"经济人"假设、产权理论等，但在理论基础和发展规律上，数字经济与传统经济也有很明显的差别。数字经济理论强调，市场主体不再局限于传统的生产方和消费方，掌握大量数据的网络平台作为新型的市场主体参与了经济活动的资源配置。它们能够通过大数据技术对市场进行精准分析和预测，进行智能化市场营销、智能化风险控制及智能化市场决策，用大数据结果引导社会生产，通过数字化的智能配置，增

---

① 参见高建伟、牛小凡：《科斯〈社会成本问题〉句读》，经济科学出版社2019年版，第40~55页。
② 参见陈万钦：《数字经济理论和政策体系研究》，载《经济与管理》2020年第6期。

进全社会资源配置规划的科学性,数字和产业产生了良好的交融和互动,实现了"数字产业化"和"产业数字化"。数字经济理论强调,大数据更具有开发利用价值,数据在产业发展中具有十分重要的作用。正如陈万钦在《数字经济理论和政策体系研究》一文中所述,"由于数字经济总体趋向于垄断,收入差距会逐步扩大,社会财富将进一步集中。同时,网络化带来的技术风险、隐私和安全问题增多,需要建立新的规则体系"。[①] 如果没有"数字+经济"的外部环境,数据的财产权制度无法得到有效确立。而财产权规则又会反过来进一步促使数字经济向前发展。因此,确立数据财产权制度,有利于充分发挥数据在市场经济中的作用,不仅能够进一步明确数据属性,还能够为权利人带来经济利益,维护正常的交易秩序,促进数据流通。

二、数据财产与信托之结合

(一)传统信托要义及其对数据信托的启示

信托是一项古老的法律制度,目前商业实践中所说的信托,通常被认为是英国在14世纪以后由衡平法院发展起来的,[②] 之后逐步扩及英美法系国家和大陆法系国家。作为信托法的基本问题,何谓"信托"似乎应有统一定义。然而令人遗憾的是,无论英美法系国家内部还是与大陆法系国家之间,就信托定义至今仍未形成统一看法。[③] 究其原因主要包括以下三个方面:(1)信托类型复杂且持续多变,难以用统一的定义进行概括。从早期的家庭信托到后来的公益信托,再到20世纪以后风靡商界的各种商业信托,它们充分利用了信托的制度优势,但侧重点又各不相同,因此无法用统一的概念将其归纳。(2)作为信托发源地的英国,遵循先例(*Stare Decisis*)是其法律制度的明显特色,

---

① 陈万钦:《数字经济理论和政策体系研究》,载《经济与管理》2020年第6期。
② 参见何宝玉:《信托法原理与判例》,中国法制出版社2013年版,第2页。
③ 参见何宝玉:《信托法原理研究》(第2版),中国法制出版社2015年版,第1页。

衡平法院在长期的审判实践中积累了丰富的判例和原则，这些判例和原则是法官审理案件时首要考量的因素，而不必考虑信托的定义，但也不会因此影响对案件的审理。[1]（3）作为信托制度移植地的大陆法系国家，在从英美法系国家引入信托制度时，即使充分考虑了本国的法律体系的传统及其融合能力，也无法照搬英美法系国家对信托的理解及其判例法实践，尤其是英美信托法中普通法所有权和衡平法所有权的双重所有权制度，无法在大陆法系国家找到对应承接机制。

1. 信托要义的几种界定

（1）英美国家的信托要义

英美法系国家就信托要义具有以下三种典型的解释：[2]《不列颠百科全书》认为，信托是一种法律关系，该法律关系中，一人拥有财产所有权，但同时负有受托义务，为另一方的利益而运用此财产；《美国信托法重述》认为，信托是当事人之间以明示的意思表示方式设立的一种财产信任关系，该信任法律关系中，一方拥有财产所有权，并负有为另一方在衡平法上的利益进行管理和处分此财产的义务（慈善信托、结果信托和推定信托除外）；美国学者爱德华·哈尔巴克（Edward C. Halbach）也认为，信托是关于特定财产的信任关系，受托人为了特定受益人的利益对信托财产享有法律上的所有权，特定受益人则对信托财产享有衡平法上的所有权。从这些概念可以看出，英美信托法的要义为：信托关系的核心之一是衡平法义务；信托财产上存在双重所有权，即受托人享有普通法上的所有权，受益人享有衡平法上的所有权。

（2）日本及韩国的信托要义

《日本信托法》第 1 条规定，本法所称信托，系指有财产权移转及其他处

---

[1] 参见何宝玉：《信托法原理研究》（第 2 版），中国法制出版社 2015 年版，第 2 页。
[2] 转引自徐孟州主编：《信托法》，法律出版社 2006 年版，第 1~2 页。

理行为，令他人遵照一定的目的进行财产管理或处理。① 《韩国信托法》第 1 条规定，本法中的信托，是指以信托指定者（信托人）与信托接收者（受托人）间特别信任的关系为基础，信托人将特定财产转移给受托人，或经过其他手续，请受托人为指定者（受益人）的利益或特定的目的，管理和处理其财产的法律关系。② 从这些概念可以看出，日韩信托法的要义为：信托是为了特定受益人的利益而设立、信托财产已经转移给受托人、受托人按照信托目的独立地管理或处分信托财产。在这些法律界定中，明显回避了英美法信托要义中双重所有权的问题，也不涉及衡平法义务，更加强调受托人不得为自己利益管理信托财产。

（3）《关于信托的承认及其法律适用的国际公约》的信托要义

作为一种折中方式，1985 年海牙国际私法会议通过的《关于信托的承认及其法律适用的国际公约》（以下简称《国际信托公约》）尽可能地照顾了大陆法系国家和英美法系国家关于信托的定义和解释。③ 《国际信托公约》第 2 条就信托的主要含义界定如下：信托是指一个人（委托人）在生前或死亡时创设的一种法律关系，委托人为受益人的利益或者某个特定目的，将其财产置于受托人的控制之下。信托财产不是受托人的自有财产，但其所有权置于受托人名下，受托人有权力和职责按照约定或法定义务对信托财产进行管理和处分。由此可以看出，《国际信托公约》迂回地调和了英美法系信托法和大陆法系信托法的冲突，以受托人对信托财产的"控制"和信托财产的"名义归属"作为调节手段，最大化地包容了两种法系下对信托要义理解的核心差别。

（4）我国信托法的信托要义

我国现行《信托法》第 2 条规定，信托是指委托人基于对受托人的信任，

---

① 参见［日］新井诚：《信托法》，刘华译，中国政法大学出版社 2017 年版，第 33 页。
② 转引自徐孟州主编：《信托法》，法律出版社 2006 年版，第 3 页。
③ 参见何宝玉：《信托法原理研究》（第 2 版），中国法制出版社 2015 年版，第 6 页。

将其财产权委托给受托人，由受托人按委托人的意愿以自己的名义，为受益人的利益或者特定目的，进行管理或者处分的行为。从这一定义中可以看出，我们国家对信托要义的关注有四个关键点：其一，委托人应对受托人有信任，这是信托设立的前提；其二，委托人须将其财产权"委托给"受托人，但未强调所有权彻底"转让给"受托人；其三，受托人以自己名义管理和处分信托财产，从而有别于传统的代理机制；其四，受托人应为受益人利益的最大化而处理信托事务，核心是严格遵守信托文件约定的信托目的，不得为自己或第三方谋取利益。①

2. 不同法域信托要义的异同及其对数据信托的启发

由上可见，不同国家对信托要义的理解和解释确实存在较大差异，此种差异主要源于不同的法律传统和文化背景。然而，如果从动态发展的角度出发，前述不同的信托要义之间仍然可以取最大公约数，以满足当今数字化背景下不断变化甚至趋同的商业实践本质需求。依笔者看来，最大公约数可以体现在以下方面。

（1）淡化所有权概念。两种法系对信托要义的核心差异，体现于大陆法系物权法的所有权一元化和英美法系财产权体系中双重所有权之矛盾。在当今数字化时代，所有权的概念似乎已经被动摇，正如舒尔茨等在《所有权的终结：数字时代的财产保护》一书中所述，我们面临的数字未来，已经由可靠的所有权变成不固定的、有期限的许可证。② 在此背景下，坚守绝对所有权与认可财产权的多元化之间，似乎应有更多的灵活空间供我们选择。

（2）强调"控制"而淡化"转移"。信托财产的"转移"通常会涉及转让、交割及财产登记等手续，而"控制"则简单许多，仅仅通过交付或权限

---

① 参见周小明：《信托制度：法理与实务》，中国法制出版社2012年版，第36页。
② 参见［美］亚伦·普赞诺斯基、杰森·舒尔茨等：《所有权的终结：数字时代的财产保护》，赵精武译，北京大学出版社2022年版，第51~56页。

变更等方式即可实现。事实上，大陆法系在对信托财产的权属关系进行描述时，也在刻意回避"转移"这个措辞。我们国家信托法对信托的定义进行立法之初，就因财产权的"委托"问题饱受非议：称赞者认为这是立法科学性的表现，既解决了受托人管理信托财产的权限正当性，又回避了信托财产所有权的归属问题；反对者则认为"委托"一词没有揭示信托的本质属性，信托财产既然没有转移，受托人取得的仅是财产管理权，这混淆了信托与行纪、代理等法律关系的界限。但笔者认为，反对者的观点恰好回应了数字时代财产权形态的新变化，以数据财产权为新型财产形态的时代背景下，数据利益源于对数据的事实控制，受托人无须也没有可能取得完整的所有权，通过"控制"而拥有管理权限，符合数据的本身特点，也能应对数据管理和处分的需求。[1]

（3）为特定目的而设立信托。无论英美法系还是大陆法系对信托要义的理解中，均包含了信托应服务于委托人设定的特定目的，受托人为了能完成此特定目的，应尽最大努力履行管理责任。受托人负担的"信义义务"在英美衡平法理念中表现为出于"正义和良心"行事，大陆法系则通过成文法规定及信托合同约定受托人的义务履行要求。在数据经济时代，此"信义义务"的履行可以在此基础上叠加信息技术手段来实现，如区块链技术、隐私计算技术等，对于实现数据信托的特定目的有更加稳定可靠的异曲同工之妙。

（二）传统信托理论对数据财产的张力与契合

作为一种财产管理方法，信托是英国衡平法的产物，[2] 合法、确定、独立、转移的财产是信托设立的必要条件。在将传统信托理论应用于数据这一新型财产过程中，不可避免地受到许多限制和挑战。若要认可数据能够成为信托财产，除了考虑两大法系对信托财产的固有理念冲突以外，还需要在理论上结

---

[1] 参见梅夏英：《企业数据权益原论：从财产到控制》，载《中外法学》2021年第5期。
[2] 参见徐孟洲主编：《信托法》，法律出版社2006年版，第136页。

合数据财产的特征，对信托财产的上述属性进行适当调整。

1. 数据财产的合法性

传统信托法认为，信托财产的合法性具有两方面含义，即委托人能够合法拥有或控制财产、信托财产被法律允许进行流通。数据信托中，委托人是否合法拥有或控制数据也应该为数据能否作为财产的基本前提。但问题是，数据具有无形性、无限可复制性，若要实现完全拥有，在技术上是很难实现的，除非以数据为载体通过区块链技术创造了新型的数字资产（如各种 Token，包括比特币、以太币、NFT 等），但这种财产形态并非本书讨论的数据财产，故没有可比性。然而，如果从数据控制而非数据所有的角度探讨数据财产，反而有一定的可行性，当前数据平台或数据处理者在客观上就是通过技术控制实现了对数据的垄断和自我保护，强调"控制"而非"拥有"，在探讨数据财产的合法性方面更加现实，只不过，"控制"也需要合法性基础，对数据收集的来源、途径和手段，各个国家也有一定的特殊要求。关于数据流通，各个国家的要求也不尽相同，我国《信托法》第 14 条规定，法律、行政法规禁止流通的财产，不得作为信托财产。但在法律层面，目前没有规定数据可以进行交易，只是在政策层面作了规定，这在效力层级上显然是有欠缺的。

2. 数据财产的确定性

信托基础理论中关于财产的确定性是指用于设立信托的财产必须确定无疑，受托人应明确知悉哪些财产纳入信托范围，受益人也应知悉从何种财产获取信托利益。[①] 数据作为一种财产形态，具有价值方面的特殊性，在不同业务场景下，数据的价值表现出一定程度的差异化。某些场景下数据具有财产属性，不排除在另外场景下可能完全没有价值，这是当前数据实践中确权困难的重要原因。正因如此，在英国数据信托中，对数据是否是"财产"没有作出

---

① 参见何宝玉：《信托法原理研究》（第 2 版），中国法制出版社 2015 年版，第 150 页。

明确的界定，只是强调了数据信托中的受托人对数据应当有明确无疑的权利要求。① 另外，数据作为财产，能够为受益人带来的利益究竟是或有权益还是现实利益，对信托的有效设立也具有影响。两大法系在这方面的要求有明显差别：英美法系认可或有权益作为信托财产设立信托，大陆法系要求信托财产必须现实存在，或有权益或期待利益不可作为信托财产设立信托。② 数据财产产生价值的机制也十分复杂，经过数据加工、数据清洗等程序之后，数据被作为一种服务或产品提供给需求方使用，实践中数据需求方一般通过隐私计算、联邦学习、建立数据模型等方式，将结果应用于建立标签体系进行精准营销、信用评价或者智能决策及内部风险控制等场景，数据财产最终产生的收益很难通过一套标准化体系进行评价，这也是目前数据流通实践中难以对数据进行定价的重要原因。在此前提下，数据作为新型财产，如何评价其确定性也是对传统信托理论的一项重要挑战。

3. 数据财产的独立性

信托财产独立性是指信托财产独立于受托人的自有财产，也不属于委托人和受益人的财产，信托执行过程中产生的收益、减损均由信托财产独立承担，除非符合法定的例外情形。③ 当今的数字化时代，数据主要是以比特形式存在的电子化记录，它的一项非常明显的特征是可以近乎零成本地无限复制，也不会因此带来数量或质量方面的减损，表现出一定的非消耗性。这一特性与物质财产的转移有明显差异，物质财产转移交付后，一方将从物理上失去对该项财产的实际控制，另一方则实际取得物质财产的实际控制。因此在传统信托中强调信托财产因转移交付而发生实际控制的变动，受托人取得的信托财产具有独立的类似法人组织的属性。但是在数据信托设计中，数据的非消耗性导致数据

---

① McFarlane B., *Data Trusts and Defining Property*, available at https：//www.law.ox.ac.uk/research-and-subject-groups/propertylaw/blog/2019/10/data-trusts-and-defining-property.
② 参见何宝玉：《信托法原理研究》（第 2 版），中国法制出版社 2015 年版，第 150 页。
③ 参见徐孟洲主编：《信托法》，法律出版社 2006 年版，第 139～141 页。

即使从委托方转移给受托方,也并不意味着委托方就无法再对数据进行控制,理论上委托方仍有可能对数据进行处理,这对于信托财产的独立性而言是重大挑战。因此,以何种方式将数据财产交由受托人控制,是否仍有必要坚守信托财产在物理控制上的独立性,是数据信托实践中不得不考虑的问题。

4. 数据财产的可转让性

信托法律关系成立的一个重要前提是信托财产归属主体的改变,而归属主体的改变需通过财产转让来实现。我国信托法沿用了大陆法系的思维,回避了信托财产"转让"的描述,转而采用"委托"的模糊用语来定义信托财产的归属,同时在《信托法》第14条规定受托人因"承诺"信托而取得的财产是信托财产。就数据信托财产的归属主体变动,如果我们采用英美法系信托法的做法,意味着数据财产应当进行转让才可以发生归属变动的效果,但与此同时带来的问题是,数据财产是否具有排他性、支配性?数据财产的主体变动是否因"转让"而产生?数据财产是否具有可转让性?数据财产转让的标的是否应是基于对数据的管理而产生的数据受益权?除了"转让"以外,是否有其他途径导致数据财产的归属主体发生变动?或者进一步讲,数据是否有"归属主体"?如果我们采用大陆法系信托法的做法,抛弃根深蒂固的所有权概念,回避"转让"的措辞,在解释数据财产的主体变动时,应如何界定财产控制权的变化性质及其法律后果,这些都是无法回避的理论和现实问题。若能解决数据财产的可转让性及其财产权变动的实质问题,对建立中国特色数据信托的制度和架构设计将有重要意义。

5. 数据权利二元结构与信托双重所有权的契合

数据之上既有人格性权利,也有财产性权利,权利内容表现出了"双重性"。如前文所述,确认数据具有财产属性,在当前的理论和实务中应无争议。个人数据权益同时也具有人格属性在立法上也得到了认可,"个人信息保护"和"隐私权"同时在我国《民法典》人格权编作了规定,从体例上认可了个人信息具有的人格权属性。《民法典》第1032条规定，隐私是自然人的私人生活安宁和不愿为他人知晓的私密空间、私密活动、私密信息，并且《民法典》第1034条规定，个人信息中的私密信息，适用有关隐私权的规定；没有规定的，适用有关个人信息保护的规定。即法律层面已经认可信息属于隐私的一种，个人信息可以优先采用隐私权的规定进行保护。不过，这在理论上可能会导致一个误区，认为承载信息的数据中，个人享有的主要就是隐私权。其实这种担心是不必要的。许多学者认为，个人信息权益独立于隐私权，是一项独立的人格权益，与隐私权既不能相互替代，也不能相互涵盖。[①] 而且通过《个人信息保护法》对个人敏感信息的定义也可以看出，[②] 数据之中也存在可能导致人格尊严和人身安全受到损害的信息，涉及生命权、身体权、健康权、名誉权等人格性权利，个人对这些信息也拥有受法律保护的人格性利益。个人对数据具体享有哪些人格权并非本书的讨论重点，此处要强调的是，基于人格利益的绝对性理论，它们是不可被让渡的，在数据权利的具体构成中，其中包含的人格性数据权益不随着数据的流转而变更，个人在数据中的人格性权益具有类似票据法中飞越追索的效力，具有穿透性。数据的财产属性和人格属性，共同构成了数据权利的二元结构，[③] 这使数据权利的保护工作变得复杂。

[①] 参见程啸：《论个人信息权益与隐私权的关系》，载《当代法学》2022年第4期；王利明：《论个人信息权的法律保护——以个人信息权与隐私权的界分为中心》，载《现代法学》2013年第4期；张新宝：《从隐私到个人信息：利益在衡量的理论与制度安排》，载《中国法学》2015年第3期。

[②] 《个人信息保护法》第28条规定，敏感个人信息是一旦泄露或者非法使用，容易导致自然人的人格尊严受到侵害或者人身、财产安全受到危害的个人信息，包括生物识别、宗教信仰、特定身份、医疗健康、金融账户、行踪轨迹等信息，以及不满14周岁未成年人的个人信息。

[③] 也有学者认为，应当确定数据原发者拥有数据所有权与数据处理者拥有数据用益权的二元权利结构，以实现数据财产权益分配的均衡。但本书认为，数据之上很难认定谁拥有"所有权"，因为数据是无限可复制的，也不能简单认为数据处理者拥有"数据用益权"，因为数据原发者也可以对数据进行使用和收益，其主体并不具有特定性；相反，以财产性权益和人格性权益对数据进行定义，可能会更加科学地反映数据的"二元结构"。参见申卫星：《论数据用益权》，载《中国社会科学》2020年第11期。

数据的二元结构决定了在对数据进行流转和使用时，应当对其中的人格性权益进行准确识别和区分，依据其敏感程度的不同，赋予数据控制方不同的责任和义务，以便对数据主体的人格性权益进行充分保护。因此，数据的类型化区分对于兼顾数据经济价值和个人权益保护是十分必要的。马里吉尔（Malgieri）通过对数据进行分类，对不同层级的数据设置了不同的优先顺位，以期在数据主体权利保护与数据商业利益之间维持平衡。[1] 按照他的理论，数据被划分为三类：第一类为数据主体直接提供的数据（如数据主体的姓名、身份证号、手机号等）；第二类为数据控制者通过硬件及程序等收集的数据（如数据主体的支付信息、购物信息）；第三类为数据控制者经过复杂的算法运算得出的数据（如数据主体的信誉等级评估）。第一类数据隐私程度最高，因而数据主体的权益应当被置于数据控制者的利益之前优先考虑，采取诸如脱敏、匿名化等方式保护个人隐私。对于第二类数据，他认为数据主体可以对数据控制者主张权利，同时数据控制者也有权对抗除数据主体以外所有其他的同行业竞争者。第三类数据则完全不包含个人隐私，因而数据主体不得基于此主张个体隐私权利，但数据控制者对其负有告知义务。在数据信托架构设计中，对于三类数据的识别和划分，将影响对数据受托人的受托义务认定，包括其对数据主体的信义义务范围、保护数据主体个人隐私权利的方式、途径和手段，以及某些特定紧急情形下的告知义务等。

按照英美信托法中的财产权架构，由委托人就信托财产享有衡平法上的所有权，受托人享有信托财产普通法上的所有权，此即"双重所有权"。我国在移植信托机制时，受制于传统大陆法系"一物一权"原则的限制，无法容纳此双重所有权架构，在《信托法》条文表述中亦将信托财产关系的变动定位为"委托"，而非"转让"。两种法系对名义所有权和实质所有权的配置虽然

---

[1] Malgieri, *Property and (Intellectual) Ownership of Consumer's Information: A New Taxonomy for Personal Data*, 2016 Privacy in Germany – PinG 133, 138（2016）.

不同，但是在信托机制运行逻辑方面，将信托财产的自主处置性权利交给受托人是相同的。在大数据时代，数据价值的产生依赖于大数据分析，单一数据主体的数据价值极其有限，数据控制者对大量数据进行聚合、分析、加工和商业化应用是数据价值产生的核心来源，如果没有数据控制者的数据管理行为，数据能否带来价值将是存疑的。就此而言，数据主体对应于信托委托人、数据控制者对应于信托受托人，两方面具有极其类似的涵摄关系。数据主体提供了元数据，但除了人格性权益具有飞越追索主张之外，对其中的财产性权益并不能直接进行主张，从而对数据的权利几乎沦为"名义所有权"；而数据控制者对数据的控制，已经远远超过正常使用的范围，按照马里吉尔关于数据类型的三个划分，能够基于对某些类型数据的控制进行必要的处分，其对数据之中负载的财产性权利已经接近于"实质所有权"。[①] 可见，数据权利的二元结构与信托财产所有权的双重性具有高度的对应关系，如果构建以数据财产权为信托财产的数据信托制度，数据权利的二元结构能够有效回应信托财产的双重性，可以使数据主体和数据控制者名正言顺地参与数据利益分配，共享数据收益。[②]

三、数据信托的理论基础

一项全新的制度设计，离不开基础理论的支持。本书认为，数据权利理论、"卡—梅框架"理论、信任理论共同构筑了数据信托的基础理论底座，它们从各自角度为数据隐私保护和数据商业化应用提供了理论指南，是数据信托制度设计的重要基础和本源。

[①] 参见冯果、薛亦飒：《从"权利规范模式"走向"行为控制模式"的数据信托——数据主体权利保护机制构建的另一种思路》，载《法学评论》2020年第3期。
[②] 参见贺小石：《数据信托：个人网络行为信息保护的新方案》，载《探索与争鸣》2022年第12期。

（一）数据权利理论：以意思自治为导向

在传统信托架构中，独立信托财产的存在是信托能够设立的前提，信托关系的核心在于信托财产。① 因而，在论及数据信托时，自然也可能提出数据信托的财产形态是什么，数据之上是否存在权利、存在何种权利。围绕这些问题，学者们从数据人格权、财产权、特许权等角度提出了数据权利是由数据可携带权、被遗忘权、删除权等多种权利交织合成的复杂权利束，数据主体和数据控制者对数据的利用呈现复杂并行局面，用传统的物债二分、物必有体、物权排他等理论概念体系等都难以解释数据多元主体的权利复合现象。② 在法律层面，数据之上存在权利或者数据赋权的必要性，理论上已存在共识，立法上也作了规定，如我国《民法典》第127条规定，法律对数据、网络虚拟财产的保护有规定的，依照其规定。该条款虽然没有明确对数据赋予财产性权利，但此条款作为一个引致条款，仅是明确宣示了数据权益应当予以保护，从财产权利角度，数据在民事权利体系中处于何种地位，学者仍在探讨过程中。③

实践中经常有人质疑，认为数据只有确权才可以合法地进行交换和流通，否则可能因为不具备合法性基础而导致交易无效。其实，从数据概念发展的角度而言，此种担心大可不必，理由如下。

1. "同意"之意思表示可以阻却数据处理行为的违法性。按照民法基本理论，意思自治应当由具备相应行为能力的人自愿、真实地作出，否则即为意思表示有瑕疵。在数据没有"确权"的情况下，如果个人数据主体对其自身的数据信息作出授权同意使用的意思表示，应当视为对数据进行收集、传输、加工、使用的数据控制者进行了授权。出于充分保护弱势个人信息主体的考虑，可以对同意的信息范围、方式等作出规定，要求相对方提供完整的《隐

---

① 参见董慧凝：《信托财产法律问题研究》，法律出版社2011年版，第70页。
② 参见王利明：《论数据权益：以"权利束"为视角》，载《政治与法律》2022年第7期。
③ 参见申卫星：《论数据用益权》，载《中国社会科学》2020年第11期。

《私权政策》和特定场景下需要单独同意的授权文本，以取得个人信息主体充分完整的授权。

2. "确权"要解决的问题是数据属于谁，在数据流转链条中不同类型的主体分别享有何种权益。但确权并非包治百病的灵丹妙药。就数据主体分类角度而言，涉及的相关主体无非就是个人数据主体、数据控制者、数据处理者三个类别，如果数据控制者同时进行了数据处理，则只涉及个人数据主体和数据控制者。对个人数据主体来说，数据之上附载了人格性权益和非人格性权益，除人格性权益不可让渡之外，非人格性权益可以基于个人的自主同意和授权进行处置。对数据控制者而言，他们为数据的加工和存储等付出了劳动，依照洛克的劳动理论，因对数据付出劳动自然应取得数据相关权利。[①] 鉴于数据的高度场景依赖性特征，立法技术上难以穷尽各种确权规则，在立法成熟之前可以将其权利分配交由当事人依照意思自治、诚实信用原则等进行确认。一般认为，将数据权属赋权于在数据生成与利用中处于核心驱动地位的数据控制方为准则，避免数据权利内容及界限过于模糊和笼统，缓解和降低个体隐私权侵害风险与数据赋权之间的内在张力，[②] 各相关方之间对于数据权属的内容和边界进行磋商界分时可参考这一原则。

3. 应提防"权利泛化"的影响。19世纪末期康德已经指出权利定义的难题，尽管如此，理论家们仍然趋之若鹜试图构建自己的权利理论学说。[③] 在数据经济日渐发达的今天，"数据权利是什么"似乎并没有那么重要，重要的是数据能够为相关主体带来什么。现实生活中人们更愿意根据自己的处境、按照自己的愿望来理解和使用数据，不对数据赋予明确的财产性权利并没有妨碍数据价值的实现。事实上，"权利"只是权利人对自己有益的事实、利益和行为

---

① 参见许可：《数据权利：范式统合与规范分殊》，载《政法论坛》2021年第4期。
② 参见彭辉：《数据权属的逻辑结构与赋权边界——基于"公地悲剧"和"反公地悲剧"的视角》，载《比较法研究》2022年第1期。
③ 参见汪太贤：《权利泛化与现代人的权利生存》，载《法学研究》2014年第1期。

进行正当化的一种方法,如果无规范地创造出法律上或道德上并不存在的主张和要求,即构成"权利泛化"。"权利泛化"的影响是多方面的,它一方面会冲击既有权利理论和权利体系的稳固性,另一方面在法律操作上可能导致目的与手段发生背离,对既有权利体系和权利理论造成修正压力。[1]

赋权的目的是保护,如果在理论和立法层面无法达成共识的情况下,另辟蹊径地进行"权益保护"也是权宜之计。本书认为,在数字经济日新月异的时代,数据之上应当被赋予何种名称的权利不重要,数据及其衍生品产生的受益性权益才应是各方关注的重点,数据受益权的价值不仅取决于数据的整体质量,也取决于数据应用的场景。对数据进行加工、应用、匹配和场景发现,是技术性极强的工作,同时也需要管理数据的人具有高度的责任心和正义感。正因如此,数据受益权应当是数据信托机制的重要基石。

(二)"卡—梅框架"理论:数据自治与信托模式的启示

法律经济学领域,卡拉布雷西(Guido Calabresi)和梅拉米德(Douglas Melamed)提出了著名的"禁易规则"、"财产规则"和"责任规则"的类型划分(被学界称为"卡—梅框架"),成为研究规则和效率的主导范式。[2] "卡—梅框架"的最大特点在于,它是从法律后果(又称法律责任或法律救济)的角度对法律规则进行了逻辑分类,着眼于公民合法权益受到侵害时所能获得的法律救济,是一种基于法益保护的效果模式思路。[3] 当前,实践中大量数据已经在流转,通过合法的隐私计算以及非法的黑灰产交易,数据交易体量十分庞

---

[1] 参见张曦:《"权利泛化"与权利辩护》,载《华东政法大学学报》2016年第3期。

[2] See Guido Calabresi, Douglas Melamed, *Property Rules*, *Liability Rules*, *and Inalienability*: *One View of the Cathedral*, 85 Harvard Law Review 1089 (1972).

[3] 此处需要说明的是,"法益"与"权利"和"利益"都是法学学科中常用的概念,我国法学中使用的"法益"概念至少包含了三种方式:一是德国法式的,仅指生命、身体、健康、自由;二是指"绝对权"之外受法律保护的利益;三是指所有法律上受保护的权利和利益,"卡—梅框架"中所述的"法益"是指最后一种。参见凌斌:《法律救济的规则选择:财产规则、责任规则与卡梅框架的法律经济学重构》,载《中国法学》2012年第6期。

大。针对这种现状,"卡—梅框架"提出的基于事后法律责任的思考框架,可能对解决当前数据权属不清现状下的数据财产转让和交易实践有借鉴作用。"卡—梅框架"依据法益是否可以自由转移这一标准,区分出了"禁易规则";对"禁易规则"之外允许交易的法益,依据其是否可以自愿交易,又进一步区分出了"财产规则"和"责任规则"。这三类规则对数据自治和数据财产权信托模式具有重要的借鉴意义。

1. 关于"禁易规则"

"禁易规则"的要点是,明确指定了法益的归属主体,但是禁止法益拥有者对法益进行自愿转让,因此也不涉及法益定价问题。这一规则的目的在于取缔特定市场,可能既涉及禁止法益的客体标的,也涉及法益的主体资格。前者如禁止人体器官的私人买卖,后者如禁止未成年人购买酒精饮料等。[1] 从"禁易规则"的规则定位来看,禁止的范围涉及的是民法上公序良俗原则范围内的主体和客体,如果允许交易,可能会涉及损害社会公共利益或者人格尊严等基本人权范围内的法益。按此逻辑推论,数据财产的转让也同样会涉及公和私两方面的问题,凡是涉及数据安全/国家安全及社会公共利益的数据交易,以及涉及个人的人格尊严和隐私保护的数据交易,均应当被列入禁止的范围。数据脱敏或匿名化在一定程度上起到的作用就是降低或消除上述两方面可能带来的公共利益或个人权益的损害。

2. 关于"财产规则"

"财产规则"的要点是,法律明确指定了法益的归属,并且允许法益基于当事人之间的自愿定价而进行转移。这一规则的目的在于规范当事人之间的自愿交易,包括交易价格也完全交由他们自主确定。当前数据交易实践中自愿交易为主要形态,数据的定价也由交易双方自主协商,由于数据价值的特殊性,

---

[1] 参见凌斌:《法律救济的规则选择:财产规则、责任规则与卡梅框架的法律经济学重构》,载《中国法学》2012年第6期。

一般不通过第三方进行评估定价。"财产规则"在数据财产权转让规则的构建中意义重大，它所倡导的允许法益自愿流转、自主定价等符合当前数据经济业态的实际需求。当前数据实践中问题较多的"数据确权"，在很大程度上是在寻求通过法律方式明确指定数据权益的归属，从立法现状来看，"数据确权"在短时间内较难取得实质性突破，因此，在"财产规则"之外通过其他方式实现数据权益的分配就显得尤为迫切。

3. 关于"责任规则"

"责任规则"的要点是，法律明确指定了法益的归属，允许法益的转让，但在定价方式上交易双方并非自主协商定价，交易价格是法定的。此方面案例最典型的如紧急避险、政府征收、无因管理等。例如，根据我国《个人信息保护法》规定，为应对突发公共卫生事件或者为公共利益实施新闻报道、舆论监督等行为时，可以无须经过本人同意而直接对数据进行采集和使用，① 欧盟 GDPR 第 6 条也有类似规定。应用到数据领域，"责任规则"具体表现为两方面的含义：其一，数据财产的转让在遇到特殊情形时，无须交易双方达成一致同意仍可实施；其二，如果数据使用者在使用数据过程中，没有能够就数据取得数据主体合法有效的授权，从而导致发生数据侵权及其他违法事件时，应当承担由此产生的不利法律后果。本书认为，"卡—梅框架"理论对数据要素的流转和交易最大的理论贡献，就在于可以事后以"责任规则"方式为数据使用者的行为进行定价，从而一方面避免了事先授权在数据使用成本方面带来

---

① 《个人信息保护法》第 13 条规定，符合下列情形之一的，个人信息处理者方可处理个人信息：(1) 取得个人的同意；(2) 为订立、履行个人作为一方当事人的合同所必需，或者按照依法制定的劳动规章制度和依法签订的集体合同实施人力资源管理所必需；(3) 为履行法定职责或者法定义务所必需；(4) 为应对突发公共卫生事件，或者紧急情况下为保护自然人的生命健康和财产安全所必需；(5) 为公共利益实施新闻报道、舆论监督等行为，在合理的范围内处理个人信息；(6) 依照本法规定在合理的范围内处理个人自行公开或者其他已经合法公开的个人信息；(7) 法律、行政法规规定的其他情形。依照本法其他有关规定，处理个人信息应当取得个人同意，但是有前款第 2 项至第 7 项规定情形的，不需取得个人同意。

的不经济，另一方面也可以进一步促进数据要素流通的效率和效益。在当前"数据确权"陷入困境的情况下，"责任规则"可以成为数据要素应用的重要规则，也是本书数据信托模式的重要理论基础。

（三）信任理论：数据可信流通的根基

信任是交易的基础，其内涵也随着时代的变迁而不断发展。自霍布斯提出政治理性理论主张之后，信任关系在很多人看来是抽象人与抽象人之间的静态社会关系，信任仅仅被视为个体追逐利益的工具。但休谟不这么认为，他从反对抽象人的理论假设入手，重点强调社会关系的重要性，认为应当在社群意义上对信任进行理解；在他看来，"许诺在自然状态中是不可理解的，也不是在人类成立协议之前就存在的，一个不知道有社会的人永远不会与他人订约"[1]。可见，休谟不赞同基于抽象人的理论假设讨论个体的存在及其相互间的社会关系问题，而是主张在社会背景下讨论人的问题和信任问题，个体间达成的信任经验作为一种符号系统，促成了社会信任关系的发展。工业社会进一步发展之后，休谟的信任关系静态符号系统理论又开始显得力不从心。马克思在《1844年经济学哲学手稿》中指出，"我们现在假定人就是人，而人对世界的关系是一种人的关系，那么你就……只能用信任来交换信任"[2]。他认为，世界的异化导致个体间的信任关系缺失了必要载体，传统信任也已经失去存在的背景，新的信任关系亟须重建。卢曼用新功能主义的理论方法展开对信任问题的研究，他认为，信任一定基于个体间的社会关系，"是对某人期望的信心，它是社会生活的基本事实"[3]。如果没有信任，人们将会深受到模糊的恐惧感的折磨。英国著名社会理论家和社会学家安东尼·吉登斯（Anthony Giddens）在

---

[1] ［英］休谟：《人性论》，关文运译，商务印书馆2016年版，第552页。
[2] ［德］卡尔·马克思：《1844年经济学哲学手稿》，中共中央马克思恩格斯列宁斯大林著作编译局，人民出版社2018年版，第142页。
[3] ［德］尼克拉斯·卢曼：《信任：一个社会复杂性的简化机制》，瞿铁鹏等译，上海人民出版社2005年版，第1页。

休谟、马克思和卢曼的理论基础上,从社会学角度、以现代性为视角对信任进行了进一步探讨。吉登斯赞同《牛津英语辞典》中对信任的定义,认为信任包括两方面含义,即人对人的信任、人对物的信任。他研究后提供了自己对信任的定义:信任是个体"对一个人或一个系统之可依赖性所持有的信心,在一系列给定的后果或事件中,这种信心表达了对诚实或他人的爱的信念,或者,对抽象原则(技术知识)之正确性的信念"[1]。从这个定义可以看出,吉登斯对信任理论的总结已经十分明晰地体现了社会发展形态的背景和现状。

在当下的数据经济时代,对于信任含义及其作用的理解,吉登斯应是最全面的。他总结了"信任"的两个重要面向:对人的信任、对物/系统的信任。传统社会学对人之间的信任尽管有不同的维度,无论是休谟的信任关系静态符号理论还是卢曼的基于个体间的社会关系理论,本质上都是围绕"关系"视角展开论证。然而当今飞速发展的互联网信息技术,导致了人与人之间的关系更加技术化,两个素昧平生的人可以借由网络空间而成为彼此无话不谈的好友,建立起对彼此的信任。而且伴随互联网和区块链技术的发展,产生信任的手段和形态也更加复杂。例如,基于区块链的分布式账本技术、共识机制、"去中心化"的多节点备份功能以及非对称加密技术等,完全匿名的网络用户可以放心地通过虚拟货币进行交易,而不必担心对方的资信问题。再如,前文述及的 NFT 技术,目前已经广泛应用于著作权领域,凭借出色的数字营销功能,在产品营销及私域流量管理等方面已经取得良好的效果。NFT 技术解决了传统互联网领域的无限可复制性问题,首次在法律关系上实现了数字领域对虚拟财产的"唯一性"界定问题,进一步拓展了"信任"的含义范围,吉登斯所述的对物/系统的信任在数字时代显得更加应景。

反观当前数据流通领域广泛存在的问题,许多是没有建立信任机制导致

---

[1] [英]安东尼·吉登斯:《现代性的后果》,田禾译,译林出版社 2011 年版。

的。个人数据主体不信任数据收集方，担心其超范围使用个人信息；数据控制者不信任其他数据处理者，担心其盗取商业秘密，损害自己的竞争优势。凡此种种，皆因信任机制缺失所致。数据信托作为英美法系中十分灵活的财产管理机制，通过相关权利和义务的关系设定，能够在委托方、受托方和受益方等主体之间建立信任，是通过信任机制有效实现各方利益诉求的上佳路径。同时，借助互联网技术的新应用，如果能够更加强化此种信任关系，为信任的建立提供更加可靠的技术保障，将会更加有利于数据信托固有功能的发挥。

四、以数据信托形式促进数据流通

如何在兼顾数据主体利益保护的情况下促进数据流通，这是当前数据商业实践中最重要的问题。数据实践中所称"数据流通"，通常指数据开放、数据共享以及数据交易。[①] 这三种类型的数据流通，因其都可能涉及个人信息主体的人格性权益，在当前数据流通实践中又无统一适用性规则，因而带来了许多问题，一定程度上使数据流通受阻。

（一）数据供给端之困惑

作为数据转让方的数据控制者，在发起数据转让方面存在内驱力缺失的问题，究其深层次原因，至少有三方面的因素所导致：其一，现行立法对数据确权体系的缺位，导致转让方在转让的数据"权利束"中，可能无权处分了他人数据或者侵犯了他人隐私，从而带来法律风险。其二，数据转让缺乏可靠的救济保障体系，现有司法实践做法主要采纳了商业秘密保护和反不正当竞争法一般条款的保护思路，规则模糊且救济的周延性和不确定性较弱，令数据转让的可期待性降低。其三，数据转让性价比低，有规模优势的大型数据平台更倾

---

① 《中国数据要素安全流通白皮书》(2023)，载百度百家号，https://baijiahao.baidu.com/s?id=1761767347502311369&wfr=spider&for=pc，最后访问日期：2023年12月10日。

向于打造闭环数据生态，将数据用于制造自身竞争壁垒，获取更大商业价值；无规模优势的中小型数据平台，虽然可能有交易意向，但数据体量小，无法体现"大数据"聚合效应，致使其在数据交易谈判中不占优势地位，使数据转让的性价比下降，再叠加数据合规监管的压力，进一步致使其数据转让动力不足。

1. 数据权利体系缺位

数据权利归属确认是数据权利保护的核心，如果无法回答"数据是谁的"的问题，就无从建立和维护数据开发和利用的交易秩序，也无法激起人们对数据进行研发投入的积极性和主动性。[①] 法律上若承认数据权利，即意味着数据主体能够以某种正当合法的理由要求他人认可其对数据的占有事实，以达到或者要求他人返还数据，或要求其承认数据事实的法律效果。[②] 按此推理，在立法没有对数据权利进行明确界定的情况下，数据主体进行所谓的"数据转让"可能会面临数据侵权的法律风险。但也有学者提出，应当从"实际控制"的角度而非"财产拥有"理解数据上存在的权益，数据权益范围的大小依赖于数据控制者对数据的控制力度，包括技术控制和安全管理。[③] 还有学者认为，应当在立法上构建数据的双重权益结构，在区分数据来源者和数据处理者的基础上分别赋权。[④] 可见，无论在立法上还是在学术研究上，数据如何确权问题仍然悬而未决，在此背景下，数据控制者将其数据进行转让的行为是否具有正当性，是否侵犯在先权利及侵犯何种在先权利，都具有很大的不确定性。

2. 数据救济途径低效

在数据控制者看来，数据转让缺乏救济的可靠性保障是阻却其进行数据转

---

① 参见李爱君：《论数据权利归属与取得》，载《西北工业大学学报（社会科学版）》2020年第1期。
② 参见李爱君：《数据权利属性与法律特征》，载《东方法学》2018年第3期。
③ 参见梅夏英：《企业数据权益原论：从财产到控制》，载《中外法学》2021年第5期。
④ 参见王利明：《数据何以确权》，载《法学研究》2023年第4期。

让的内在基因。从数据救济途径来看，司法实践中对数据多作为商业秘密进行保护，或者采用《反不正当竞争法》第 2 条的一般条款对数据权益进行保护，[1] 这两种保护方式都是无奈之举。采用商业秘密方式对数据进行保护采用的是法益保护的路径，[2] 要构成商业秘密，需要满足"不为公众所知悉、能为权利人带来经济利益、具有实用性并经权利人采取了保密措施"的条件，[3] 举证责任的难度较大。数据作为具有无形性、无限可复制性的特殊财产形态，失去控制意味着再也无法作为商业秘密进行保护。通过反不正当竞争诉讼进行曲线救济也是数据控制者的迂回策略，采用的也是法益保护路径，由于《反不正当竞争法》第 2 条的模糊性和不确定性，何为"诚实信用"、"公认的商业道德"是什么，对此的判定有极大的弹性空间，均依赖于法院的高水平司法判断。所以这两种救济保护模式下，对数据控制者而言的保护效果都有较强的不确定性。因此，无论是事先的数据赋权还是事后的数据救济，效率和效果都是可圈可点的，唯有牢牢控制自己掌握的数据，才可以维持数据控制者在商业活动中的竞争优势。在此情形下，数据控制者的转让动力就大打折扣。

3. 数据转让性价比低

作为数据转让方的数据控制者，目前实践中大致分为两种角色：第一种是具有规模优势的大型数据平台，如百度、阿里、美团等，这些平台拥有的数据量大，但为了维持竞争优势及制造进入壁垒，数据往往在平台自身生态圈内闭环使用，通过转让数据谋求经济收益并非这些平台的首选。第二种是通过自己运营业务沉淀了一定体量的中小型数据控制者，但这类数据平台的数据体量、

---

[1] 从近几年的数据侵权案例来看，许多涉及数据的案件借助了反不正当竞争的思路进行处理，例如，截至 2023 年 10 月 9 日，北大法宝共有 75 个案例以反不正当竞争的审理思路作出了判决。

[2] 参见许可：《数据保护的三重进路——评新浪微博诉脉脉不正当竞争案》，载《上海大学学报（社会科学版）》2017 年第 6 期。

[3] 参见《反不正当竞争法》第 9 条规定。

数据质量相较第一种平台而言几乎没有太多优势，因此其数据的价值和对第三方数据需求者的吸引力不强，即使这些平台有意向转让数据，也往往因其数据质量问题在谈判合作中不占据优势地位；甚至有的平台干脆不对数据进行二次开发和使用，致使数据汇聚与利用受到极大限制，形成大量的"数据孤岛"，数据功能大幅消减。由此可以看出，数据转让对这两类数据控制者而言并无太大吸引力，数据交易带来的性价比不高，数据转让的内驱力较弱。

（二）数据需求端之困惑

1. 交易数据的合规性

数据需求方期待数据供给方提供的交易数据无法律瑕疵，具有"清洁性"。在个人信息保护层面、网络安全和数据安全层面充分履行了保护义务，包括数据的收集、传输、加工、存储和对外提供等符合现行法律的要求，也不构成不正当竞争，以免数据"带病"交易后给数据需求方带来衍生法律风险，这是需求方购买数据产品或服务时核心关注的交易前提。但从签约前的尽职调查能力来看，数据需求方要将这些法律瑕疵全部排除，在技术手段和交易成本方面不具有可行性，尤其是针对海量个人信息的直接核查，几乎是不可能的。于是，将事先数据合规性的核查转化为事后履约的违约责任承担，交易双方通过合同条款进行合规性的承诺和保证便成为低成本的选择，目前数据实践中数据需求方和数据源之间的合作多采用此种方式。但这种方式也不是完美的选择，其有效性往往取决于供给方的履约能力，在涉及数据流转链条长、环节多的时候，由于合同相对性的影响，逐层进行责任追究并不容易。《个人信息保护法》第69条规定的倒置性合规义务，针对的是个人信息主体，对于以企业组织形态存在的数据需求方和数据供给方并不适用，因此就交易数据的合规性问题，交易双方可以依赖的技术手段、核查能力、约定和法定保障等存在一定程度的不足，交易数据的合规性在数据需求方一侧存在风险敞口。

2. 交易数据的合质性

"合质性"描述的是交易数据是否符合数据质量标准的问题。在数据合质性方面至少存在以下问题：其一，数据质量评价标准具有弹性，不易把握。国际数据治理协会（Data Management Association，DAMA）制定了数据质量评判的六大维度，即完整性、一致性、准确性、时效性、唯一性和可访问性，只要数据满足了这六大属性，都属于高质量数据。[①] 这六个维度中，有些维度不太容易准确掌握口径，例如，关于完整性，要求数据记录的信息完整且无数据残缺，但记录和重要字段信息的残缺达到什么程度才能定义为"不完整"，仍然需要数据交易双方进行进一步的定性或定量描述和约定。国内关于数据质量的评价体系，目前主要是中国资产评估协会发布的《数据资产评估指导意见》，质量因素的评价维度与 DAMA 基本相同。[②] 其二，基于数据的独特性，披露后既无法撤回或彻底消灭，数据供给方不可能事先将数据给需求方进行质量检验，并在验收合格后方可确认交易完成，因此数据需求方无法事前进行质量检验，交易数据是否具备合质性也难以确定，导致交易数据在交付之前成为一个"黑箱"，由此可能会带来"数据注水""数据作假""质次价高"等问题，数据交易是否"货真价实"是存疑的。

3. 交易数据的合价性

"合价性"描述的是作为交易标的的数据，其价值与交易价格的匹配度。数据交易中，需求方希望以公允价格购买数据产品或服务，但是前述"合质性"问题下数据黑箱的存在，导致数据的合价性可能存在一定偏差。判断数据价格与价值是否匹配，应从数据资产评估入手。根据 2023 年 9 月 8 日中国

[①] 《数据质量评估标准是什么？》，载知乎，https://www.zhihu.com/question/403938729/answer/2762874622，最后访问日期：2023 年 10 月 10 日。

[②] 2023 年 10 月 1 日起实施的《数据资产评估指导意见》第 16 条规定，质量因素包括数据的准确性、一致性、完整性、规范性、时效性和可访问性等。可见，《数据资产评估指导意见》与 DAMA 就数据质量评价的维度相同，不同之处在于前者用了"规范性"代替后者的"唯一性"。

资产评估协会《数据资产评估指导意见》第 16 条及第 19 条规定, 对数据资产的价值评估, 需要关注影响数据资产价值的成本因素、场景因素、市场因素及质量因素, 采用成本法、收益法和市场法三种基本方法及其衍生方法对数据进行评估。"数据黑箱"的存在, 使数据估值定价丧失了基于数据资产评估后确定的价值基础, 导致拥有规模优质数据的数据供给者极易基于其信息优势, 滥用数据交易的定价权, 压制数据需求者甚至垄断数据定价。如此一来, 数据的合价性难以确定, 数据需求者的价格预期也会落空。①

(三) 我国数据流通困境: 在使用与保护之间

基于上述问题, 在数据的供给和需求两侧均有障碍的情况下, 如何在数据保护的同时实现数据的合规流通和利用, 是本书研究的核心目的和问题出发点。本书探讨的数据信托制度, 期望能够在数据使用和数据保护之间搭建合理的交易之桥, 促成数据要素流通目的的实现。

1. 关于数据使用

马克思主义政治经济学认为, 商品是使用价值和价值的矛盾统一体, 二者的分离通过交换来实现, 价值是交换价值的基础, 交换价值则是价值的表现形式。② 循此逻辑, 数据事实上也已经成为重要形态的商品, 数据的使用价值和交换价值同样遵循马克思主义的经济学原理, 但数据价值的实现有许多特殊之处, 主要表现为:

其一, 数据使用价值不是数据价值的物质承担者, 因为数据是无形的, 没有物质化存在。这导致传统大陆法体系中以"物"为规制对象的物权法, 不能如同对待有形商品那样用来调整"数据"这种特殊的无体物。

其二, 数据的价值源于大分析, 数据经过汇聚融合并分析之后, 才能带来

---

① 参见姜宇:《数据要素市场化的一种方案: 基于数据信托的数据交易所机制重构》, 载中国知网, https://kns.cnki.net/kcms/detail/11.5181.TP.20230328.1043.002.html。

② 参见刘雅静主编:《马克思主义政治经济学》, 山东人民出版社 2013 年版, 第 55~57 页。

决策性价值,这是因为数据分析可以"获得洞见(知识创造)"和"自动决策(决策自动化)",① 与物质商品为人们展现价值的形态有所不同。

其三,数据的独特性在于可重复利用,在不断地汇聚融合和计算分析中持续产生新价值,与物质商品不同,数据的使用不会减损它的价值,反而会通过与新信息的汇聚和分析而产生新的含义,表现出积累性和非消耗性。②

其四,数据的价值是动态的、多变的,取决于它与哪些数据结合以及与多大规模的数据相结合,还取决于采取何种算法以及用于何种目的或场景。不同的算法、分析目的、使用场景,得出的结论可能不同,尤其对不同类型的使用者,即使同样结论也可能对他们产生不同价值。例如,消费金融放贷业务中,借款人在其他平台的违约记录,对于他们在购买游戏装备时的个人信用评价,可能就没有参考价值。而物质商品虽然也有可能因使用人的不同也表现出不同的价值,但商品自身的价值是单一的、静态的。

其五,数据如要实现价值最大化,一定是通过不同的数据控制者不断流通和交换而实现。高富平教授也认为,数据流通是数据价值的实现方式。③ 掌握一定数量的数据的平台企业,虽然其数据能够在内部风险控制和辅助决策方面产生价值,但单一个体的数据体量毕竟有限,况且,将闲置不用的数据通过恰当的方式与需求方进行流通和交换,也能进一步为他们带来收益,数据在此场景下表现出了一定的"资产属性"。

由上可见,数据作为一种特殊商品,其价值的实现有赖于数据流通,如无流通,数据将成为"孤岛"和"烟囱",不能创造任何价值。鉴于此,国家近

---

① OECD, Data – Driven Innovation Big Data for Growth and Well – Being, "Interism Synthesis Report", http: // www. oecd. org/sti/inno/data – driven – innovation – interism – synthesis. pdf, 最后访问日期: 2023 年 4 月 26 日。
② 参见高富平:《数据流通理论——数据资源权利配置的基础》,载《中外法学》2019 年第 6 期。
③ 参见高富平:《数据流通理论——数据资源权利配置的基础》,载《中外法学》2019 年第 6 期。

年来通过一系列政策文件将数据确认为新型生产要素,[①] 将数据作为数字化、网络化、智能化的基础,将其融入生产、分配、流通、消费和社会服务管理等各环节,对生产方式、生活方式和社会治理方式带来了深刻变革。自 2015 年以来,各地先后设立了贵阳大数据交易所、上海数据交易所、北京国际大数据交易所、深圳数据交易所等数十家数据交易平台,在探索鼓励和支持数据流通方面进行了大量尝试。但是由于数据确权问题、数据来源合法性问题、隐私保护问题,以及数据定价和交割等方面存在诸多不确定性,数据流通和交易效果表现欠佳。

2. 关于数据保护

数据为何需要保护?从个人角度,数据的滥用可能会损害个人的人格尊严、名誉权甚至生命权等人格性权利,也可能造成个人的财产损失;从企业角度,数据的泄露、篡改和破坏可能会侵犯其商业秘密,导致丧失竞争优势或者带来财产损失;从国家角度,数据的泄露可能会危及国家安全、数据主权、社会稳定及公共利益。数据流通过程中,必然会涉及对个人、企业及国家层面的上述影响,其中对个人带来的影响是各国关注数据问题的根本原因。从技术上看,数据之所以具有经济利益,往往是因为包含着个人信息,具有商业使用(如用户画像、精准营销)的价值。国内也有学者认为,没有个人信息的数据不是个人数据,只是以二进制代码表现的比特形式,对于数据收集与使用者而言没有意义。[②] 基于此法律及商业要求,各国对数据的流通利用规定有程度不同的限制。以欧盟和美国为例,欧盟 GDPR 对个人信息保护的规定以全面严格

[①] 包括 2020 年 3 月 30 日中共中央、国务院发布的《关于构建更加完善的要素市场化配置体制机制的意见》、2021 年 3 月 11 日发布的《中华人民共和国国民经济和社会发展第十四个五年规划和 2035 年远景目标纲要》、2022 年 6 月 23 日中央全面深化改革委员会第二十六次会议审议通过的《关于构建数据基础制度更好发挥数据要素作用的意见》、2022 年 12 月 2 日中共中央、国务院发布的《关于构建数据基础制度更好发挥数据要素作用的意见》等政策文件中,将数据在国民经济和社会发展中的作用提到前所未有的高度。

[②] 参见程啸:《论大数据时代的个人数据权利》,载《中国社会科学》2018 年第 3 期。

而著称,是许多国家模仿的典范,他们通过采用"数据合法性基础+原则性规定"的行为规范的立法技术,对个人信息进行严格保护的同时,也同时制定了《非个人数据自由流动条例》,对非个人数据进行了完全不同于 GDPR 的保护模式,[①] 期望能够促进数据在欧盟范围内的自由流通。美国对数据的保护从隐私角度出发,区分不同行业对用户隐私权进行分别立法,如《加州消费者隐私法案》《电子通信隐私法》《健康保险可携性和问责法案》《儿童在线隐私和保护规则》等,只要个人隐私权能够得到保护,美国对数据流通和使用持有更加开放的态度;此种做法可能也与美国高科技企业全球化战略有关,如苹果手机、微软操作系统、高通芯片等,过于严格限制此类高科技企业的数据流通和应用并不利于他们的全球化扩张。

3. 我国数据流通的实践困惑

我们国家对数据的流通、使用具体规则表现出不同于欧美的独特性。首先,现有立法规定严苛,如依据 2017 年 5 月 8 日最高人民法院、最高人民检察院《关于办理侵犯公民个人信息刑事案件适用法律若干问题的解释》第 5 条规定,"非法获取、出售或者提供行踪轨迹信息、通信内容、征信信息、财产信息五十条以上的""非法获取、出售或者提供住宿信息、通信记录、健康生理信息、交易信息等其他可能影响人身、财产安全的公民个人信息五百条以上的""数量未达到第三项至第五项规定标准,但是按相应比例合计达到有关数量标准的"等,此规定存在的主要问题是门槛低,且标准不够明确。按照该条款解释,数据业务实践中许多企业及个人可能已经涉刑,在执行上这显然是有极大难度的。其次,国家政策又十分鼓励数据进行交易和流通,数据流通和可交易的标准却又未十分明确。这导致数据流通和交易处于两难境地:要满

---

① Free Flow of Non-Personal Data Regulation: Regulation (EU) 2018/1807 of the European Parliament and of the Council of 14 November 2018 on a Framework for the Free Flow of Non-personal Data in the European Union, OJ 2018 L 303/59.

足合规要求，即意味着数据应进行彻底的匿名化，但彻底匿名化之后的数据价值必然会下降；越俎代庖的保姆式管制，往往容易忽略数据主体本身的意愿，未必是最经济的选择；并且为了满足匿名化要求，实践中被迫发明的数据交易形态（如隐私计算、联邦学习等）交易成本十分高昂，非一般企业所能承受，尤其是初创企业，可能无力负担其业务发展急需的数据采购需求。

要解决这些来自监管和实践的矛盾，可以从以下角度展开分析。

第一，关于目的限定。目的限定是个人信息保护制度的精髓，它是指：数据控制者只能基于收集之初确定的明确、具体、合法的目的收集个人信息，数据完成收集后，不能用于与初始目的不相兼容的其他目的，否则应当获得新的合法性基础。我国《个人信息保护法》第 6 条对目的限定的规定比较彻底，收集个人信息，应当限于实现处理目的的最小范围，不得过度收集个人信息。在目前遏制个人信息收集乱象的背景下，该条规定很有必要，但就当今数据实践来看，该项规定刚性有余、柔性不足。数据在事实上已经被一些不良的数据控制者用于其他场景，应用目的也与收集之初不相同，但个人信息主体却浑然不知。究其原因，既有盈利最大化的考虑，也有出于法律严格规定的忌惮而带来的投机心态。当前现状下，可以考虑引入目的相容限定的机制，将原本灰色地下的交易阳光化，赋予数据控制者在相容目的范围内自主利用个人信息的权利，从而既能够保护数据主体的权益，又可以满足个人信息处理者延展性地再次使用个人信息的需求，促进个人信息资源的分享利用。

第二，关于匿名化。GDPR 没有规定匿名化机制，而只规定了假名化；①我国《个人信息保护法》既规定了匿名化，又规定了去标识化（类同 GDPR 的假名化），并且规定匿名化的数据不属于个人信息，不再受到《个人信息保

---

① 按照 GDPR 第 4 条规定，假名化是一种使得个人数据在不参照其他数据的情况下无法指向特定数据主体的个人数据处理方式。该处理方式将个人数与其他数据分别存储，并且会采取相应的技术和组织措施而使得个人数据无法指向一个已经识别到的或者可以被识别到的自然人。

护法》的限制,① 同时也通过国家标准明确了数据脱敏。② 在当前数据实践中,脱敏与匿名化处理是企业使用个人数据的重要步骤,以防止与个人数据泄漏相关的风险。从技术角度,③ 即便数据经过脱敏、匿名化处理,也并不一定能够使个人数据彻底转变为非个人数据,④ 匿名化后的数据仍然有被再次识别的可能。但也有学者指出,经过脱敏与匿名化处理的个人数据如果仍然可以被重新识别,则此类个人数据仍然属于"已识别"或"可识别"的个人数据。⑤ 但我国《个人信息保护法》已经明确,匿名化后的数据不再属于个人信息,从而不再提供法律保护,这对保护个人信息是有害的。实际上,无论 GDPR 的假名化,还是我国的匿名化、去标识化,都是采取技术手段消除个人信息被侵害的风险,区别在于技术手段的难度及被重新识别的可能性大小不同。从促进数据流通的角度,笔者认为,数据只要达到去标识化的程度,即可满足交易需求,又同时能够保护数据主体的权益。如果坚持匿名化后的数据才可交易,在技术上虽然可行,但可能减损数据价值,导致交易的不再是有价值的数据,而是"知识",同时又不一定保证将来新技术的出现使匿名化再次沦落为去标识化。

---

① 参见我国《个人信息保护法》第4条规定,个人信息是以电子或者其他方式记录的与已识别或者可识别的自然人有关的各种信息,不包括匿名化处理后的信息。
② 依据中国人民银行2021年4月8日发布的行业标准《金融数据安全 数据生命周期安全规范》(JR/T 0223-2021)第C.2条规定,所谓数据脱敏,是指从原始环境向目标环境进行敏感数据交换时,通过一定的方法消除原始环境中数据的敏感性,并保留目标环境业务所需的数据特性或内容的数据处理过程。常见的数据脱敏方式包括泛化、抑制、扰乱、有损。其中,加密是常见的扰乱脱敏方式,广泛应用于当前的数据流通与数据共享。数据脱敏根据数据脱敏的实时性和应用场景的不同,分为动态数据脱敏和静态数据脱敏。静态数据脱敏一般用在非生产环境,将敏感数据从生产环境抽取并脱敏后用于培训、分析、测试、开发等非生产环境。动态数据脱敏一般用在生产环境,将敏感数据实时进行脱敏后用于应用访问等生产环境。
③ 根据笔者与IT技术人员的交流,他们认为近年来边缘计算技术和量子计算技术的出现,计算能力会进一步提升,未来不排除原本以为已经完全匿名化后的数据被重新识别对应特定自然人的可能。
④ 参见丁晓东:《论企业数据权益的法律保护——基于数据法律性质的分析》,载《法律科学》2020年第2期。
⑤ See Paul Ohm, *Broken Promises of Privacy: Responding to the Surprising Failure of Anonymizaiton*, 57 UCLA Law Review 1701 (2010).

高富平教授也认为，确立去标识化的信息处理模式，已经足以实现信息分享或流通利用，对促进数字经济发展是有益的。①

五、本章小结

数据是"人为之物"，是法律意义上的新型财产形式。数据具备财产属性的根基，可以从哲学理论、数据人权理论、法经济学理论、数字经济理论等角度寻找理论基础。将信托机制应用于数据财产的管理，是淡化所有权概念、强调"控制"理念的一次重大理论尝试。数据权利理论、"卡—梅框架"理论、信任理论共同构筑了数据信托的基础理论底座，它们从各自角度为数据隐私保护和数据商业化应用提供了理论指南，是数据信托制度设计的重要基础和本源。然而，如何在兼顾数据主体利益保护的情况下，促进数据财产的流通，是当前数据商业实践中最重要的问题。当前国内数据交易实践中，在数据供给端、数据需求端均存在现实困惑，主要表现为：在数据供给端，存在数据权利体系缺位、数据救济途径低效、数据转让性价比低等问题，致使数据转让动力不足；在数据需求端，交易数据的合规性、合质性、合价性等方面令人担忧，导致数据交易的质量评价体系存在障碍，由此可能会带来"数据瑕疵""数据注水""数据黑箱"等各种问题。要解决这些问题，便需要探索如何在数据使用和数据保护之间，搭建合理的数据交易机制，以打破数据流通困境，并寻求在数据保护的同时实现数据的合规流通和利用。数据信托就是在此背景下提出的制度设想，但要使数据信托机制发挥作用，还要解决数据信托主体、数据信托财产、数据信托的信义义务三大关键性问题，本章主旨在于提出问题，并初步指明讨论的方向，以便在下文中详细展开讨论。

---

① 参见高富平：《制定一部促进个人信息流通利用的〈个人信息保护法〉》，载《探索与争鸣》2020 年第 11 期。

第二章

数据信托主体架构及设立

信托主体是信托关系的发起者和承载者,是信托架构的核心。依据传统信托法理论,设立信托通常有三个基本要求:委托人有设立信托的明确意思表示,有能够自由转移的财产权,有确定的受益人。[①] 在数据信托中,这些基本要求总体仍然适用,但由于数据信托财产的特殊性,传统信托理论对数据信托主体有一定程度的不适用性,表现出一定的理论张力。综合美国、英国、日本和韩国的数据信托实践经验,在信托主体方面为我国的数据信托主体架构带来一些启示。基于这些启示,我国数据信托在主体考量和信托设立(着重数据信托的应用场景、数据信托合同、数据信托主体架构模式等)方面,应当体现中国数据实践特色。

一、国内信托理论对数据信托当事人的理论张力

传统信托理论中的委托人、受托人及受益人等,都具有相对明确的资格和权利义务等要求,但是在数据信托的架构设想中,这些资格和权利义务要求可能不完全适用。因此,抽离出传统信托主体理论中的关键要素,对数据信托主体进行对比分析和参考,将有助于论证信托理论在数据信托中的应用。

---

① 参见何宝玉:《信托法原理研究》,中国法制出版社2015年版,第162页。

（一）委托人

1. 关于委托人拥有的财产是否明确

信托理论对数据信托当事人的第一个理论张力，表现为委托人拥有的财产是否明确。一般认为，委托人是信托结构的发起者，也是信托财产的提供者，其财产是否明确对于信托设立具有重大影响。英美法系的信托制度以财产为核心，对委托人的财产要求较为宽松，委托人可以现有财产以及或有权益设立信托，信托财产不必然现实存在，例如委托人如果将来可能继承一笔遗产，现在即可用未来的遗产设立信托。大陆法系国家虽然没有明确禁止委托人以或有权益设立信托，但也并未正面承认。[①] 我国《信托法》第7条即规定，信托财产必须是委托人合法所有的、确定的财产。数据作为一种新型的财产权形态，其表现形式具有客观性，即主要表现为基于数据衍生变量产生的数据标签，但数据标签的价值形态具有未来性。客观性是指无论委托人是自然人还是企业主体，其所控制的数据均能够以客观可视的方式呈现出来（数据标签）；未来性是指数据价值的产生，需要数据需求方结合数据应用的具体场景、通过新的数据融合或算法应用才有可能在未来产生价值。基于数据的这些特性，评价委托人拥有的数据财产是否明确、现实，在当前国内信托法框架下是存疑的。需要注意的是，这里所讲的"明确"应等同于确定性，即数据信托财产在信托设立之时是否具有现实的确定性，而非等到将来才可确定其价值。不过，对明确性的判断不影响数据信托财产的独立性判断，相关论证将在第三章中展开。

2. 关于委托人对数据信托财产的实际转移

传统信托理论认为，委托人设立信托时，应当将信托财产完整地交付给受托人，赋予其拥有法律意义上的所有权，而委托人则失去对信托财产的实际占有。但是在数据信托中，鉴于数据的无限可复制性，以及数据经过加工处理后

---

① 参见何宝玉：《信托法原理研究》，中国法制出版社2015年版，第164页。

形成的数据衍生变量的特殊性，委托人在设立数据信托后，其本人并未丧失对数据的实际占有（物理垄断）和控制，受托人获取的是对数据衍生变量的访问控制权。在这种情况下，应重新理解和定义财产转移在信托法语境下的新含义。本书认为，在数据信托中，可以借鉴霍菲尔德的法律概念分析理论，从"数据所有"的层面过渡到"数据控制"的层面理解数据信托财产权的变动，不再坚守传统信托理论中以转移实际占有作为认定财产变动的重要判定标准。但是，基于数据信托财产登记的理念，可以考虑在设立数据信托时，通过具有公信力的登记方式（如区块链登记），确认用于设立信托的数据财产的范围、类型、数量等要素，起到确认财产权变动的法律效果。因此，从"所有"到"控制"的变化，是数据信托中关于委托人权属变动理论对传统信托理论的又一次新挑战。

3. 关于委托人对数据财产信托的撤销

信托理论对数据信托当事人的第二个理论张力，表现为委托人对数据财产信托是否能够撤销。从衡平法和信托发展的历史沿革来看，委托人设立信托是为了规避封建税赋以及普通法僵化呆板的限制，[1] 信托一旦有效设立，委托人即退出财产关系，丧失对信托财产的占有和控制，形成所谓的由受托人拥有普通法上的所有权和由受益人享有衡平法上所有权的"双重所有权"结构。信托一旦有效设立，原则上是不可撤销的。但也有一些例外，如美国的加利福尼亚州采取了相反的规则，除非信托文件明示信托不可撤销，否则信托就是可以撤销的；加拿大魁北克则将信托视为第三人利益合同，信托也是可以撤销的。[2] 我国《信托法》第21条、第51条将变更或解除信托作为委托人的一项法定权利予以规定，委托人无须再通过信托文件的约定即可撤销信托。虽然法律明示了信托的可撤销性，但对于数据财产而言，由于其无限可复制性，数据

---

[1] 参见徐孟洲主编：《信托法》，法律出版社2006年版，第8~12页。
[2] 参见张天民：《失去衡平法的信托》，中信出版社2004年版，第397页。

信托设立后,如果受托人事实上已经行使了管理权,委托人再撤销信托的必要性和效果将会存疑,在此情形下,需要法律提供明确的救济路径和措施,否则撤销权对于委托人而言并无意义。

(二) 受托人

1. 关于受托人的独立性

受托人在控制、管理和处分信托财产过程中处于核心的环节。对于普通民事信托,往往要求自然人具有完全民事行为能力;对于商事信托,法律有更多的特殊要求,包括具备相应的经营资质、经营能力和信用等,经常以独立可信第三方的形态出现。如果受托人本身不具备相应的管理能力,或者防止信托财产被挪用,有的信托还同时设立了管理受托人和保管受托人,各司其职、相互监督。例如我国《证券投资基金法》中就作了此类规定,但在《信托法》中却没有相应规定,因此也有学者质疑管理受托人和保管受托人的分类设置在中国法律环境下是否真的存在相互监督机制。[①] 数据财产的管理和应用具有特殊性,独立第三方往往不具备直接对数据进行管理和处置的能力,而具备对数据进行管理和处置能力的数据需求方,在形式上可能又不具备独立性。因此,作为数据信托的受托人,如何调和独立性和处理能力之间的矛盾、是否有必要借鉴管理受托人和保管受托人的方式对数据进行管理等,也是需要思考和重构的重要问题。

2. 受托人忠实义务的履行

受托人不得为自己或其他第三方的利益处理信托事务、必须为受益人的最大利益行事是各国信托法的基本要求。基于此,英美法创设了普通法所有权和衡平法所有权的二元化财产结构,保障了受益人的信托利益。大陆法虽然没有这种财产结构设置,但也强调受托人应当将信托财产与固有财产分开管理,信

---

① 参见徐卫:《信托受益人利益保障机制研究》,上海交通大学出版社 2011 年版,第 121~122 页。

托财产不属于受托人的遗产或清算财产,这是保证信托财产独立性、保护受益人利益的必要手段,我国《信托法》第 27 条、第 28 条也规定了受托人固有财产与信托财产的隔离要求。数据财产具有不可分性、非消耗性,如果受托人利用受托管理的数据进行自我交易或使用,此类道德风险在现有法律框架下缺少明确的监管性规范,所谓的信托财产与受托人固有财产相隔离,相比传统有形的信托财产,在防范有效性上更加难以实现。除此之外,数据信托受托人的分别管理义务还面临另一个挑战:基于数据的价值特性,数据实践中样本数量越大,数据可能产生的价值就越高,受托人可能会有额外动力将不同委托人交付管理的数据进行混同或融合,由此产生的额外增值,如何进行计量和分配也是前所未有的难题。并且,受托人如果违反委托人意愿及分别管理义务,如何追究其责任也颇值思考。国内有学者建议,我国信托法对于违反信托分别管理义务的受托人,就其民事赔偿责任可适用无过错责任原则进行追责。①

3. 受托人的责任限制

以信托财产为角度,受托人承担的责任可区分为信托内部有限责任和信托外部无限责任。② 信托内部有限责任是指受托人以信托财产为限,对受益人负有支付信托利益、支出信托管理费用的责任;信托外部无限责任是指受托人对与其交易的第三方,不以信托财产为限承担由于信托财产管理产生的法律责任。在我国《个人信息保护法》框架下,受托人受托处理的数据如果属于个人信息,则受托人将被定义为个人信息处理者,依据《个人信息保护法》第 20 条、第 21 条、第 23 条之规定,受托人如涉及与第三方共同处理个人信息,在涉及侵犯个人信息权益的情况下,其对作为委托人的个人将会承担无限连带责任。此外,如果违反这些规定,依据《个人信息保护法》第 66 条规定,受托人还可能承担行政处罚责任,为 5000 万元以下或者上一年度营业额 5% 以下

---

① 参见文杰:《信托法专题研究》,中国社会科学出版社 2012 年版,第 59~60 页。
② 参见何宝玉:《信托法原理研究》,中国法制出版社 2015 年版,第 345 页。

的罚款（以高者为准）。可见，在国内现行法律框架下，数据信托的受托人责任与传统信托法理论存在不一致，主要原因在于数据财产本身的特殊性。

4. 受托人职责终止后的财产处理

受托人职责终止的原因比较复杂，包括作为受托人的自然人死亡、被宣告死亡、被宣告为无民事行为能力或限制民事行为能力、辞任或被解任，以及作为受托人的法人被依法撤销、解散、辞任或被解任等。数据信托的受托人在当前数据实践中主要为法人，故此处不讨论个人作为数据受托人的情形。一般信托的受托人职责终止后，应当办理信托结算、信托事务移交等事项，也涉及信托财产的主体变更、新受托人对信托事务的承接。数据是一种特殊的财产，其控制主体的变更将涉及众多合规性问题，包括数据处理目的、处理方式发生变更后是否要重新取得权利人同意，数据接收方是否有权转委托第三方进行数据处理等。国内对数据控制者的整体变更有严格的法律规定，《个人信息保护法》第22条规定了因合并、分立、解散、被宣告破产等情形需要变更数据控制者的，需要向个人告知接收方的名称或者姓名和联系方式，并要求接收方应继续履行原个人信息处理者的义务。同时，新接收方如果变更原处理目的、处理方式，应当依照重新取得个人同意。因此，除了第22条规定的上述情形外，法律对数据信托受托人职责终止可能面临的数据控制者变更，尚无明确的法律规定如何对数据财产进行处置。对此，参照本书第四章"数据信托受托人违反信义义务的救济"部分对于解任权的论述，可以参考目前金融机构经营不善时的"接管"处理方法。作为数据信托财产的数据标签财产，应当是具有特殊目的的"财团"，在信托终止时可以交由具有国家背书公信力的机构独立封存或保管，并在合适时机指定适格的新任受托人进行管理。

（三）受益人

1. 受益人知情权的有效性质疑

数据信托可归入商事信托的范畴，数据实践中的需求多为数据控制者最大化实现数据收益，因而在类型上可归入自益信托。在数据信托中，作为重合的信托当事人，受益人与委托人共同面临的一个问题是：知情权与监督权如何有效行使。各国信托法对受益人赋予知情权是常见做法，一般通过信托文件予以保障，我国《信托法》第 20 条也赋予受益人对信托财产的管理运用、处分、信托账目等方面享有知情权和监督权。然而，数据财产由其自身价值实现方式的特殊性以及算法复杂性所限，对受益人而言有效地了解其详情并监督合理性具有很大难度。正因如此，国家互联网信息办公室、公安部等四部门于 2021 年 12 月 31 日发布的《互联网信息服务算法推荐管理规定》强制要求算法推荐服务提供者对算法进行公开和备案，接受监督管理。即便如此，作为各数据控制者商业秘密的算法，仍然难以被普通个人和数据控制者所理解，因此对受益人而言，有效知情、有效监督是很难的。

2. 关于受益人是否拥有"剩余索取权"

要回答这个问题，需要从相对方即受托人维度展开论证。

在受托人方面，英美法上受托人具有财产权人的地位，可以独立对外交易、参与诉讼、处分财产，除非信托文件和法律另有规定，其对信托财产的权限范围几乎是不受限制的；但这种不受限制的权利是对信托事务的自由裁量权，虽然也是剩余权人，但仅为剩余控制权，并非剩余索取权，受托人的利益来自信托文件的约定，也仅具有类似于债权人的地位。① 我国《信托法》第 2 条对受托人的角色作了开宗明义的规定，信托受托人"为受益人的利益"而对信托财产进行管理和处分；《信托法》第 26 条也规定，受托人除了取得报酬外，不得利用信托财产为自己谋取其他利益。这表明，我国信托受托人的角色，也是处于类似债权人的法律地位，与英美信托法的做法相同，受托人拥有的是"固定索取权"。

---

① 参见赵廉慧：《信托法解释论》，中国法制出版社 2015 年版，第 445 页。

从受益人角度,英美信托法将受益人视为衡平法上的所有者,[①] 受益人拥有信托财产带来的最终受益所有权,因而受益人具有"剩余索取权";我国的《信托公司管理办法》《信托公司集合资金信托计划管理办法》等文件也规定,[②] 信托公司在开展信托业务过程中,不得承诺信托财产的本金不受损失以及承诺给予固定回报,信托财产不是信托公司的债务等,这也印证了受益人没有要求受托人"刚性兑付""固定回报"的权利地位,而是应承担信托财产的经营失败风险,享有"剩余索取权"。

基于上述信托基本原理,在原本意义上,数据信托财产的价值应当是为了受益人的利益而存在,受益人应当拥有"剩余索取权",数据信托财产受益权应当具有浮动性特征(与股权类似)。然而,在目前国内数据实践中,数据受托管理人与委托人之间的合作,实质上是采购方和被采购方之间的买卖合作模式,数据受托管理人支付数据采购成本,委托人获取的是固定回报。从而在数据收益表现形态方面,委托人拥有的是"固定索取权",而数据受托管理人对数据的加工和使用,以及由此产生的对外债务负担,均由其自行承担,与数据源提供者无关,其权利属性反而表现出了"剩余索取权"的特征。数据信托多为自益信托,数据源提供者作为数据信托的委托方,同时也是受益方,他所拥有的受益权利形态,由于当前的数据实践做法所限,与传统信托受益权形态已经表现出很大的差别,数据受益权不再是"剩余索取权",而是呈现出了"固定索取权"的特征。

需要说明的是,数据信托的受益人拥有"固定索取权",数据信托的受托人拥有"剩余索取权",并非一种历史倒退,只要受托人取得了受益人的同意和许可,且不违背其承担的数据信托信义义务,法律应允许和尊重这种安排。

[①] 参见何宝玉:《信托法原理与判例》,中国法制出版社2013年版,第228页。
[②] 参见《信托公司管理办法》第3条、第34条,《信托公司集合资金信托计划管理办法》第8条。

事实上，在公司法领域也不乏这种颠倒式的安排，例如员工股权激励制度，员工本应仅享有工资、奖金之类的"固定索取权"，但经过股东的同意和认可后，股东可以将"剩余索取权"部分让渡给员工，使员工具有股东的地位，可以分享公司价值增长带来的"剩余价值"。本书认为，只要各方之间的约定不违反法律、法规和规范性文件的规定，应当认可此种安排的法律效力。

（四）其他信托关系人

在信托当事人以外，与委托人、受托人、受益人发生交易或者有其他财产关系的人，也是信托机制中的重要主体，可统称为信托关系人，包括信托管理人、信托监察人、信托保护人、信托财产管理人等。由于信托机制本身的灵活性，使得信托关系人依信托类型的不同而表现出许多差异，也使信托关系人构成比较复杂。数据信托亦是如此，在数据信托当事人以外设置何种类型的信托关系人，应依据数据财产控制者的处理能力、数据流通场景等因素确定。不仅如此，对于数据信托当事人包括哪些范围，各个采纳数据信托制度的国家也没有统一做法。例如，美国、英国和日本在数据信托主体设置方面也表现出了很大差异，这与各个国家对个人隐私权益保护的重视程度、数据商业化应用的容忍度等有密切关系。

二、数据信托主体的比较法考察

（一）美国数据信托的经验启示

美国的数据信托以 Jack Balkin 教授提出的"信息受托人"理论为代表，不是要创设一个独立第三方受托人对数据进行管理，而是给现有的数据控制者施加特殊的信托义务，以此来平衡个人数据主体和数据控制者之间不平衡的权力结构，这种方式与传统的信托当事人架构具有明显的差异。

1. 信息受托人理论的提出

美国社会对隐私权保护和言论自由的担忧，促使学界对个人数据应用和保护问题进行了深入研究。① "信息受托人理论"由美国学者 Balkin 教授在 2014 年之后陆续提出，并于 2016 年在《信息受托人与第一修正案》一文中进行了系统化阐述，② 在美国数据信托实践中有较大的影响力。Balkin 教授是美国宪法第一修正案的研究专家，他最初是从言论自由的角度来讨论数据保护的。"信息受托人理论"被学者认为是将隐私权保护和言论自由进行平衡的最佳解决方案。③ Balkin 教授发现，对个人信息隐私的保护和美国宪法第一修正案之间存在潜在冲突：一方面，数据平台公司要大量收集、分析、使用和分发个人信息，必然会侵犯个人隐私；另一方面，数据公司主张收集、分析、使用和分发个人信息属于美国宪法第一修正案所保护的言论自由。如果国会立法禁止或限制这些行为，则属于对数据公司言论自由的侵犯，因此是违宪的。④ Balkin 教授系统阐述了如何将许多收集、分析、使用、销售和分发个人信息的数据公司视为面向其客户和最终用户的信息受托人，以此来调和个人隐私保护和个人数据的收集、分析、使用、销售和分发之间的矛盾。Balkin 教授注意到，Facebook、谷歌和 Twitter 等数字企业收集了大量关于用户的数据，这些互联网大公司利用数据威胁用户和公众的利益，允许掠夺性广告、允许歧视，甚至诱导上瘾并与第三方共享敏感细节，促进虚假信息的传播和骚扰某些类别的使用者。他认为，普通人非常依赖数据公司，这些公司通过积累、分析并出售他们的个人数据以获取利润，致使普通用户很容易地受到这些公司的伤害，故法律应该借鉴信托义务的原则，让这些数据公司成为用户的"信息受托人"，对数

---

① See Lina M. Khan, David E. Pozen, *A Skeptical View of Information Fiduciaries*, 133 Harvard Law Review 497（2019）.

② See Jack M. Balkin, *Information Fiduciaries and the First Amendment*, 49 University of California, Davis Law Review 1183, 1186（2016）.

③ See Ariel Dobkin, *Information Fiduciaries in Practice：Data Privacy and User Expectations*, 33 Berkeley Technology Law Journal 1（2018）.

④ See Stankovic Pejnovic, Vesna, *The age of Surveillance Capitalism：The Fight for a Human Future at the New Frontier of Power*, 22 Journal of Information Technology Case and Application Research 288（2020）.

据公司课以忠诚、保密和谨慎的信托义务，以便确保这些公司不会背叛用户对它们的信任。

Balkin 教授在《信息受托人与第一修正案》中进一步解释，他所指的信息受托人是指因与他人的关系而就其在该关系维护过程中获得的信息承担特殊责任的个人或企业，故此，因使用和交换信息而产生受托责任的人和组织便是信息受托人，无论他们是否同时代表客户做其他事情，如管理遗产或提供法律或医疗服务等。因为大多数专业关系都是信托关系，所以大多数专业人士也是信息信托关系人，如医生、律师、会计师等。这意味着专业人员有责任为客户的利益而使用他们获得的客户信息，而不是利用这些信息获取对客户不利的利益。但 Balkin 教授也承认，施加给数据控制者（如 Facebook、Google、Twitter）等实体的信托义务比强加给律师、医生和会计师的义务"更有限"，而且伴随场景的不同也表现出一定程度的多样性。

受 Balkin 信息受托人理论的影响，在立法层面，美国于 2018 年颁布的《数据保护法》也要求网络服务商对用户承担信托中的忠实义务；在司法层面，2018 年特拉华州法院在 Everett v. Stste 案中使用了忠实义务保护数据主体免遭敏感信息侵害。① 另外，信息受托人模型也正在美国州和联邦层面的法律草案中进行审查，并逐渐开始为媒体和民众所熟知，体系也趋于完备。

2. 信息受托人理论的实质及数据作为商品或言论的疑虑

按照 Balkin 教授的研究成果，当数据被收集、整理、使用和批量销售时，它可以被视为言论，也可以被视为商品。如果数据被视为商品，则其使用和销售可能受到商业法律的限制；如果数据被视为言论，则其使用和销售可能受到第一修正案规定的言论自由权利的保护。至于合同模型，则是指在隐私保护方面，个人数据的使用和共享应该基于双方自愿达成的合同协议，即个人数据的

---

① 参见张丽英、史沐慧：《电商平台对用户隐私数据承担的法律责任界定——以合同说、信托说为视角》，载《国际经济法学刊》2019 年第 4 期。

使用和共享必须得到数据主体的明确同意，并且双方都应该遵守协议中规定的条款。如果双方都同意了使用和共享个人数据，则这种行为是合法的，并且不会侵犯隐私权。但是，合同模型在实践中存在一些限制，例如它无法解释高度监管领域（如医疗保健）中广泛接受的隐私实践，如果实践中试图使用隐私政策来保护消费者隐私，实际上并非一项有力的举措。

3. 信息受托人理论的争议

在美国，信息受托人的模式也一直受到学者的强烈反对，认为在实践中很难落地执行，价值十分有限。例如 Khan 和 Pozen 指出了"信息受托人理论"中的三类矛盾性问题：首先，信息受托人模型虽然能解决线上平台与数据相关的一小部分问题，但是如果将董事对用户的信义义务置于董事对股东的信义义务之上，公司董事就会过于注重对用户个人信息的保护，势必会损害董事对股东的信义义务。① 其次，在不改变数据控制者现有商业模式的前提下，如何既提升用户的合法利益，又能促使数据控制者执行信托义务？Balkin 教授的回答比较模糊。最后，Balkin 教授经常重复说，信息受托人必须对其用户"善意"行事，这说明它遗漏了应当履行的义务。同样，所有合同的所有各方，必须始终真诚地履约，作为一个法律问题，Balkin 教授的建议在这方面不会改变任何东西。当然也有学者旗帜鲜明地支持他的观点，如华盛顿大学法学院的 Andrew Tuch 教授，他认为批评者明显地夸大了公司法和信托法对数据信托模式构成的威胁，将有关用户的义务强加给公司，不会在对用户的责任和对股东的责任之间造成摩擦。②

4. 对合理隐私期待的关注

尽管学界有不同声音，但多数人仍然认同让数据持有者遵守数据信托义务

---

① See Lina Khan, David E. Pozen, *A Skeptical View of Information Fiduciaries*, 133 Harvard Law Review 497（2019）.

② See Andrew F. Tuch, *A General Defense of Information Fiduciaries*, https：//corpgov. law. harvard. edu/2020/12/31/a－general－defense－of－information－fiduciaries/.

是一种可行的方式，确保以数据为中心的商业模式能够在个人得到充分保护的情况下继续运作。① 在反操纵、反歧视、有限的第三方共享、让公司遵守自己的隐私政策方面，都应关注用户的合理隐私期待，但是随着新技术的出现和旧工具的更新，用户的合理期待也可能会改变。如果用户合理地信任一家公司，该公司就是信息受托人，应尊重用户的信任和期望，并据此采取相应行动。

5. 经验总结

美国的信息受托人理论，对我们探索数据信托主体架构在理念上有重要的借鉴意义，但在方式路径上值得商榷。宪法第一修正案确立的言论自由和特定行业对隐私权保护之间的冲突，是学者发展和建立该项理论的基础。其基本目的仍然首先是确保数据控制者的商业利益不受损害，其次才是保护隐私权，由于二者的目标是背离的，因此作为折中，提出让数据控制者承担一定程度的数据及个人信息保护义务，以此对二者进行权衡。数据信托制度设计中，不存在独立第三方作为信托的受托人对数据进行主动管理，而是在数据控制者原有义务的基础上再增加场景化的信义义务，这种模式从加强数据控制者义务的角度，有一定的借鉴意义。

（二）英国数据信托的经验启示

与美国的信息受托人理论不同，英国学者提出的数据信托，是一种新型的数据治理模式，它通过建立由数据主体控制的信托来实现数据的公平和透明使用，允许个人或组织将其数据存储在一个受信任的第三方机构中，并授权该机构管理和使用这些数据，这种受信任的第三方机构还可以与其他信托合作，以实现跨组织或跨国界的数据共享和协作，在透明的数据使用规则和监管机制监管下，确保个人和组织对自己的数据拥有更多控制权，并有效地解决隐私和尊

---

① See Ariel Dobkin, *Information Fiduciaries in Practice: Data Privacy and User Expectations*, 33 Berkeley Technology Law Journal 1 (2018).

严保护问题。

2018年，Sylvie Delacroix 和 Neil Lawrence 提出，可以创建"自下而上"的数据信托，即通过将个人数据进行汇集，在公司和个人之间对个人数据控制进行权衡，并提供一种能够使数据主体在反映其偏好和需求的不同数据管理方法之间作出选择的法律机制。[①] 这种以人为本的数据信托方法便于社区能够将部分人（如一群工人或患有特定健康状况的人）的数据用于某个目的，并将有价值的数据作为社区资产加以维护。从2018年12月到2019年3月，英国开放数据研究所（Open Data Institute，ODI）联合英国政府人工智能办公室和"创新英国"开展了三个领域的数据信托项目试点。

试点一：ODI 与大伦敦管理局和格林尼治皇家自治市合作，探索在城市空间建立数据信托，重点关注电动汽车停车位的数据和住宅供暖传感器收集的数据；大伦敦管理局和格林尼治皇家自治区（GLA-RBG）数据信托试点报告记录了试点在伦敦背景下探索创建数据信托的工作，涵盖了所开展的活动（包括用户研究和公民参与），并附有关于决策设计和法律结构的单独报告，该团队建议，设计者需要与公民进一步接触，以设计支持可信数据共享和使用的数据信托。

试点二：ODI 与 WILDLABS 技术中心合作，探索建立一个数据信托基金，以应对国际非法野生动物贸易，重点关注图像和声学数据以及边境官员获取的数据；非法野生动物贸易数据信托相关试点报告概述了共享可用于解决非法野生动物交易的数据的必要性，并探讨了三种潜在的数据信托，以及可采用的决策过程、技术架构和法律结构的类型。试点发现，学术界、政府和自然资源保护主义者正在生成一系列数据，这些数据可用于构建机器学习应用程序，以解决非法野生动物贸易问题，如果这种势头持续增强，会使数据信托成为一个最

---

① See Sylvie Delacroix, Neil D. Lawrence, *Bottom - up Data Trusts: Disturbing the "One Size Fits all" Approach to Data Governance*, 9 International Data Privacy Law 236（2019）.

为合适的模型。

试点三：ODI 与食品和饮料制造商及零售商一起探索建立数据信托，以解决全球食品浪费问题，重点关注食品浪费和销售数据。相关食品浪费数据信托试点报告探讨了建立与食品浪费和食品销售数据相关的数据信托的机会，描述了数据持有者之间数据共享的激励和阻碍因素，考虑了现有的数据共享安排以及可能从其他部门学到的经验教训，并包括了对决策过程、技术架构和可能使用的法律结构的分析等。

根据试点的实施情况，ODI 发布了一份总结报告《数据信托：来自三个试点的经验教训》。[①] 该报告指出，数据信托的应用模式因情景而异，每个数据信托都有其独特的特点，因此，不存在一个万能的数据信托模式，每个数据信托都有其独特的主体结构。该报告全面、详细地总结了数据信托从问题提出到信托设立、实施到最后终止的整个周期，以及每个阶段需要完成的具体工作。

1. 数据信托的生命周期与阶段

按照学者对数据信托的理念设计以及 ODI 的数据信托实践，英国数据信托包括以下六个阶段。

（1）范围确定阶段：明确数据信托的目标和范围，确定利益相关者，并使利益相关者参与和共同设计。界定数据信托的范围应从围绕一个问题或挑战开始，研究已经解决该问题的现有方法，并研究最适合当前需求的不同类型的数据管理。确定数据信托范围有助于厘清是否真的需要数据信托，同时兼顾督促相关数据持有者、用户和受益人的参与；全方位了解数据信托生态系统及周围风险；确保启动资金就位。

（2）设计规划阶段：制订数据收集、管理和共享的具体计划，明确数据

---

① ODI Report：*Data Trusts – lessons from Three Pilots*，https：//www.theodi.org/article/odi-data-trusts-report/.

使用的目的和方式，并制定相应的方案和流程。在设计数据信托时，最重要的是要就其目的、资金来源、商业模式、法律和组织结构、人员配置以及利益相关者的角色达成一致，要多方就数据信托将如何创造和共享利益达成一致，明确向数据信托提供数据的数据持有人主体、新数据持有人的加入规则，以及谁可以访问数据信托托管的数据等问题。此外，还要就其技术架构和标准达成一致，例如，如何共享数据以及所需的技术和支持服务。在这个阶段，由法律相关人员起草的模板协议将用于全过程支持已有的设计决策。

（3）实施阶段：在启动层面，将开始实施数据收集、管理和共享计划，建立数据存储和访问机制，并进行必要的技术支持。在启动数据信托时，有必要根据其商定的目的建立和注册新的组织，按照共同设计阶段的约定，发布并透明化有关其流程的信息；技术部门协助开发支持数据共享、数据信托服务和运营的技术，接受、处理和回应数据贡献和数据请求；与数据持有者就如何提供数据达成协议；与利益相关者沟通，让他们知道并接受数据信托的存在。

（4）监控与评估阶段：对数据使用情况进行监控和评估，确保符合法律法规和伦理标准，及时发现并解决问题。在评估数据信托时，需要考虑数据信托对人们的积极和消极影响，以及利用数据所作出的决策是否符合信托的目的。其中的某些评估需要由外部第三方独立进行。此外，还需要监管机构对数据信托进行客观全面评估，对数据信托的财务或商业模式进行审查，明确数据信托是否可持续发展，最终围绕是否需要重新设计数据信托或数据信托的"退役"结束作出决定。

（5）维护与更新阶段：经营者需要对数据信托进行维护和更新，包括更新政策、流程、技术等方面，以适应不断变化的市场环境需求。数据信托想要继续运营，其利益相关者需要确保数据能够得到维护并且未来能保持可用状态，需要筹集资金或开展营销和业务发展活动。按照约定，预期利益由数据持有人或受益人管理，需要其他部门进行审计或检查，以确保利益相关者遵守数据信托规则，同样，违反数据使用规则的行为会被发现并严肃处理。

（6）结束阶段：在达到预期目标或出现不可逆转情况时，应该及时结束数据信托，让其安稳"退役"，在结束前需要清理数据并做好相关记录工作，关闭服务并归档信息，发布通知并更新登记册。如果对数据信托进行了评估，并决定将其结束，则需要提前确定结束期间的时间流程，与利益相关者进行充分沟通。终止与数据提供商和其他相关人员的协议，应着重注意其中的删除数据或转让知识产权问题。在关闭相关组织时，数据信托需要考虑当它停止运作时会发生什么：数据信托可能是为特定目的或有限时间设立的，当该目的已经实现或相关时间到期时，它将根据其规则进行清算；抑或数据信托可能是开放式的，有一个广泛定义的目的，没有固定的时间表。无论哪种方式，寻求创建数据信托的人都需要考虑，如果它被启动但无法实现其目的，它有权授予第三方访问权限的可访问数据会发生什么，避免数据信托结束时出现数据权利非法转移给第三方、违背了数据提供商和数据主体意愿的情况。这些标准可能因数据而异，例如社会对健康数据的处理方式应与地理空间数据会略有不同，如果不能提前解决这一问题，数据信托将面临公众强烈反对的情绪，并且可能让公众对数据信托的整体偏好产生不好的影响。

2. 数据信托试点在实施过程中遇到的问题

通过数据信托试点的实施，ODI发现仍然有以下问题需要解决：

（1）数据持有者对提供数据访问后可能带来的声誉影响表示担忧。在非法野生动物贸易试点中，受访者表示，这些数据一旦被分析，可能会对数据持有者产生负面影响，他们担心其他人"错误地"使用数据或得出"错误的结论"，从而给自身声誉带来不利影响。

（2）数据持有者缺乏更广泛地共享数据的能力。在非法野生动物贸易试点中，数据持有者优先考虑为自己的目的收集和使用数据，以协助识别、捕获和潜在起诉那些参与非法野生动物交易的人，几乎没有额外的能力共享有助于其他人识别非法交易的动物的数据。

（3）对"数据所有权"、权利和控制存有困惑。数据持有者经常很难确定谁对他们持有的数据拥有权利，这些权利是什么，以及这对数据共享意味着什么，因此，他们对承诺与第三方共享数据持谨慎态度，防范自己可能会因数据共享而遇到的法律风险。

（4）缺乏标准化的数据。数据的开放标准是可重复使用的协议，使人们和数据持有者更容易发布、访问、共享和使用数据，故在整个试点过程中，有些数据用户提出了合并和使用多个组织持有的非标准化数据的问题。

（5）数据素养与技能的局限性。参与试点的数据持有者描述了缺乏支持数据共享的必要数据技能。这些技能包括能够确定何时可以使用数据来帮助解决问题、理解和管理法律和道德问题，以及拥有促进访问所需的信息技术技能的问题。

3. 经验总结

英国的数据信托实践，有以下三方面的经验值得借鉴。

（1）数据信托是一种新型的数据治理模式，自下而上的信托授权结构能够较好地平衡保护个人的人格性权利和财产性收益。通过信托的法律机制，数据受托人将源自聚集的数据的权力归还给个人，并受到不可分割的忠诚义务的约束，行使 GDPR 等法律所赋予的数据权利，从而实现更好地保护个人隐私和权利。

（2）对数据赋予所有权并不能解决问题，个人数据的价值在于其聚合和分析，而不是单个数据点本身，针对所有权的探讨也并不能解决个人数据被滥用或误用的问题。未来的数据权属将受到技术、政策、社会文化等多方面因素的影响，人工智能、区块链等新技术的发展也将会使数据权属更加多样化和复杂化，探讨不同数据生命周期数据持有人的实际权利范围，对于数据信托的各方权利义务设定可能具有更为现实的针对性。

（3）数据信托效果的有效性评价，在主观上受到数据持有人对自身声誉的担忧、共享数据的能力、数据素养与技能等限制；在客观上受到数据是否标准化，发布、访问、共享和使用数据过程中不同数据持有人的数据如何进行合并和使用等技术性因素的限制。数据信托在实施过程中如果能够有效解决这些主客观障碍，将更加有利于数据信托机制对数据价值的挖掘和使用。

（三）日本的信息银行经验启示

日本的数据应用市场相对比较多元化，包括数据运营平台、数据交易市场、个人信息银行等，其中个人信息银行尤为值得关注。2021年6月，日本制定了全面的数据战略，通过确立认证方案建立信托基础设施，总结建立信托基础设施的问题，从发展信托框架看信托基础设施的建立、认可标准和国际互认。

"个人信息银行"是指在本人同意的一定范围内，本人将个人信息提供委托给可以信赖的第三方主体，以提高本人的实际参与度（控制能力）、促进个人数据的流通、利用为目的。[①] 信息银行的功能是接受个人的委托，管理包含有关该个人的个人信息的数据，同时将该数据提供给第三方（利用数据的经营者），个人接受直接或间接的便利。个人信息银行的结构如图2-1所示。

---

① 《数据信托功能认定指南Ver2.2》，由"数据信托功能认定方案应有状态研讨会"于令和4年6月修订发布，载https://www.meti.go.jp/press/2022/06/20220630006/20220630006-b.pdf。

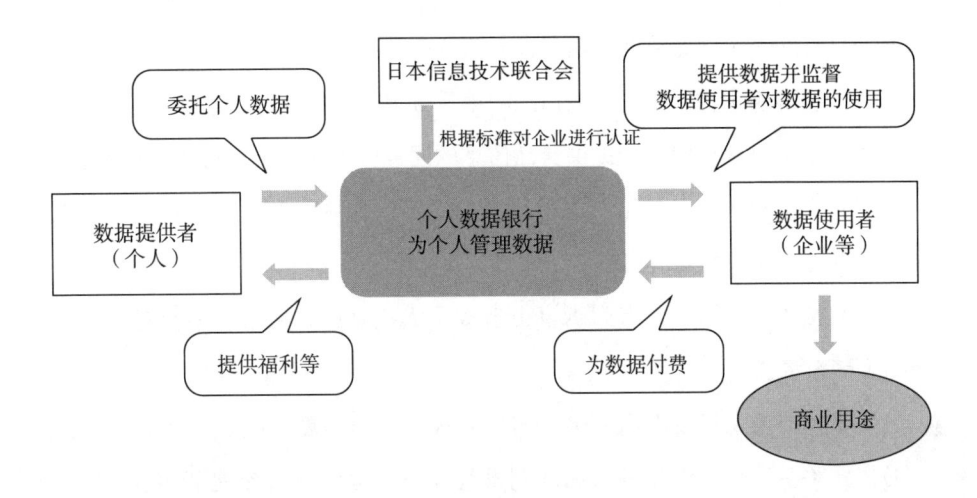

图 2-1　日本个人信息银行结构

从以上结构图可以看出，日本的个人信息银行作为独立第三方，通过接受个人委托为个人管理数据，并将数据提供给有需求的企业进行使用。各相关主体之间的法律关系及其内容如下。

1. 个人与信息银行

从信息主体角度，个人是为了谋求个人利益而寻求与信息银行的合作，而非出于保护个人信息中的人格性权利之目的，双方的合作是以财产性权利的收益为主要目标。信息银行代表个人就该个人的数据进行合理规划，包括个人数据的维护管理、业务的适当提供和改善、选择恰当的利用方法、选择向合适的第三方提供等。信息银行对个人负有以下义务：

（1）遵守个人信息保护法规定的义务；

（2）对个人信息采取安全管理措施，在完善安全体制的基础上进行维护管理；

（3）承担善良管理人的注意义务管理、使用个人信息，明示个人信息的取得方法、使用目的；

（4）明确表示将个人信息向第三方提供时的提供目的、使用目的的判断标准、判断流程（例如数据伦理审查会的审查批准）；

（5）明确表示如何获取个人信息向第三方提供的同意；

（6）个人要求撤回关于提供自己信息的同意（退出）时，应予以应对；

（7）在将个人信息向第三方提供的情况下，原则上禁止从该提供方向其他第三方再次提供个人信息；

（8）提供方、第三方有归责事由造成个人损害的，由信息银行对个人承担损害赔偿责任。

从双方的关系可以看出，个人与信息银行之间是委托关系，并非英美法中的信托关系，个人数据的权属问题没有涉及，也没有界定是否发生变化，而只是就其来源合法性、使用合法性等问题要求遵循日本个人信息保护法。信息银行对个人承担的义务与传统大陆法系中的委托—受托关系是一致的。

2. 数据提供方与信息银行

此处的数据提供方是指，因处理个人原有业务而收集存储个人信息的数据控制者，在图2-1中有时可以替代个人，作为数据源向信息银行提供个人信息。双方之间的主要权利义务如下：

（1）应明确约定信息银行关于数据使用范围和使用条件的限制，包括个人与数据提供方之间事先就数据转移作出的约定、信息银行根据个人的委托向数据提供方取得数据的约定等；

（2）信息银行发生信息泄露等事故时，应及时通知数据提供方；

（3）关于数据泄露，数据提供方和信息银行应明确关于损害赔偿责任的分配；

（4）明确约定数据提供的环境安全要件，比如经由网络提供数据时的专线、VPN的设定等。

3. 数据使用方和信息银行

此处的数据使用方是指具有数据应用场景需求的企业或其他组织。双方之间的主要权利义务关系如下：

（1）明确约定数据使用方对数据的使用范围和使用条件的限制（例如在个人同意的范围内使用、符合认定标准的安全体制、禁止向其他第三方再提供、处理加工过的信息等）；

（2）银行提供的信息为匿名加工信息时，应向信息使用方明示；

（3）数据使用方发生数据泄露等事故时，应及时通知信息银行；

（4）关于数据泄露，数据使用方和信息银行应明确关于损害赔偿责任的分配；

（5）明确约定数据提供的环境安全要件，比如经由网络提供数据时的专线、VPN 的设定等。

4. 经验总结

日本的信息银行实践，整体上首要解决的是个人数据的财产性收益问题，是在保障个人信息安全的前提下最大化地实现个人数据的收益，与美国的信息受托人理念有一定程度的差异。而且，信息银行的架构设计中，有独立的第三方机构存在，作为数据管理人对数据进行增值管理，产生收益后再与个人进行分配。从激励个人数据主体参与数据流通的角度，此种模式的经验值得肯定。

（四）韩国 MyData 实践

韩国 MyData 模式指个人作为信息主体，自己管控自己的信息，并把该信息积极地应用于信用管理、资产管理、健康管理等个人生活的一种商业模式。

MyData 模式最早发端于英美国家，但在韩国得到快速应用。[1] 在该模式下，基于"我的数据我做主"的理念，个人拥有的数字权利被加强，个人可以决定其数据的类型和范围、由谁对外提供、在何时何地使用等。MyData 模式的核心思想在于：个人应该控制自己的数据，在数字经济时代有权根据个人意愿自主决定分享来自自身的数字红利，最终保障个人的信息主权。自 2022 年 1 月韩国政府正式发布 MyData 服务以来，累计的 API 传输次数已经达到 2200 亿次，到 2023 年 4 月，MyData 公司用户数量已经达到 8000 万人，[2] 在个人数据应用方面表现出巨大的潜力。总体来看，MyData 商业模式是以用户为中心，以基础设施建设为起点，信息源根据客户要求传输数据，运营商整合数据并为个人及企业提供服务的模式。[3]

1. MyData 模式的法理基础

数据可携带权是韩国 MyData 模式的基础。[4] 数据可携带问题可追溯至 2007 年，[5] 当时的背景是随着网络平台对数据的支配力越来越强，对用户权益的影响也越来越大，人们开始担心平台对用户权益过度掌控从而可能损害用户

---

[1] 早在 2011 年 11 月，英国就启动了"Midata"项目，包括 Visa、Google、British Gas 在内有 26 家企业、消费者团体和监管机构参与，其宗旨是将数字化企业拥有的数据转移到消费者自己的手中并掌控。2013 年 8 月，英国发布《企业和监管改革法案（2013）》，明确指出需要开放/使用数据的机构以及开放的数据范围。美国早在 2010 年就推出"蓝色按钮"计划，方便用户阅览和下载诊疗记录。2018 年 7 月，韩国金融委员会发表《金融领域 MyData 产业导入方案》指出金融 MyData 业务范围、参与条件等内容，以 2018 年提出、2020 年 1 月国会通过、2020 年 8 月正式生效的《信用信息法》为法律基础，于 2021 年 1 月发放了 28 家 MyData 运营商牌照，并于 2021 年 8 月开始全面实施 MyData 服务。

[2] 数据来源于韩国信用信息院金融 MyData 支持中心总负责人成始濋先生于 2023 年 8 月 10 日在杭州《数据经济新动能——促进数据要素市场高质量发展研讨会》上作的主题演讲笔录。

[3] 参见东北证券股份有限公司：《探索个人数据受托制确权，他山之石可攻玉——个人数据管理（MyData）模式在韩国的发展与应用》，载原创力文档网，https://max.book118.com/html/2023/0503/53402413000 10201.shtm。

[4] 参见刘新海、安光勇：《个人征信行业的创新方向——韩国 MyData 行业与征信应用》，载《征信》2023 年第 6 期。

[5] 参见丁晓东：《论数据携带权的属性、影响与中国应用》，载《法商研究》2020 年第 1 期。

的合法权益。据此，一些专家学者提出了"社交网络用户权利法案"的宣言，要求强化网络社会中的个人数据权利,[1] 一些社会活动者也创立了"数据可携带项目"，提出数据携带权的概念，旨在帮助网络用户在互操作的应用程序中实现重新使用数据的能力。[2] 2011 年，谷歌和脸谱开始加入"数据可携带项目"，允许用户下载个人资料以及其他在平台上保存的不可见信息，例如用户曾点击过的广告、登录 IP 地址等。[3] 最终，数据可携带作为一项权利被欧盟于 2018 年生效的 GDPR 所确认。依据 GDPR 第 20 条规定，数据主体有权从数据控制者获取经过整理的机器可读个人数据，并将其传输给其他控制者。我国《个人信息保护法》在立法过程中，也参考和引入了该项权利。[4] 实质上，MyData 业务是个人基于数据可携带权主动管理和利用其个人数据的框架，将以往以机构为中心的发展模式转变为以数据主体为中心的管理模式。MyData 业务充分尊重数据主体的信息自决能力，不仅允许数据主体"可携带数据"，也不完全局限于对自身数据的"查询"，而是允许携带后的数据用于新的业务场景（例如匹配合适的金融产品），聚焦个人数据的流动和应用，强调数据主体分享数字红利的权益。

2. MyData 模式的基本特点

从韩国 MyData 实践来看，有以下三个明显的特征。

（1）尊重个人隐私和对自己数据的控制。个人应该是 MyData 模式的主角，而不是被动地成为被收集目标，无论是在管理"线上"或是"线下"个

---

[1] See Joseph Smarr, Marc Cancter, Robert Scoble, Michael Arrington and others, *A Bill of Rights for Users of the Social Web*, http：//www.template.org/？page_id=599，最后访问日期：2023 年 10 月 23 日。

[2] See Data Portability Project, http：//dataportability.org，最后访问日期：2023 年 10 月 23 日。

[3] See What categories of My Facebook Data are Available to me? https：//www.facebook.com/help/405183566203254，最后访问日期：2023 年 10 月 23 日。

[4] 我国《个人信息保护法》第 45 条第 3 款规定，个人请求将个人信息转移至其指定的个人信息处理者，符合国家网信部门规定条件的，个人信息处理者应当提供转移的途径。

人生活的时候，他们都应该拥有权利和有效方法来管理自己的数据和隐私。

（2）强调数据的可得性和可用性。如今互联网时代，每个个体的数据散布于互联网的各个平台和角落，本人甚至不知道自己的数据被哪些机构储存、储存于何处，在此背景下，遑论个人对自身数据的可得性和可用性。故此，易于访问和使用自己个人数据对发挥个人数据价值的作用至关重要。在 MyData 模式下，个人可以通过安全的、标准化的 API（应用程序编程接口），以机器可读的开放格式访问个人数据，这是一种将数据从闭关自守状态转换为重要的可重用资源的方法。[①]

（3）需要开放的商业环境作为支撑。MyData 基础结构实现了对个人数据的去中心化管理，提高互操作性，让公司更容易遵守日益严格的数据保护法规，并允许个人方便地更换服务提供商，不会因为数据不可流动而被锁定在特定的服务商，在个人数据可携带权的支持下，进一步促成了数据开发商业环境的良性循环。

3. MyData 的参与主体

在 MyData 的整体运营架构中，除了监管机构（个人信息保护委员会、金融委员会）和支援机构（MyData 支援中心，隶属韩国信用信息院，是韩国官方征信数据提供方）外，MyData 业务实际操作过程中涉及的相关主体主要包括数据源提供者（掌握个人数据的机构）、MyData 运营商、中介公司等。参

[①] MyData 模式下的 API 包括三种：认证 API、信息提供 API、支援 API。认证 API 是指传送个人信用信息邀请以及用户本人认证时所需 API。信息提供 API 是指根据用户个人信用信息（银行、保险、信用卡等）传送要求，信息提供机构向 MyData 运营商传送信息时所需 API。支援 API 是 MyData 综合网站为支援 MyData 运营所提供的 API。通过 API 进行个人数据对接可以达到以下目的：从消费者的角度来看，基于 API 的 MyData 服务通过禁止网络抓取、要求技术评估测试，以及对系统漏洞进行年度检查来提供更高级别的数据隐私和信息安全。从 MyData 运营商角度来看，只允许 API 形式的数据传输的 MyData 方案将允许 MyData 运营商更快速、更稳定地从相关数据源接收用户数据。从全行业来看，基于 API 的 MyData 模式帮助 MyData 运营商更方便高效地与多种数据源作连接，从而能推动商业模式进一步发展和创新。载原创力文档网，https：//max.book118.com/html/2023/0503/5340241300010201.shtm。

与主体的架构如图 2-2 所示。

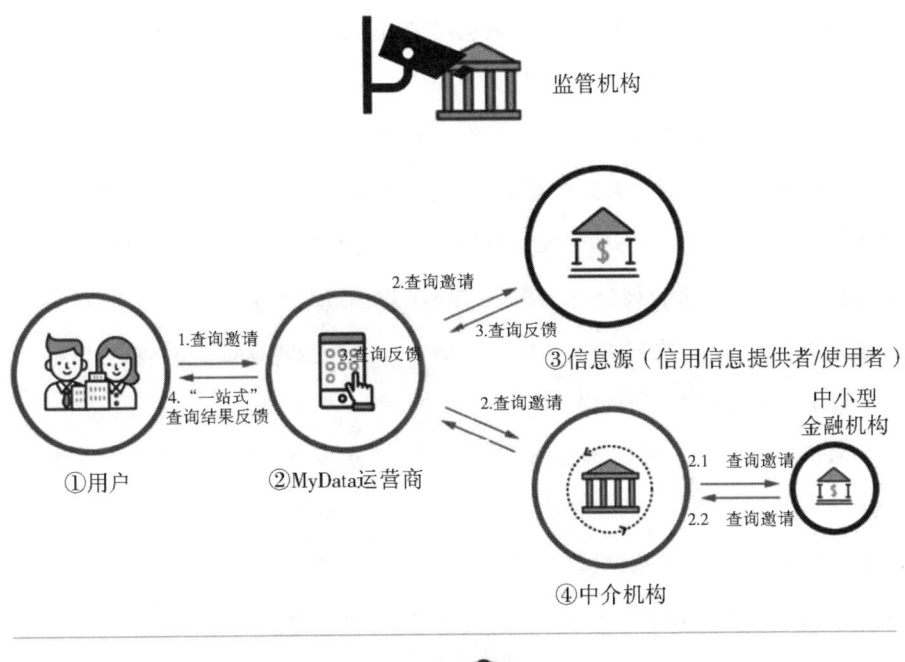

图 2-2　MyData 参与主体架构

（1）数据源提供者

韩国对数据源的认定范围比较广泛，在《信用信息法》及相关规定中有明确描述，例如依据韩国《信用信息法》第 5 条第 2 项规定，数据源可包括银行、金融控股公司、韩国产业银行、韩国进出口银行、农协银行、水协银行、中小企业银行、韩国住宅金融公社、金融投资/证券/综合金融公司、资金中介公司、相互储蓄银行及中央会、农协及中央会、水协及中央会、信协及中央会、保险公司、信息保证基金、征信公司等。这些金融机构掌握了数据主体大量的个人信息，是 MyData 业务模式中的数据信息基础底座，也是数据主体行使数据可携带权的对象。

（2） MyData 的运营商

MyData 运营商能够基于用户的数据可携带权，收集分散在各个机构的个人信用信息，在加工整理后为用户提供"一站式"查询、金融产品咨询、资产管理等服务。运营商需要满足一定的资格条件，并经金融委员会审核后发放许可证。截至 2022 年 12 月，大约有 600 家信息提供商和 53 家公司获得许可。作为 MyData 运营商，主要包括韩国大型银行、大型信用卡机构、其他金融机构以及金融科技企业。四大科技公司（Toss、Naver Financial、Kakao Pay 和 Banksalad）控制着超过 70% 的本地 MyData 市场。MyData 运营商是 MyData 模式的核心枢纽。

（3） MyData 的中介机构

MyData 实践中，中小型数据源（银行、金融投资机构、保险公司、征信金融公司等）由于自身技术对接能力的限制，需要通过中介机构的辅助才能向 MyData 运营商、数据源提供数据交互对接，并且，使用中介机构的数据源也需要满足一定的条件限制。[①] 此外，只有经过政府指定的中介机构才可以向 MyData 数据源提供服务，目前指定的中介机构包括韩国行政安全部、韩国信用信息院、金融清算所等 10 余家机构。

4. MyData 的应用范围

通过 MyData，个人可以一次性地查询分散在各机构的个人数据，并主动、有选择性地向某些企业提供个人数据来获得商业或服务的推荐。韩国目前先以金融领域为 MyData 产业的试点领域，并计划未来在能源、医疗、交通等生活不同领域逐步推进。作为率先推动 MyData 商业落地的国家，韩国的 MyData 产业在国内数据要素流通实践中的价值实现和应用场景值得我们期待。

[①] 例如，满足以下条件的金融机构不得使用中介服务：（1）前一年度末，资产总额超过 10 兆韩元（600 亿元人民币）以上；（2）前一年度末，该公司拥有的个人信用信息市场占有率及比该公司市场占有率高的企业市场占有率相加后超过低于 90%，或该公司单独市场占有率超过 5%；（3）将自身的信息处理业务委托给第三方或没有与第三方共同处理自身的信息处理业务。载原创力文档网，https：//max.book118.com/html/2023/0503/5340241300010201.shtm。

5. 经验总结

与日本的信息银行类似，韩国 MyData 实践解决的也主要是个人信息主体对自身数据的权益问题。从韩国实践来看，MyData 模式在两个方面的经验值得关注。

其一，当前主要在个人信息查询端实现了突破，通过数据可携带权的行使进行了数据集中，打破了以往数据实践中个人无法感知和确认自身数据类型和范围的困惑，解决了个人"数据盲区"问题。这在当前个人数据泛滥、数据处理不透明的现状下，在保护个人对数据充分行使知情权方面无疑是具有积极意义的，也为个人数据保护提供了基础。

其二，这种模式在个人数据商业化流通方面进行的探索较为有限，更多聚焦于自用场景，以一种类似"自证清白"的方式实现了个人数据有限的商业化应用（类似于金融机构向个人推荐金融产品，即为建立在个人数据评估的基础之上）。而对于大数据融合，以及基于融合之后的整体数据权益分解和实现路径方面，没有进行更为深入的探索。事实上，各种类型的数据平台和数据控制者所控制的数据，不完全是个人数据，仍然有相当一部分是平台基于各种软件、硬件技术所生成，也即对数据"付出了劳动"，例如人群消费特征数据、区域性分布数据等，这些数据显然不是个人能够对其主张权益的。对于这些数据，如果也能够采用类似 MyData 模式进行数据开发，采取一种新型的数据治理架构促进数据流通和应用，也可能进一步充分挖掘和发挥数据的价值。从这个角度而言，MyData 模式仅仅是一个开端，仍需持续深入，在数据流通应用的类型范围和应用领域等方面，仍然有巨大想象空间。

三、我国数据信托主体的架构设想

（一）数据信托委托人：数据主体与数据控制者的比较分析

委托人是信托关系的创设人，通过将自己的财产转移或委托给受托人从而设立信托。按照传统信托理论，信托关系生效后，委托人失去对财产的占有和控制，对信托事务的干预权也受到很大限制。在委托人应当具备的资质条件中，拥有一定数量的财产或财产权是最核心的条件。信托法律关系的设计也都围绕财产而展开，无财产则无信托可言。

1. 关于数据主体作为委托人的适格性

此处所称的数据主体，是指提供个人信息的自然人，数据主体作为委托人应当具备一定条件。无论大陆法系还是英美法系信托法，作为委托人应当具备一定的民事行为能力。英美信托法要求，只要具备相应的行为能力，委托人即可在生存者之间就其财产权益设立信托，日本民法、韩国民法以及我国台湾地区"民法"，也对委托人的民事行为能力作出了类似规定。[①] 类推适用一般信托的委托人行为能力要求，数据主体作为数据信托委托人时亦应具备相应的民事行为能力，这是从法律行为有效性角度作出的要求，具备行为能力的自然人可以通过自身行为处分其数据财产，并产生有效的数据信托法律关系。

数据主体作为数据信托的委托人，主要原因在于个人信息自身的特殊性。在个人信息的认定方面，无论是依据"识别说"还是依据"关联说"，最终指向均为特定的个人，与特定个人相关的隐私权及其他人格性权益，应当由法律进行特殊保护。非经法律明确允许或当事人自愿处分，其他人不得干涉。因而在此场景下只有数据主体自身才有权利决定如何对数据进行处分，包括选择数据流转的方式、以数据作为财产设立信托等。例如，韩国的 MyData 数据应用模式，[②] 个人作为信息主体，自己管控自己的信息，并把该信息积极地应用于信用管理、资产管理、健康管理等，即充分体现了数据主体作为个人信息的最终控制者对其自有数据进行控制和使用。

---

① 参见何宝玉：《信托法原理研究》，中国法制出版社 2015 年版，第 163~164 页。
② 载 https://www.vzkoo.com/read/202301125f00caf4e7410b497f91059b.html。

2. 关于数据控制者作为委托人的适格性

数据控制者控制的数据一般具有数据体量大、管理成本高等特点。从类型上看，数据控制者持有的数据包括个人数据、公司主体基本数据、财务数据、用户数据、运营数据和管理数据等；从数据产生方式及初始来源角度，此数据应当主要由以下三方面的数据构成，即企业原始取得的数据、企业基于协议继受取得的数据和企业非基于协议继受取得的数据。数据经数据控制者清洗加工处理或建模后能够产生附加价值，而且样本数量越大，数据被融合后产生的价值就越高。单一数据主体的少量数据，只有与其他数据相结合，才可能产生价值，孤立的个人数据本身并不具有很大价值。基于此，数据控制者作为数据信托的委托人时，其本身应当对数据具有充分的财产权，方可有资格对其控制的数据进行处置。对于数据控制者控制的数据中包含的个人数据，如果数据控制者进行原始采集目的之外的其他使用，应当重新取得数据主体的同意和授权，否则在合规性上面临重大瑕疵风险。

3. 结论

综上，数据主体及数据控制者对其控制范围内的数据，如要具备数据信托委托人的资格，应当满足一定的条件。作为自然人的数据主体，只要不违背公序良俗，均有权利对涉及自身的数据进行处置；作为企业或其他组织形态的数据控制者，判断其是否具有数据信托委托人的资格时，应当判断其控制的数据内容及表现形式，如果控制的数据中包含了大量个人信息，则应当在程序上取得自然人本人的确认、同意和授权，方有权利对数据进行处置。从数据价值的产生机理来看，单一自然人数据主体价值具有有限性，因此，虽然理论上自然人数据主体可以作为委托人设立数据信托，但在商业实践和公共数据管理的场景下，自然人数据主体设立数据信托的价值和意义不大。作为企业或其他组织形态的数据控制者，在数据信托设立方面具有现实的可行性。

（二）数据信托受益人：个人、企业与政府的多元化考量

各国信托法对受益人的资格几乎没有限制，自然人、法人及其他组织均可

以作为受益人，只要具备接受信托利益的权利能力即可。我国《信托法》第43条也对此进行了明确规定。从当前国内数据分类的政策角度，以数据持有主体为维度常见可分为个人数据、企业数据和政府数据。2022年12月2日中共中央、国务院《关于构建数据基础制度更好发挥数据要素作用的意见》中明确提出，要建立公共数据、企业数据、个人数据的分类分级确权授权制度，形成数据产权结构性分置的机制。从数据信托主体角度，如果个人、企业及政府是数据财产主体，即都可以作为委托人，也可以作为受益人。三种情况下受益人的区别如下。

1. 个人作为受益人

个人是个人信息的主体，有权利控制自己的信息并决定如何进行使用和处置，即"个人信息自决权"。"个人信息自决权"体现了个人数据保护控制论的基本理念，个人数据保护控制论有两个理论源头：[1] 一是欧洲基于个人尊严保护的个人数据保护理论，二是美国基于个人自由保护的隐私理论。虽然两大理论体系的基础不同，但在强调个人有权利对其信息进行控制和使用上是相同的，均体现了独立人格和自由意志的保护。以数据作为信托财产设立信托过程中，如果数据财产中涉及大量的个人信息，不可因为对个人信息的生成、记录和存储等由数据平台企业完成，而否认个人对这些信息拥有权益。韩国数据实践中的"Mydata"模式，即充分体现了个人对其自有数据的控制和商业化使用。以个人作为数据信托的受益人，唯一需要考虑的问题是，如果个人信息所属主体是未成年人，则其数据财产被设立信托前应征得监护人的同意，但不妨碍未成年人作为受益人享受信托财产带来的收益。我国《民法典》第19条也规定，未成年人是限制民事行为能力人，实施民事法律行为由其法定代理人代理或者经其法定代理人同意、追认，但可以独立实施纯获利益的民事法律行

---

[1] 参见高富平：《个人信息保护：从个人控制到社会控制》，载《法学研究》2018年第3期。

为。因此，个人作为数据信托的受益人，在现行法律体系下具有可行性。

2. 企业作为受益人

无论是依据成本收益理论，还是依据"额头流汗"观点，承认企业是数据财产的主体，是当前数据实践中"数据确权"的核心关切。从目前的数据商业实践来看，自益信托应是数据信托实践的主要需求，源于掌握大量数据的企业最大化实现存量数据价值的需求，但也不排除未来企业将其控制的数据为其他目的（如公益目的）设立信托的可能。无论是自益信托还是他益信托，企业作为纯享受利益、不承担义务的主体，都有资格作为数据信托的受益人。企业作为数据控制者，以委托人身份设立数据信托过程中，应当注意以下问题：（1）数据来源具有合法性基础，企业数据中有相当一部分来源于个人，真正具有商业化应用价值的也往往是这些个人数据。但是，考虑到目前数据权属确认的难度，个人与企业之间就数据的权属划分并没有统一明确的标准，因此，企业作为委托人设立数据信托时，面临的首要挑战即为企业是否有权处置其委托的所有数据，如果答案是否定的，则受益人的受益权也会存在瑕疵。（2）应保障个人数据主体的知情权。由于数据自身的特殊性，它并非像有形商品一样交付即可作为权利变动的公示方式，即使取得个人信息主体的同意，数据之中仍然带有能够反映个人人格特性的权益，因此，对数据信托受托人而言对数据财产管理的终极目的，除了企业以受益人身份享有知情权外，个人数据主体亦应当享有知情权。

3. 政府作为受益人

信托受益权是一项不具有人身性质的财产权，政府作为公共利益的代表，对于以公共数据设立的数据信托，亦应有资格作为受益人享受数据产生的收益，并将相应的收益用于社会公共管理、公众利益等方面。与个人及企业作为受益人不同，政府作为受益人，一般是基于履行公共管理职能过程中收集的个人数据，或者掌握数据的平台企业为了配合完成公共管理职能或其他可能的场景，而使得政府有能力控制大量的个人数据。政府作为数据控制者，以前述数据作为委托人设立数据信托过程中，需要解决以下三类问题：（1）数据来源具有合法性基础，除了政府职能部门直接收集的数据以外，对于依赖其他数据平台间接收集的数据，应当确保数据来源的合法性，避免侵犯个人数据主体或者企业数据主体的合法权益。（2）数据信托目的应具有公共性。即数据信托设立后产生的收益应该确保用于公共事务、公众健康等公共利益场景，而不能像企业数据主体那样，将数据用于纯粹的商业化交易场景。（3）应保障真正数据主体的知情权。向受益人赋予知情权是各国信托法的普遍做法，但是政府作为数据信托的受益人时，数据原始权利人无法知晓真正的数据信托目的，虽然此类信托用于公共利益，但是数据财产的主体仍应有权利了解其数据最终被应用的目的和场景。赋予真正数据主体以知情权，也是从预防权利滥用、防止以公共利益之名损害个人权益的角度，对数据委托人进行的合理限制。

（三）数据信托受托人：第三方独立机构势在必行

美国的"信息受托人"理论视角下，没有引入第三方作为独立的受托机构，而是将传统信托实践中的信义义务赋予实际控制数据的数据持有人，以此在数据控制者拥有的言论自由、商业利益和信息主体拥有的隐私权之间取得相对平衡的保护，并在事实上促进数据的商业化利用。英国和日本引入了第三方作为数据信托的独立受托人，对数据进行专门的管理和应用，尤其是日本，将数据受托管理的义务赋予信息银行，由信息银行对数据进行商业化应用，并将信托产生的收益转移给数据主体。根据这些域外经验，并结合我国当前的数据实践，如果要开展数据信托，设置独立的第三方受托人是十分必要的，主要理由如下。

1. 数据承载着多元化利益，有时甚至是冲突的，这决定了数据控制者难以公正履行作为数据受托人的中立角色

通常情况下，从数据结构化的内容来看，数据之中至少包含个人数据、企业运营管理数据两个大类别。个人数据中又包含了敏感性的个人信息和非敏感

性的个人信息，其中敏感性的个人信息对个人人格尊严及生命财产安全的影响相比非敏感个人信息又大很多。企业运营管理的数据多表现为企业的商业秘密，也包含着很大的经济价值。作为数据控制者来说，企业商业利益、个人不同程度的人身和财产权益同时交织，共同存在于大数据集合之中。而对于数据控制者来说，个人数据又往往能够带来很多商业机会，例如精准营销、智能风控等，其最终也表现为商业利益。因此，企业作为实际控制数据的控制者，相比个人而言具有极大的信息优势和技术优势，有能力也更有商业驱动力地对数据利益进行最大化的占有。这种现状决定了数据控制者很难公正地从维护个人权益和自身权益的角度出发，以独立受托人的身份对数据进行公平、公正、合理地管理和应用，因而也就难以实现信托受托人的信义义务要求。

2. 数据价值具有场景性，单一的数据控制者并不能完全合规地实现数据价值的最大化

数据价值的场景性，是指某一类型的数据在支持某些类型的交易的情况下，具有决策参考价值，除此之外数据的价值可能无法充分体现。典型的场景比如，第四方支付服务的聚合支付数据（如微信支付数据），对于一些从事金融放贷业务的商业银行或小额贷款公司在决定是否对其个人客户授予信用额度时，具有较大的参考价值，如果脱离此场景，支付数据的价值可能会打折扣。但是，拥有聚合支付数据的数据控制者，其数据体量是有限的，要想最大化实现数据的价值，可能还需要借助数据技术手段进行数据补强，提升数据融合的价值。国内常见的数据补强手段包括撞库、[①] 数据爬取等，尤其是数据撞库，

---

① 撞库原本是黑客专用语，又称"扫存"，指黑客通过收集互联网已泄露的拖库信息，特别是注册用户的用户名和密码信息，生成对应的字典表，然后通过恶意程序和字典表批量尝试登录其他网站，得到一系列可用的真实用户信息。但此处的撞库是指拥有大量数据的数据控制者（以下简称 A 库）与拥有更大量数据的其他数据控制者（以下简称 B 库），通过将 A 库数据与 B 库数据按照双方事先约定好的数据加密交互规则进行对撞，实现数据交互，如果 A 库是发起方，B 库是被撞方，则对撞成功后，成功对撞的数据被 B 库控制者用于其已掌控的业务场景范围内，从而实现为 A 库的控制者进行客户导流的目的。这是目前数据实践中常见的数据合作业务场景。

部分情形下存在灰色场景，有时也会因为被撞库的一方采用不正当手段进行暴力数据破解，留存了撞库发起方的数据，从而衍生新的法律问题。

还有一些情况下，数据控制者为了获取数据产品或服务市场的竞争力，从不合规的来源进行数据采集，或者赤裸裸地购买数据包、通过合法获取的API接口超范围采集数据，从而导致合作方之间发生不正当竞争商业纠纷、侵犯商业秘密纠纷，甚至更严重的还会面临侵犯数据权益带来的刑事责任风险。因此，单一的数据控制者如果意图将其业务沉淀的原有数据进行二次增值，可能还会在合规性方面受到挑战，国内目前的数据从业者在此方面常有游走在合法性边缘之嫌。但是，如果将数据财产设立信托，受托人对数据管理和控制在场景广泛性方面相比单一数据控制者具有天然的优势，可以将受托管理的数据在众多应用场景中进行适当性匹配，而无须借助非常规手段通过补强数据库进行数据价值的最大化。

3. 数据管理具有专业性，数据控制者通过业务沉淀的数据，并不一定有能力对数据通过专业化的管理实现价值增值

国内目前商业实践中，凡是数据密集型的行业，如金融、医疗、电商平台、汽车出行、电信等行业，在日常运营管理过程中即同步收集和留存大量业务数据，部分平台由于内部治理和管理的原因，掌握数据的不同部门之间受利益驱动或免责考虑，彼此之间存在"部门墙"，致使许多数据成为"死数据"，或者"数据孤岛"，没有将数据进行有效的整合管理，发挥数据价值。数据管理又是具有较强技术性壁垒的工作，除了将数据控制者内部的数据隔离进行打通之外，还需要对数据进行清洗、加工、标签化，即使数据控制者技术能力能够支撑这些数据处理活动，也并不一定符合市场上数据需求方的需求标准或格式要求。因此，通过专业的第三方对数据进行管理，一方面能够最大化地挖掘数据价值，另一方面能够高效率回应数据市场的需求，在满足数据需求方需求的同时，又能进一步促进数据要素的市场化流通。当然，承担该项职责的第三

方是数据信托的受托方本身，还是受托方另行委托的专业技术服务方，应视数据要素结构及市场需求本身而定。

（四）数据产业链条的专业技术提供方

数据价值的实现离不开专业技术提供方提供的工具或者能力。数据本身不直接产生商业价值，数据以资源的形态存在后，形成数据应用滋长，数据应用具化到具体的业务场景之后才会产生商业价值。这是一个较为漫长且包含数据资源规模、数据科技能力和数据业务经验的复杂价值链条，需要借助数据专业技术能力才能实现，在未来的数据专业化分工市场格局下，外部专业技术提供方（一般为金融科技类公司）在数据要素流通和价值增值中起到的作用将越来越大。

1. 专业数据技术提供方的价值

数据商业实践中，数据价值整体可区分为三类：数据源价值、数据科技价值、业务贡献价值，三类价值形成数据价值链，每个环节也可以形成独立的商业价值，同时又可以在数据闭环的前提下形成数据价值闭环。

（1）数据源价值

这是最初始的数据价值形态，属于资源型价值，较容易评价。受我国国情及市场布局影响，此类数据价值作用的领域一般相对狭窄，其核心竞争力在于数据资产质量、覆盖度和稳定性。该环节中数据没有进行深度加工，专业技术提供方尚未发挥实质性作用。

（2）数据科技价值

将数据进行加工增值是一个古老而又新型的行业。老牌和新型的数据科技公司已形成市场格局，大型公司如用友软件、阿里云、金山云等，小型科技公司则多如春笋，包括为保险公司提供费率算法支持的专业公司、为区块链提供安全态势感知和智能合约形式化检测的平台等。在目前中国数据市场环境中，此类价值多采用自建模式（单纯科技能力输出，很难构成商业模式）。但整体市场正在加速形成参与者分层合作的结构模式，数据科技输出市场中聚集了大批专注于某个细分领域的数据专业技术服务提供商，他们所能提供的数据价值增值服务，是数据源控制者依靠自身能力所无法或很难实现的。特别是生成式人工智能（Artificial Intelligence Generated Content，AIGC）功能的进一步强化，标志着人工智能正在从1.0时代进入2.0时代。① GAN、CLIP、Transformer、Diffusion、预训练模型、多模态技术、生成算法等技术的累积融合，催生了AIGC的爆发。算法不断迭代创新、预训练模型引发AIGC技术能力发生质变，多模态推动AIGC内容越来越丰富，使AIGC具有更通用和更强的基础能力。AIGC对于人类社会、人工智能具有里程碑式的意义，短期来看AIGC改变了基础的生产力工具，中期来看会改变社会的生产关系，长期来看促使整个社会生产力发生质的突破，在这样的生产力工具、生产关系、生产力变革中，数据作为生产要素的价值被极度放大。2023年上半年ChatGPT的异常火爆从数据实践角度再次证明了数据科技价值的巨大潜力，国内AI题材的上市公司在二级市场表现也非常强劲，如百度、360等，其中百度的"文心一言"更是被国内市场寄予厚望。

（3）业务贡献价值

数据的此类价值是结合业务和行业属性展现出来的，它与业务关联度极强，行业区隔也很明显，数据价值的实现势必融合业务因素形成适配。在此方式下，对数据的业务要求为（行业强相关数据+跨行业弱相关数据）+（数据科技能力+业务特殊性适配），通过将具备这些属性的数据由专业的第三方进行加工处理后，将其应用于具有行业相关性的业务，发挥数据的特殊贡献价值。需要说明的是，业务贡献价值构建的难度较大，且容易形成行业壁垒和服务门槛，一旦构建成形，其他行业的数据从业者很难进入或取得竞争优势，从

---

① 载百度百家号，https://baijiahao.baidu.com/s?id=1762166540149443689&wfr=spider&for=pc，最后访问日期：2023年7月1日。

而在某种程度上可能会带来新的问题，即数据垄断，这部分内容将在后续本章第四部分专门介绍。

2. 专业第三方的类型

数据流转和应用的场景十分复杂，难以用统一标准进行归类。以数据密集型的金融行业应用场景——第三方支付公司数据为例，数据从源头开始至最终应用，过程中涉及的专业第三方可以分为以下几类。

（1）数据源中间商。这类第三方是指通过网罗多家企业数据源，面向业务形成多数据源集成的数据库能力，以数据交易的方式赚取差价，其核心竞争优势是拥有多数据源融合集成能力。数据源中间商一般不对数据进行加工或者仅进行浅加工，诸如万德数据库、巨潮数据库、数据堂（股票代码：831428）等，此类公司一般向数据应用商户提供数据，用于帮助其自建数据能力，或者向数据应用服务提供商提供数据，将数据融入这些服务商的金融科技数据能力场景等，一般通过提供标准引用产品或者驻地提供定制开发服务。

（2）数据应用服务提供商。这类第三方是指将金融科技与数据结合，形成直达业务的数据服务能力的数据服务商，实际也经营偏数据源类的业务形态，直接挂接业务，例如 Fico、百融云创、同盾等公司。他们的角色竞争核心要素聚焦于金融科技及深入行业的服务能力，是一种大市场服务的商业模式。他们可以为数据应用商户提供数据外采服务，服务的形式一般为"数据＋产品输出＋定制开发"。比如同盾公司，是一家专业的智能分析决策服务商，以人工智能、云计算等核心技术体系为基础，为金融、互联网、物流、大健康、零售、智慧城市等领域输出包括智能信贷风控、智能反欺诈、智能运营等在内的智能决策产品和服务，让各场景中的决策分析更加智能。

（3）数据技术服务提供商。这类第三方仅提供数据技术输出服务，不承担数据风险。一般与客户采用合作经营模式，非单一软件服务，突出科技能力要求。他们仅向客户提供技术化产品和定制开发服务，通过"产品输出＋定制开发合作经营"的模式,向数据应用商户提供数据服务。行业内有代表性的公司如:恒生电子、顶点数据、氪信科技等。

(4)数据咨询服务提供商。这类第三方是传统咨询行业的分支,聚焦于数据咨询服务,未脱离传统咨询企业的特征。例如艾瑞咨询、安永数据、易观咨询等公司,尤其是安永数据,基于华为云产品,如 DAYU、DWS、DLI 等为客户提供数据中台服务,通过数据中台的建设,实现数据的汇聚、融合、拉通、萃取,实施包括数据资源中心、数据萃取中心,以营销支持为重点的数据服务。

3. 数据技术服务的主要内容

数据商业实践中,第三方提供的数据服务技术性相对比较强,原始的数据源在未经专业数据处理的情况下,数据价值难以实现最大化。常见的数据技术服务包括以下四个类别。

(1)数据采集+清洗+存储。数据服务商依据管理及数据资产要求,对内外部数据源进行采集、加工处理,并形成存储,形成基础特征集市(可出现基础数仓、外部数据数仓等多个基础特征集市),数据加工步骤及标准,与数据资产管理的要求保持一致。

(2)数据分析及建模。以各级数据资产为依据,进行变量衍生、标签加工、模型评分建立、数据指标分析、评估预测等数据分析及模型演算职能。向数据资产管理和数据服务应用输出分析及模型结果。通过分析及建模,与数据资产的管理形成交互(使用变量、输出成果),并与数据服务应用形成结果传递。

(3)数据应用服务。依托数据资产管理提供"应用数据源",封装数据服务、数据应用,以及专属解决方案,对数据分析及模型产生需求,成果最终部署运行在商户的数据资产管理板块中。

(4) ETL 服务。① 为数据资产管理和数据采集加工提供工具支撑,服务内容不包含业务逻辑,仅作为工具化能力调用,任务流程控制、调度管理、校验等能力均在板块外部实现。此项服务支持数据资产管理过程中对分层集市的管理,对资产衍生、变量及标签的计算加工,也支持数据采集及加工中的数据处理及数据存储。

由上述分析可见,数据产业链条中专业技术提供方提供的数据技术服务是关键,其决定了数据使用的效率和价值能否得到最大化的发挥。因此,在数据信托主体架构的设计中,作为数据信托受托人,如果无力提供此类数据专业技术服务,其只能依托第三方,将其受托管理义务中的技术服务部分,外部委托第三方专业机构完成,但应尽到谨慎管理的信义义务,确保数据安全和个人数据主体合法权益的同时,将数据价值充分挖掘及商业化。

四、数据信托的设立

(一) 数据信托的应用场景简析

根据 IDC 的分析,中国 2018 年产生了 7.6ZB 的数据,预计中国的"数据圈"将会在 2018 年至 2025 年扩张 14 倍左右,以每年 30% 的平均增速快速发展,在 2025 年达到 48.6ZB,也即 48.6 万亿 GB。② 另外,按照国家工信安全中心的测算数据,③ 2020 年我国数据要素市场规模已达到 545 亿元,"十三五"期间市场规模复合增速超过 30%。"十四五"期间,这一数值将突破 1749 亿

---

① ETL 是英文 Extract – Transform – Load 的缩写,用来描述将数据从来源端经过抽取 (extract)、转换 (transform)、加载 (load) 至目的端的过程。ETL 较常用在数据仓库,但其对象并不限于数据仓库。

② IDC:《预计到 2025 年中国将拥有全球最大数据圈》,载界面新闻 2019 年 2 月 22 日,https://www.jiemian.com/article/2886390.html。

③ 国家工业信息安全发展研究中心《中国数据要素市场发展报告 (2020—2021)》。市场规模聚焦于数据采集、数据存储、数据加工、数据流通、数据分析、生态保障,未包含数据应用部分。

元，整体上进入高速发展阶段。从数据资产化工具的需求细分看，根据中国软件行业协会和海比研究院报告，[①] 政府、金融、医疗、制造和教育等行业的需求较大。从城市分布来看，数据资产化工具的市场主要在一、二线城市，占总体市场规模的八成以上。从地域分布来看，北京、上海、浙江、广东是数据资产化工具市场的第一梯队。面对如此庞大的数据体量，如果能够对丰富的数据资源加以合理运用，可以创造巨量的经济和社会价值。从国外数据信托的实践经验以及国内数据资产化的需求来看，数据信托至少在以下场景具有独特价值：一是在数据涉及多方利益特别是涉及公共利益发展情况下，如何进行数据治理和数据资产化；二是以外部干预的方式约束商业数据控制者，以达到实现数据价值和隔离数据主体风险的双重效果，也即在保障数据安全隐私的前提下实现数据共享。

1. 数据信托相关的数据交互新趋势

数据信托的价值实现表现形式是数据交互，通过数据在相关主体之间进行流转，实现数据价值的增值及分配。当前数据实践中，点对点、端到端的数据应用是数据交互的主流方式，这与可信机制的建立成本密切相关。数据需求方和数据源之间、个人数据主体与数据处理机构之间的对接链条越长，双方的信任机制就越难以建立。数据流通每增加一道环节，在传输、存储和访问的软件及硬件方面就增加一层不确定性，甚至有时数据交易双方之间直接建立信任关系也有较大难度。可信区块链、隐私计算、数据加密等信息技术的出现，一定程度上解决了数据交易各方之间的这些顾虑。从交易成本和交易效率来看，直接交易数据省去了中间环节，似乎是最优解，但由于数据财产价值实现的高度场景依赖性，以及监管要求的高标准，决定了数据需求方和数据供给方直接寻求交易机会的成本越来越高，迫切需要第三方机构充当价值发现和机会挖掘的

---

① 中国软件行业协会、海比研究院《2021年中国数据资产化工具》。

角色。从数据监管趋势来看，直接进行数据交易也面临越来越严格的监管规制，例如，依据 2022 年 1 月 1 日生效的中国人民银行《征信业务管理办法》的规定，未取得个人征信业务经营许可（"征信牌照"）或者未进行企业征信机构备案但实质上从事征信业务的机构（一般是大数据公司，充当数据源的角色），应当自该办法施行之日起 18 个月内完成合规整改，也即业内所称的"断直连"。在"断直连"之前，掌握数据的公司可以直接向金融机构、助贷机构等提供个人征信类信息，在"断直连"之后，这些有数据需求的公司必须要通过持有征信牌照的公司获取该类信息。[①] 数据交易法律关系从原有的两方主体变更为三方主体。

2. 商业数据的信托需求场景

互联网和金融行业具有典型的数据驱动特点，是目前数据采集量大、对数据共享和运用需求最为广泛的商业领域。

在互联网领域，个人数据集中在部分电商、社交媒体领域巨头，个人数据的聚集效应越来越明显，不可避免会出现数据歧视、信息茧房、大数据杀熟乃至隐私侵犯等诸多问题。从数据控制企业视角，会造成数据资源被垄断带来的发展与竞争壁垒；从个人视角，较为分散的数据资产分布与管理模式将导致维权困难；从政府视角，市场资源配置的公平性与市场经济的稳定性则难以把控。同时，越来越多的数据集中在少数企业手里，这对个人的隐私安全甚至国家安全、数据主权都会造成影响。特别是滴滴事件之后，数据安全和权益保护成为互联网平台经济健康发展的重中之重，企业自身和政府监管层面均对更优的数据治理机制有更强的需求。[②]

[①] 目前，国内仅有两家个人征信持牌机构可接受此类业务：百行征信有限公司、朴道征信有限公司。参见消金界：《关于"断直连"的几个最新提法》，载新浪网 2022 年 12 月 18 日，https：//k. sina. com. cn/article_ 5292697344_ 13b782700019031l0g. html。

[②] 参见《滴滴被罚 80.26 亿元，存在 16 项违法事实》，载浙江网信网，https：//www. zjwx. gov. cn/art/2022/7/21/art_ 1694595_ 58871622. html。

在金融行业，信贷风险评估、供应链金融、精准营销等领域均对数据有较强的需求，用户行为数据和场景数据掌握在不同金融机构、助贷机构、互联网支付公司、电商平台及其他数据源公司手中，若运用数据信托，可以通过增强不同主体间信任机制的建立，结合特定的数据存储和运用技术，促进金融机构和不同数据源公司联合建模，在保障数据安全和隐私的前提下实现跨行业的数据共享，提高对金融消费者的信用风险评估准确性，也有助于控制金融机构的业务风险，协助其加强金融风险识别和防范能力。

3. 公共数据的信托需求场景

数据是构建数字政府业务的核心，数据融合共享是实现数据价值的关键。由于用户需求资源分散和数字政府运行机制不完善等原因，我国数字政府建设仍面临"数据孤岛"问题，数据标准不统一、数据质量不高、数据安全隐患等，都成为社会治理数字化转型的潜在挑战。建设数字政府则应从当前制约数据共享的"梗阻"顽疾入手，逐步解决数据的标准化、通道、权责及时效更新等问题，打通数据共享的各个关卡，实现数据共享"一路畅通"和共享共用。在此基础上，还要构建完整的大数据治理体系和数据安全保护机制，加强数据治理和安全保护，进一步推进数据的深入挖掘和智能化应用。

"十四五"规划对政府数据资源的流通提出了新的要求，指出要"开展政府数据授权运营试点，鼓励第三方深化对公共数据的挖掘利用"，即通过一定方式授权给特定主体进行市场化运营，进一步带动市场活力。现阶段，国内各地政府均在积极推行管运分离的数据授权运营模式。例如，2022年1月1日正式实施的《上海市数据条例》第44条规定，本市建立公共数据授权运营机制，提高公共数据社会化开发利用水平；第45条规定，被授权运营主体应当在授权范围内，依托统一规划的公共数据运营平台提供的安全可信环境，实施数据开发利用，并提供数据产品和服务。

在一些准公共场景，数据信托也有较大运用空间。例如在医疗领域，虽然

第二章　数据信托主体架构及设立　　133

医院借助互联网平台和电子病历系统积累了大量的医疗数据，但是单个医疗机构在数据量方面仍有明显局限性，而跨机构的数据共享依然非常困难，且个人数据泄露的风险也在不断增加。借助数据信托，可以快速实现针对不同群体、不同地区样本数据的搜集，解决单个医疗机构在数据量方面的局限性，实现临床诊断、医学研究、公共健康等多个领域的应用。

因此，本书认为，未来数据信托在数字政府、智慧城市、公共数据委托运营中均有较大的需求和展业空间，可探索运用数据信托对数据进行集中、独立管理，促进数据在政府不同部门、不同地区政府间的共享，提高数据的运用效率、挖掘数据价值、辅助公共政策制定，提升政府治理水平。

（二）数据信托合同

在英美法系国家，设立信托的形式一般无要求，更加注重设立信托的意图或意思。我国《信托法》规定信托是一种要式行为，不能通过口头方式或默示行为设立，应当通过信托合同设立，但在目前国内法律中，对数据信托合同的内容、订立、效力及相关细节的规定都是空白。根据美国法律协会（American Law Institute，ALI）和欧洲法律协会（European Law Institute，ELI）最新发布的《数据经济原则——数据交易和数据权利》（ELI 的最终理事会草案，尚未经 ELI 成员批准，以下简称草案），[①] 关于数据信托合同的相关研究已经相对比较规范，可以借鉴该草案对数据信托合同的相关内容作出以下概要分析。

1. 数据信托合同的基本内容

数据信托合同具有相当程度的灵活性。数据信托合同及其所建立的关系不需要符合任何特定的组织结构，也不需要符合与普通法信托相关的任何特定结

---

① 参见欧洲法律协会官网，https://www.principlesforadataeconomy.org/the-project/the-current-draft/，最后访问日期：2024 年 1 月 17 日。

构或特征。例如 PIMS（个人信息管理系统），数据受托人被授权代表委托人就数据保护问题作出决定。按照草案的建议，数据信托合同是指数据控制者（委托人）与第三方（受托人）签署的协议，由委托人向受托人作出授权，使后者有权就数据的使用或继续向其他方提供作出某些决定，这些决定可能有利于委托人或更广泛的利益相关者群体。

数据信托合同应当包含的主要内容。按照草案的建议，数据信托合同应包括以下内容。

第一，数据受托人被授权作出和执行所有关于使用或继续提供委托数据的所有决定，包括有关知识产权和基于数据隐私/数据保护法的权利的决定。

第二，数据受托人必须为了受益人的利益促进信托目的的实现，即使委托人不是受益人，也应当以受托人已经注意到的、不违反委托人法定利益的方式实施受托管理行为。

第三，数据受托人必须遵守委托人的任何指示，除非数据受托人已注意到该指示与数据信托的目的明显不相容。

第四，数据受托人必须避免为其自己的目的而使用任何被委托的数据，并必须避免任何利益冲突。

第五，委托人拥有随时终止数据受托人对数据进行管理的权利；但是，该权利应当受到受益人合理信赖和保护其合法利益的必要考量和限制。

第六，数据信托合同终止后，数据受托人必须将受托管理的数据返还委托人，若可行，还应采取措施防止数据被后续持有人继续进行使用。

此外，在数据信托合同签署过程中，还应当考虑数据的性质、数据信托合同当事人的性质以及数据信托合同的明示目的。并且，还要考虑数据信托合同的主要目的是否为委托人的利益或者更广泛范围群体的利益、数据信托合同所创设的组织结构的关系。这些因素对于决定数据信托合同主体及其法律关系有重要意义。

2. 数据信托的成立及生效

在我国现行法律体系下，设立信托主要通过合同来完成，信托合同可以被视为一种特殊类型的合同。《信托法》第 8 条、第 10 条以及第 44 条对信托关系的成立和生效作了规定，但并未就信托合同的成立和生效作出规定。学理上一般认为，合同的成立和生效是两个不同的概念。合同成立是当事人的合意须符合一定的要件从而被法律认定为客观存在的事实，例如从罗马法角度，合同的成立应当以物的交付为成立要件；合同生效是指已经成立的合同发生法律效力，能够在当事人及第三方之间产生强制性的约束力，此约束力来自法律的赋予，而非来自当事人的意志。① 在信托法领域，信托合同的成立和生效与信托本身的成立和生效密切交叉，概念复杂。② 因此为了简化讨论，可以从数据信托合同的要物性和诺成性入手，探讨数据信托和数据信托合同之间的关系。作为一种特殊的合同，数据信托合同成立后，能否在数据信托关系当事人之间产生约束力，以及在此基础上对第三人产生约束力，本质上涉及对信托生效之含义以及信托法律后果的解释。

在英美法上，信托财产没有交付受托人控制之前，信托尚未有效设立，委托人不仅要表达信托意图，还要进行现实交付和财产转移。③ 在信托财产转移之前，委托人和受托人之间的合意是否能产生法律上的约束力，是交给合同法进行解释和处理的，即如果当事人之间的合意没有对价（consideration），则无法在当事人之间产生约束力。④

本书认为，数据信托财产不同于传统的财产表现形式，它以衍生变量方式存在，且通过开放数据接口方式进行持续交付，数据信托合同宜以诺成性作为

---

① 参见江平主编：《民法学》（第 4 版），中国政法大学出版社 2019 年版，第 635 页。
② 参见赵廉慧：《信托法解释论》，中国法制出版社 2015 年版，第 105~106 页。
③ See J. E. Penner, *The Law of Trusts*, 4th ed., Oxford University Press, 2005, p. 221.
④ 参见赵廉慧：《信托法解释论》，中国法制出版社 2015 年版，第 110 页。

成立及生效的关键特征要件。如果不认可数据信托合同的此种效力模式，可能致使信托合同无法在数据信托当事人之间产生有效的、可执行的数据信托财产交付。因此，就数据信托成立而言，一旦数据信托合同成立，在合同上应当产生这样一种效力：受托人有权请求委托人交付数据信托财产，受托人也有义务向委托人交付此信托财产，并且，受托人对委托人也负有忠实义务。就数据信托生效而言，数据信托合同的成立和生效是同步发生的，数据信托财产具备免于被强制执行的法律效果（独立性）、受托人成为数据信托财产的名义所有人、受益人获得由于数据管理带来的受益权以及受托人承担勤勉义务等，所有这些法律后果都应该伴随着数据信托合同的成立而发生，并在相关当事人之间产生约束力。

（三）数据信托的业务模式架构

在国内现有信托模式中，数据信托由于其财产形态的特殊性，理论上可以探讨被归入新型资产服务信托的类别。① 基于国外案例和国内数据场景需求来看，本书认为目前宜采用以独立数据受托人为中心的数据信托管理模式较为合适，数据信托的受托人应当接受国家的许可准入管理，通过授予牌照进行资质管控。在目前国内金融监管体系下，以持牌的信托机构或者国资背景的数据交易所作为数据信托的受托人具有更简易的可操作性，未来也不排除专门就数据信托向符合条件的数据科技服务商发放牌照进行管理。② 数据受托人与企业、政府等已经掌握大量数据的数据控制者合作，以企业、政府或其他组织作为委

---

① 根据2023年3月20日中国银保监会发布的《关于规范信托公司信托业务分类的通知》，将信托业务主要划分为资产服务信托、资产管理信托和公益慈善信托三大类，为信托业务边界的理清和服务内涵的明确划分了明确的界限。其中，资产服务信托以信托财产独立性为前提，信托公司根据信托法律关系，在满足委托人需求的基础上为客户量身定制财产规划、保管、交易、权益分配、风险处置等专业的信托业务。资产服务信托按照服务内容和特点可分为财富管理服务信托、行政管理服务信托、资产证券化服务信托、风险处置服务信托和新型资产服务信托五类。

② 在当前国内数据流通和交易的现状背景之下，由国资背景的数据交易所担任数据信托的受托人似乎更加符合监管的需求。

托人，将其合法控制的数据委托给受托人设立数据信托，在数据受托人的独立管理下保障数据安全，促进数据的共享、流通和价值实现。按照本书的制度设想，目前国内数据信托实践中，可以探讨以商业数据信托为主、公共数据信托为辅的两种类型的架构。

1. 商业数据信托架构

在商业数据场景下，由企业作为委托人，将其通过各类 App、线下采集等方式采集，标准化、汇总形成的数据（或数据权益），经过数据加工形成衍生变量后，委托给受托人设立数据财产权信托，同时在符合数据安全、个人信息保护相关法律法规基础上，根据委托人的合理意愿，明确数据使用者（可以是企业本身或其他企业）访问和使用数据的规则。由于数据自身的特性，原始数据本身不能传输到受托人进行存储，可以通过分布式存储技术、第三方数据中心等方式进行存储，只不过可以将数据的访问控制权（可以借鉴目前数据实践中 API 接口的方式进行访问控制）交付受托人行使。数据信托的委托人可以同时是受益人，也即自益信托，也可以将其信托受益权进行转让。为了加强政府部门对企业数据安全的监管，还可以设置监察人，由大数据局、信息安全的主管部门担任，监督受托人管理信托事务。受托人的主要职责是对数据访问和使用相关的行政事务进行管理，不负责数据的具体处理和运用，依据信托合同的约定，对数据使用者使用数据的请求或指令进行审批，对超出信托合同约定的使用方式可以进行拒绝访问。若信托公司暂不具备数据对接、存储等技术和硬件，可委托专业的服务机构提供相关服务。数据信托的受托人收取管理费用，由委托人支付。管理费用的标准可以基于数据资产估值后的一定比例收取，也可以根据数据运用产生收益的一定比例收取，具体标准需要结合实际的应用场景商定。其结构如图 2-3 所示。

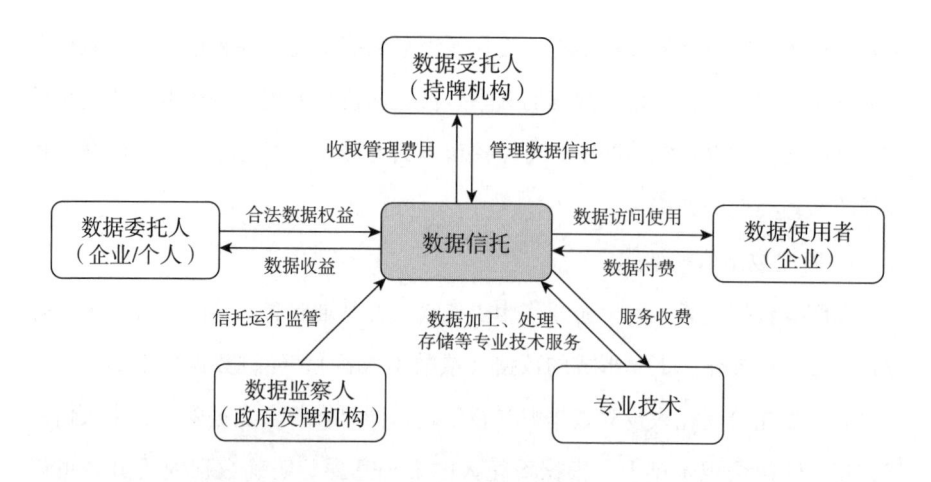

图 2-3 商业数据信托架构示意

2. 公共数据信托架构

在公共数据信托场景下，由政府部门作为数据委托人，将其通过行使行政管理职责过程中采集和汇总形成的数据（或数据权益），在签署信托合同、对数据进行初步加工后，委托给受托人设立数据财产权信托，同时明确数据使用者（可以是政府部门或政府授权参与公共数据运营的机构）访问和使用数据的规则。信托的直接受益人是政府部门，间接惠及社会公众。为了保障数据信托的良好运行，还可以设置监察人，可以由大数据、信息安全主管部门或者多个部门的联席会议担任，监督受托人管理信托事务。受托人的主要职责是对数据访问和使用相关的行政事务进行管理，不负责数据的具体处理和运用，依据信托合同的约定，对数据使用者使用数据的请求或指令进行审批，对超出信托合同约定的使用方式可以进行拒绝访问。若数据受托人暂不具备数据对接、存储、处理等技术和硬件，可委托专业的服务机构提供相关服务。这种类型的信托中，数据信托的受托人收取一定的管理费用，但是如果数据信托本身不产生直接的货币性收益，受托人的管理费用可能需要由政府财政资金支付。其结构如图 2-4 所示。

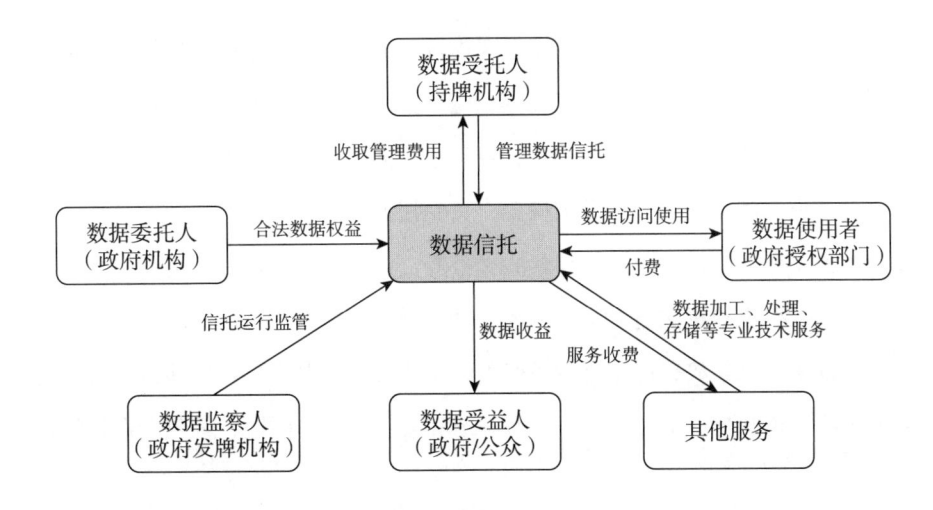

图 2-4　公共数据信托架构示意

（四）数据信托财产的税制问题

信托财产登记在我国难以操作，除了现有的财产登记体系不支持信托财产登记外，最主要的原因还在于税收障碍，数据信托财产的变动也面临同样问题。从世界各国税收实践来看，无论是信托发达的英国和美国，还是移植信托制度的日本，都针对信托设立、存续及终止的各个环节所涉及的各税种的征税问题进行了明确规定。国际信托税制的一个基本原则是"信托导管理论"，[①]即依据信托本质（非交易过户）确定纳税额度，委托人将财产权转移给受托人，受托人只是名义所有人，信托财产及其收益仍归受益人所有。如果是自益信托，针对信托所课的税不应高于委托人自己直接管理、运用及处分财产所产生的税；如果是他益信托，所课的税不应高于对受益人的赠与所适用的税率。当前，我国缺乏信托专用的税收制度，将信托行为视作财产转让行为，导致在开展不动产信托等财产信托业务时，在信托的设立和结束环节都需要缴纳增值税、契税和所得税，带来高额重复征税问题。

---

① 参见周小明：《信托税制的构建与金融税制的完善》，载《涉外税务》2010 年第 8 期。

数据信托财产的转移，也应慎重考虑税务成本带来的影响。建议结合数据信托的本质、数据财产的内容等确定相应税种，尤其应考虑不同纳税环节的纳税主体及其税务成本的缴纳。例如，在设立数据信托时，可以由委托人或受益人作为纳税主体自行申报和缴纳税金；在受托人管理数据财产期间，由受益人作为纳税主体、受托人履行代扣代缴义务等，如果有重复征税的情形出现，应通过立法授权税务机关进行合理扣除；数据信托结束时，鉴于数据的非消耗性，可以考虑免除数据再次流转而产生的相关税收。总之，要发挥数据要素的功能价值，税制是一个必须充分先行考虑和着重解决的问题，避免产生新的社会不公。

五、本章小结

信托主体是信托法律关系中的核心，由于数据信托财产的特殊性，致使在信托主体的权利义务方面表现出许多特殊性。归纳起来，这些特殊性主要表现为：委托人对数据信托财产的实际转移方式不同于传统的物权转移和交付，主要体现为数据访问控制权的交付，且对已设立的数据财产信托在效果上不具有可撤销性等；受托人方面，受托人管理职责终止后数据信托财产不具有可返还性，可以参考目前金融机构经营不善时的"接管"处理方法对数据信托财产进行处理；受益人方面，特殊性主要表现为数据信托的受益人拥有"固定索取权"，而受托人拥有"剩余索取权"。

从比较法研究角度来看，美国的数据信托不是要创设一个独立第三方受托人对数据进行管理，而是给现有的数据控制者施加特殊的信托义务，以此来平衡个人数据主体和数据控制者之间不平衡的权力结构，这种方式与传统的信托当事人架构具有明显的差异。英国的数据信托是一种新型的数据治理模式，它通过建立由数据主体控制的信托来实现数据的公平和透明使用，允许个人或组织将其数据存储在一个受信任的第三方机构中，并授权该机构管理和使用这些数据，以实现跨组织或跨国界的数据共享和协作，并有效地解决隐私和尊严保护问题。日本的信息银行实践，整体上首要解决的是个人数据的财产性收益问题，是在保障个人信息安全的前提下最大化地实现个人数据的收益，与美国的信息受托人理念有一定程度的差异。与日本的信息银行类似，韩国 MyData 实践解决的也主要是个人信息主体对自身数据的权益问题。

基于数据信托不同的域外实践，我国数据信托主体的架构设置应融入现有法律框架和实践需求，可以考虑设立完整的委托人、受托人、受益人架构。其中，委托人由数据控制者作为发起人更具有合理性，受托人由独立机构担任较为合适，但是，如果此独立机构不能完全胜任数据管理的需求，可以将其中的部分工作转委托专业技术提供方予以完成。通过专业的第三方对数据进行管理，一方面能够最大化挖掘数据价值，另一方面还能够高效率回应数据市场的需求，在满足数据需求方需求的同时，又能进一步促进数据要素的市场化流通。

从信托类型来看，如果信托目的来自商业化场景需求，可考虑设立自益信托（商业数据信托），如果信托目的来自公用场景需求，可考虑设立公共数据信托。

当前中国信托法律制度体系下，数据信托主要通过合同设立，数据信托合同是一种特殊的合同，其成立和生效是同步发生的。鉴于数据信托财产的特殊性，数据信托合同宜以诺成性作为成立及生效的关键特征要件。一旦数据信托合同成立，在合同上应当产生这样一种效力：受托人有权请求委托人交付数据信托财产，委托人也有义务向受托人交付此信托财产，并且，受托人对受益人也负有忠实义务、勤勉义务。

第三章

数据信托财产

信托法律制度中，信托财产是承载各方权利义务的核心和基石，在数据信托制度设计中，同样存在数据作为一种特殊的财产形态能否设立信托的问题。美国法律实践中没有就数据能否设立信托作出回应，主要从数据控制者角度参照信托理念强化了其受托管理义务，对数据信托财产问题没有展开探讨。英国的数据信托在框架结构上比美国更加完整，在个人和数据使用者之间引入了独立受托人对数据进行管理，但在数据作为信托财产问题上，判例法没有将数据视为财产，认为不必要将某项特定类型的权利认定为财产，法院在判定信托是否设立时，也主要考虑受托人是否能够明确地持有某项权利。[①]

本书认为，要讨论完整意义上的数据信托，在信托财产方面首先要解决三个重大问题：首先，数据信托财产是什么，数据信托财产的形式载体和实质内容如何展现，法教义学上的所有权概念，能否仍然用于解释数据信托财产，此应为设立数据信托的基本前提；其次，如何理解数据信托财产的独立性，在现有法律未对数据确权作出明确规定的前提下，应怎样确保数据信托财产的独立性，从而使受托人能够对数据信托财产进行确定性的管理，并且，为了确保该

---

① McFarlane. B. *Data Trusts and Defining Property*, Available at https：//www. law. ox. ac. uk/research – and – subject – groups/propertylaw/blog/2019/10/data – trusts – and – defining – property.

独立性的实现，在技术上应当对数据信托财产如何进行登记和公示，以便产生对抗第三人的效力等；最后，如何理解数据信托财产的可转让性，在数据信托设立过程中，对于数据信托财产受益权的可转让性及转让规则应从何种角度进行理解，数据信托财产的可转让性与传统有形财产的可转让性有何区别等。这些问题是在目前中国法律制度环境下设立数据信托的重大前置性问题，对这些问题的回答，也揭示了数据信托财产本身的特殊性，对讨论数据信托的成立及相关方之间的权利义务关系意义重大，本章将围绕这些基本问题逐一展开讨论。

一、数据财产的比较法研究及表现形态

（一）数据财产的比较法研究

1. 美国经验

早在20世纪70年代初就有美国学者提出，应当将数据视为一种财产。[1]比较系统地提出数据财产理论的学者是美国的劳伦斯·莱斯格（Lawrence Lessig）教授。[2]他认为，数据具有财产属性，应通过赋予数据以财产权的方式，打破传统法律思维下仅依赖单纯隐私进行保护的局限性。他在1999年出版的《代码和网络中的其他法律》（*Code and other Laws of Cyberspace*）一书中首次系统地提出了数据财产化的理论思路，[3]在美国法学界引起广泛关注和热烈讨论。但莱斯格教授的研究成果聚焦于个人数据的财产化，对企业数据财产属性的研究尚未涉及。正如龙卫球教授所言，莱斯格的数据财产理论具有一种令人遗憾的单向性不足，他仅仅就数据财产化利益进行了非此即彼的决断，并且单

---

[1] See Alan Westin, *Privacy and Freedom*, The Bodley Head Ltd., 1970.

[2] See Paul M. Schwartz, *Beyond Lessing's Code for Internet Privacy*: *Cyberspace Filter*, *Privacy Control and Fair Information Practices*, 2000 Wisconsin Law Review 743 (2001).

[3] See Lawrence Lessig, *Code and Other Laws of Cyberspace*, Tandem Library, 1999.

独赋予了用户个人以个人信息财产权,却排斥了数据从业者应有的财产地位和利益诉求。① 这可能与他的理论提出时（1999 年）数据经济尚在初始阶段,数据从业者和商业组织对于数据的作用和价值尚未有充分认知有关。2004 年,Paul M. Schwartz 在 Lessig 教授理论的基础上,对个人数据财产化理论进行了进一步的阐释。他认为,首先需要给予数据主体授权的权利,即数据主体有权同意企业利用处理其数据,同时对应地还要有"退出"的权利,其次还需要给予数据主体反对其已授权处理的数据被第三方进一步利用的权利。②

企业层面对数据库财产权益问题的讨论,起源于美国联邦最高法院在 1991 年对全球著作权领域产生了极大引领作用的 Feist Publications, Inc. v. Rural Telephone Service Co., Inc. 案判决。这个判决作出时全球还未进入互联网时代,但却对后来整个电子商务的发展产生了巨大影响。案涉电话号码簿实际上就是一个实体数据库,而互联网或虚拟环境下的每一个网站、网页基本上也都是由不同的数据组合而成的。美国联邦最高法院显然也意识到了这一点,所以在判决书中特别给出了这样的表示,"事实性汇编的著作权是非常地稀薄。纵使具有一个有效的著作权,后续的汇编者仍然可以自由使用其中所收录的事实来帮助准备一个竞争性的作品,只要该竞争品没有对筛选和排列从事同样的呈现"。③ 不过,在数据集合的保护模式选择上,一直有财产权（权利法）模式与反不正当竞争法（行为法）模式选择的争议。在欧盟对数据库进行特殊立法的同一时期,美国国会也有过轰轰烈烈的数据库特殊保护的立法尝试,

---

① 参见龙卫球:《数据新型财产权构建及其体系研究》,载《政法论坛》2017 年第 4 期。
② See Paul M. Schwartz, *Property, Privacy, and Personal Data*, 117 Harvard Law Review, 2055 (2004).
③ Feist Publications, Inc., v. Rural Telephone Service Co., 499 U. S. 340 (1991).

提出过多个版本的数据库特殊保护立法草案。① 美国立法草案最终因为科学界和网络行业的强烈反对而被搁置。② 美国反对新的特殊财产权保护机制的意见认为，并没有证据表明，缺乏额外的产权保护会阻碍新数据库的产生。③ 在美国反不正当竞争法（非法侵占学说或热点新闻学说）和合同法的框架下，数据收集者能够获得相当的保护，没有必要制定特殊权利立法。④

2. 欧盟经验

欧盟于 1996 年提出了《关于数据库法律保护的指令》（Directive on the Legal Protection of Databases，以下简称《指令》），提出了数据库特殊权利的概念，试图在知识产权框架外尝试引入某种财产权化机制，用以直接保护因不符合独创性标准无法受到著作权法保护的数据库。《指令》第 1 条规定，数据制作者对经其系统或有序地安排，并可通过电子或其他手段单独加以访问的独立的作品、数据或其他材料的集合，可以享有特殊权利的保护。

在实践中，欧洲法院采用了"副产品原则"（the spin-off theory）来区分对于创造和获取数据的投入。荷兰的 Estelle Derclaye 教授认为，企业投入的劳动或资金是否与数据库的创建存在直接对应关系，是值得商榷的。除非是以汇编既有信息为目的的传统数据库，当代网络企业的相应投入并非指向企业数据，而是以构建有竞争力的平台运营模式为目的，在此过程中，数据收集只是

---

① 多个草案分别为：(1) The Database Investment and Intellectual Property Antipiracy Act, H. R. 3531；(2) Collections of Information Antipiracy Act, H. R. 2652；(3) Collections of Information Antipiracy Act, H. R. 354；(4) Consumer and Investor Access to Information Act, H. R. 1858；(5) Database and Collections of Information Misappropriation Act, H. R. 3261；(6) Consumer Access to Information Act, H. R. 3872.

② See Pamela Samuelson, *Mapping the Digital Public Domain: Threats and Opportunities*, 66 Law & Contemp. Probs. 147, 160 (2003).

③ See Daniel J. Gervais, *The Protection of Databases*, 82 Chicago - Kent Law Review 1109, 1167 (2007).

④ See Intellectual Property Jane C. Ginsburg, *Copyright, Common Law and Sui Generis Protection of Databases in the United States and Abroad*, 66 University of Cincinnati Law Review 152 (1997).

某种"副产品",正如汽车的行驶并非只是为了获取"行车记录仪"的信息一样。根据"副产品原则",只有直接对数据库的产生进行投资才会产生数据库权。①

British Horseracing Board Ltd. v. William Hill Organisation Ltd. 案是英国法院的第一例数据库特殊权利案,也是第一例直接适用数据库指令并由法官对指令作出解释的判例。② 原告 British Horseracing Board Ltd. 是英国赛马业的组织者,其建立了一个在英国正式注册登记的纯种马匹和赛马比赛的详细信息的数据库。被告 William Hill Organization Ltd. 于 2000 年起推出了网上投注服务业务,间接使用了源自 British Horseracing Board Ltd. 数据库的数据。原告诉称被告对其数据库内容的实质性部分进行了摘录和再利用,而且对数据库内容非实质性部分也进行了重复与系统的摘录和再利用。然而,欧洲法院认为,数据库制作人的实质性的投资必须是针对在先存在的数据的收集与校正的,而不能是由数据库制作人通过自身活动创造的。在这起案件中,原告在其商业活动的过程中,已经获得有关不同赛马比赛的日程、时间、马匹和骑手的相关信息。原告投资在获得和验证这些信息的资金不能被看作为了利用这些信息组成数据库。因此,欧洲法院认为在获得、验证和输出数据库内容的过程中 British Horseracing Board Ltd. 并没有实质性投资。在 British Horseracing Board Ltd. v. William Hill Organisation Ltd. 案和著名的系列案件 Fixtures Marketing 案判决中,③ 欧洲法院大幅限缩了《指令》的适用范围,文本上显得较为宽泛的数据库权适用要件在实践中被欧盟法院采纳了狭义和限定的解释,从而大大减弱了

---

① See E. Derclaye, *Databases Sui Generis Right*:*Should We Adopt the Spin – Off Theory?* 9 Social Science Electronic Publishing 26 (2004).

② British Horseracing Board Ltd. v. William Hill Organisation Ltd., EU Case C – 203/02, 2004 WL 2709083 (2004).

③ 即 Fixtures Marketing Ltd. v. Organismos Prognostikon Agonon Podosfairou 案、Fixtures Marketing Ltd. v. Oy Veikkaus AB 案和 Fixtures Marketing Ltd. v. SvenskaSpel AB 案。

对数据库制作者的保护程度。与此同时，对于欧洲的数据库指令，主流意见大多怀疑它为数据库提供了过度保护，实际经济效果并未符合立法者的预期。[1]

3. 国内现状

国内将数据作为财产的研究理论，目前主要有以下几种学说。

（1）物权客体说

数据经济刚兴起的前期阶段，对数据属性的认识尚不清晰，只能作为权宜之计在现有体系中寻求对数据保护的方式，方法之一就是采用物权保护模式。具体包括两种做法：[2] 其一，物权客体保护的模式，比如，我国《计算机软件保护条例》规定，软件复制品的合法所有人对软件内容（数据）享有部分特殊权利内容；[3] 其二，物权方法保护的模式，比如电磁记录，我国台湾地区"刑法"最初就是将其拟制为"动产"，采用动产保护的方式予以规范，这样一方面坚持了"物必有体"的客体理论，另一方面又解决了电磁记录的法律保护问题。

（2）知识产权客体说

采用知识产权方式对数据进行保护的模式主要针对的是数据库。有学者认为，在数据库的制作过程中，需要对相关数据资料进行筛选、加工和编排，与现行著作权法中的汇编作品类似，且著作权法没有限定汇编作品的具体内容，

---

[1] Intellectual Property: Evaluation of EU Rules on Databases, http://europa.eu.int/comm/internal_market/copyright/prot-databases/prot-databases_en.html, 最后访问日期：2023年1月3日。

[2] 参见程建华、王珂珂：《再论数据的法律属性——兼评〈民法典〉第127条规定》，载《重庆邮电大学学报（社会科学版）》2020年第5期。

[3] 《计算机软件保护条例》第16条规定，合法持有软件复制品的单位、公民，在不经该软件著作权人同意的情况下，享有下列权利：（1）根据使用的需要把该软件装入计算机内；（2）为了存档而制作备份复制品。但这些备份复制品不得通过任何方式提供给他人使用。一旦持有者丧失对该软件的合法持有权时，这些备份复制品必须全部销毁；（3）为了把该软件用于实际的计算机应用环境或者改进其功能性能而进行必要的修改。但除另有协议外，未经该软件著作权人或者其合法受让者的同意，不得向任何第三方提供修改后的文本。

因此可以借用著作权法保护模式;① 也有学者认为,企业数据是专利权的客体,应当适用专利法进行保护;② 还有学者认为,数据库是邻接权的客体,与邻接权保护作品传播过程中的劳动、投资及技巧等目的比较接近,③ 可以采用邻接权模式进行保护。

(3) 财产权客体说

在国内,明确提出数据是财产的观点较晚,肇始于2009年前后信息财产理论的提出,④ 当时学界对信息作为财产权的客体进行了大量探讨,比较有代表性的研究角度包括三个:其一,信息财产是财产权利的客体,是利益化的信息资源,是一种新型财产;⑤ 其二,信息财产是固定于一定载体之上、能够满足人们生产和生活需要的信息,最典型的信息财产是计算机信息;⑥ 其三,信息可以成为财产,但应当满足一定的前提条件,包括信息收集行为合法、制作人花费金钱和劳动力编辑、制作形成数据库和信息产品。⑦ 明确提出数据作为财产的概念探讨,比较早的是2015年齐爱民教授提出的"数据财产权"概念,⑧ 之后陆续出现数据作为财产权客体的研究著述,数据已作为商品进行交易具有交换价值,数据的权利客体具有财产属性。⑨ 在立法层面,我国《民法典》第127条在紧接着人格权、物权、债权和知识产权之后,专门规定对数据

---

① 参见邱均平、陈敬全:《网络信息资源法制管理的比较研究——中、美数据库知识产权保护的比较分析》,载《知识产权》2001年第5期。
② 参见徐实:《企业数据保护的知识产权路径及其突破》,载《东方法学》2018年第5期。
③ 参见王超政:《论数据库的邻接权保护》,载《湖北社会科学》2012年第11期。
④ 参见王玉林、高富平:《大数据的财产属性研究》,载《图书与情报》2016年第1期。
⑤ 参见陆小华:《信息财产权——民法视角中的新财富保护模式》,法律出版社2009年版,第73页。
⑥ 参见齐爱民:《捍卫信息社会中的财产——信息财产法原理》,北京大学出版社2009年版,第53~54页。
⑦ 参见高富平:《信息财产:数字内容产业的法律基础》,法律出版社2009年版,第470页。
⑧ 参见齐爱民、盘佳:《数据权、数据主权的确立与大数据保护的基本原则》,载《苏州大学学报(哲学社会科学版)》2015年第1期。
⑨ 参见李爱君:《数据权利属性与法律特征》,载《东方法学》2018年第3期。

和网络虚拟财产的并列保护，实际上等于认同了数据上的权益是一种新型财产权益。① 实践中，数据可以作为商品进行交易，亦表明和印证了数据具有使用价值和交换价值，可以用来服务于人类社会。

（4）合法权益说

由于当前对数据属性的法律界定尚不清晰，有观点认为对快速发展的数据产业引发的数据纠纷，针对数据企业有违反诚实信用和有损公平竞争的行为，应当采用《反不正当竞争法》第2条一般条款进行保护。② 通过一般条款的保护，不仅能够解决当下成文法的不周延和滞后性带来的无法可依的尴尬局面，还可以对虽然没有明文规定但在实质上破坏竞争秩序的行为进行必要的法律评价，从而保护数据企业的合法权益。③ 也有学者认为，当前对数据权益采取反不正当竞争保护的模式，实质上是通过个案裁量进行的事后个案保护，没有统一的具体法益模式，存在明显不足，因而注定只能是一种过渡性选择，而非终极性办法，应当对《反不正当竞争法》进行修正，采用统一的数据专条模式进行保护。④

（5）数据资产说

依据2021年10月11日国家市场监督管理总局、国家标准化管理委员会《信息技术服务　数据资产　管理要求》（GB/T 40685—2021）关于数据资产的定义，数据资产是指合法拥有或控制的，能够进行计量的，为组织带来经济

---

① 参见程啸：《区块链技术视野下的数据权属问题》，载《现代法学》2020年第2期。
② 《反不正当竞争法》第2条规定："经营者在生产经营活动中，应当遵循自愿、平等、公平、诚信的原则，遵守法律和商业道德。本法所称的不正当竞争行为，是指经营者在生产经营活动中，违反本法规定，扰乱市场竞争秩序，损害其他经营者或者消费者的合法权益的行为。"
③ 参见李雨峰：《互联网领域不正当竞争行为的判定》，载《重庆邮电大学学报（社会科学版）》2016年第1期。
④ 参见孔祥俊：《论反不正当竞争法"商业数据专条"的建构——落实中央关于数据产权制度顶层设计的一种方案》，载《东方法学》2022年第5期。

和社会价值的数据资源。① 国内有学者也认为，如果数据能够给会计主体带来利益，数据的成本或者价值可以被可靠地计量，且推导出数据具备资产的条件，则可以认为数据资源即构成数据资产，② 以数据形式存在的无形资产都可以被认定为数据资产。③ 对于数据资产，应当赋予一种新型的数据权利——数据资产权，此种权利与传统财产权有别，但又接近于物权设计，具有绝对性和排他性，并且与工业知识产权有一定的相似性。④

在这些学说中，物权客体说和知识产权客体说是在传统权利体系框架内的解读，考虑了框架和逻辑的严密性，但是对于数据财产这种新型的权益形态，无法回应其本身固有的特性，如非消耗性、占有的非排他性等；合法权益说的理论解释是在当前数据保护权利立法缺失情况下的无奈之举，也未能充分考虑数据的特性及作出针对性回应，因而注定了这种方式只能作为权宜之计；数据资产说和财产权客体说的提出，虽然充分考虑了数据特性，也符合数据财产的价值生成逻辑，但遗憾的是，在数据权利类型的归类上未能进行理论纵深式的研究，缺乏精致的理论剖析。

对世性和可转让性是完整财产权的核心要义。对世性赋予权利人有权要求其他所有人不得侵占其财产的效力，可转让性赋予权利人通过处置财产实现收益的权利。无论对世性还是可转让性，因为财产权都产生了涉他效力，因而只能通过法律规定而产生，无法单独仅通过合同约定而产生。如果通过合同约定产生此种效力，则需要法律对财产权进行类型化，即"权利打包"。⑤ 我国现

---

① 参见 2021 年 10 月 11 日国家市场监督管理总局、国家标准化管理委员会《信息技术服务 数据资产 管理要求》第 3.1 条。
② 参见朱扬勇、叶雅珍：《从数据的属性看数据资产》，载《大数据》2018 年第 6 期。
③ 参见杜振华、茶洪旺：《数据产权制度的现实考量》，载《重庆社会科学》2016 年第 8 期。
④ 参见龙卫球：《数据新型财产权构建及其体系研究》，载《政法论坛》2017 年第 4 期。
⑤ 参见王涌：《私权的分析与建构：民法的分析法学基础》，北京大学出版社 2020 年版，第 260 页。

行法律对数据尚未明确规定可以作为财产，也未将其纳入某种财产权利类型，① 仅通过《民法典》第 127 条的引致性条款规定数据应受法律保护，这为学理上探讨数据财产权及其类型化留下巨大空间。有学者将数据财产权定义为包含数据经营权和数据资产权，数据经营权是可以收集、加工、使用数据的资格，数据资产权是一种排他性权利，可以对标知识产权、所有权；② 也有学者认为数据是新型财产，但未明确是何种财产权。③ 康芒斯在《制度经济学》中也坦言，在封建和农业时代，对财产的认知定位于有形体之物，在重商主义时期，财产可以是无形体的（如债务），在资本主义阶段的最近 40 年中，财产又成为可以自主定价的无形之物。④ 这表明关于财产权本质及其类型的理解是时代的产物，它是充满时代感且具有动态性的概念。数据作为一种全新类型的财产，其财产权益的变动如果在法律上要获得对世性和可转让性，应当有明确的法律规定，而不能通过单纯通过合同约定。在我国当前法律对数据权利及其类型缺少明确规定的前提下，就数据财产权益可转让性的解释可能需要另辟蹊径，从权利转换的角度寻求通过合同设定相关权利的合理性根基。

（二）从"所有"到"控制"：霍菲尔德理论对数据信托财产的启示

目前，国内在政策层面（尤其是"数据二十条"）回避了数据所有权的概念，在权益表现形态上突出强调数据资源的持有权、数据加工使用权和数据产品经营权，这为将来中国数据立法提供了新思路，在淡化所有权概念前提下的数据使用是数据要素流通的主旨和基调。然而，回归到法律语境下，一谈到数据财产权，仍然很容易使人联想到数据的"所有权"到底归谁拥有。我们不

---

① 《民法典》第 127 条规定，法律对数据、网络虚拟财产的保护有规定的，依照其规定。
② 参见龙卫球：《再论企业数据保护的财产权化路径》，载《东方法学》2018 年第 3 期。
③ 参见杨翱宇：《数据财产权益的归属判定》，载《重庆大学学报（社会科学版）》2024 年第 6 期。
④ 参见 [美] 康芒斯：《制度经济学》（上册），于树生译，商务印书馆 1962 年版，第 91 页。

得不承认，数据财产荷载的权益形态十分特殊，大陆法系所有权概念所强调的支配性、排他性、对世性等特征，在数据中难以一一准确对应。要深入理解和分析数据财产权的形态及其实现方式，必须另辟蹊径。

在讨论数据财产信托权利的过程中，霍菲尔德概念分析理论应是一个有用的分析工具。他在1913年和1917年发表的两篇同名论文《司法推理中应用的基本法律概念》中，[①] 对法律关系和基本法律概念进行了系统分析。霍菲尔德撰写这两篇论文并非形而上学的纯思辨游戏，而是出于对司法实践中权利用语的混乱的回应。在他看来，当时的法学家及法官对于信托和衡平利益的分析很不充分，法律推理中对基本概念的理解是混乱的，人们过于简单地理解法律关系的构成，只单纯地着眼于权利义务分析，而忽略了其他类型的法律关系。因此，对信托法呈现的复杂法律关系的拆解和分析正是霍菲尔德最初寻求"法律概念最小公分母"的动因之一。[②] 按照霍菲尔德的法律关系元形式理论，[③] 所有类型的权利在本质上都是法律关系，它具体体现为八个基本法律概念：权利（claim）、义务（duty）、特权（privilege）、无权利（no‑claim）、权力（power）、责任（liability）、豁免（immunity）、无权力（disability），这8个基本概念又可以组合为两组关系矩阵：关联关系、相反关系。具体如表3–1所示。

表3–1　8个基本法律概念关系

关联关系	权利 claim	特权 privilege	权力 power	豁免 immunity
	义务 duty	无权利 no – claim	责任 liability	无权力 disability

[①] See Wesley Newcomb Hohfeld, *Some Fundamental Legal Conceptions as Applied in Judicial Reasoning*, 23 Yale Law Journal 16 (1913); 26 Yale Law Journal 710 (1917).

[②] 参见王涌：《私权的分析与建构：民法的分析法学基础》，北京大学出版社2020年版，第224页。

[③] 参见王涌：《私权的分析与建构：民法的分析法学基础》，北京大学出版社2020年版，第132页。

续表

相反关系	权利 claim	特权 privilege	权力 power	豁免 immunity
	无权利 no-claim	义务 duty	无权力 disabiliy	责任 liability

每一种法律关系在元形式上都可以拆解为法律利益和法律负担两个方面，"关联关系"和"相反关系"可以用矩阵形式表示如图 3-1 所示。

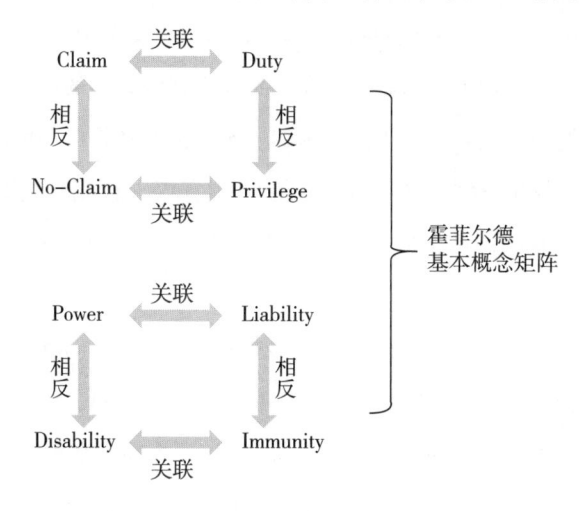

图 3-1 关联关系和相反关系矩阵图

对所有权概念的分析，应适用分析法律利益和法律负担方面的推理规则，即如果权利人可以要求世界上所有人不得侵犯其利益（claim），且其他人都有义务不得非法拥有该法律利益（duty），那么就可以推定权利人对该利益拥有所有权。[①] 循此理论，在分析数据财产权时，认定数据之上是否存在所有权也应当同时考虑四项因素：其一，数据利益应当具有稳定和确定的客观存在形式，哪怕是理念层面的也可以；其二，所有权应当包含了所有可能的与数据利益相关的权利集合（"权利束"）；其三，该权利集合能够对抗世界上所有人，

---

① 参见王涌：《所有权概念分析》，载杨振山、[意] 桑德罗·斯奇巴尼主编：《罗马法·中国法与民法法典——物权与债权之研究》，中国政法大学出版社 2001 年版，第 100 页。

即在效力范围上是对世的；其四，其他人不能合理证明自己拥有对数据相关的所有权益。如果不能证明同时满足以上四个条件，就不能认定数据之上存在所有权。

基于上述，对数据信托的财产权概念可以作以下理解。

1. 作为无形的电子化记录，数据财产难以被排他性地支配，无法在数据权利人和其他所有人之间形成 claim – duty 的关系。数据从一方转移到另一方之后，并不必然导致转出方的数据灭失，除非就存储数据的硬件设备进行格式化或其他技术处理。尤其是区块链技术的出现，强调数据的去中心化、分布式存储，用传统物权法思维强调对数据拥有"所有权"在当今的数字化时代显得不再合时宜。因而，无法被"所有"是数据在当今互联网时代面临的首个重要特征。

2. 在数据融合的情况下，难以确定数据被谁"所有"。以收集大量个人信息的数据平台企业为例，此类数据集合中包含了个人信息，个人对其拥有隐私保护的权利，但不能说这些数据是个人所有。[①] 平台企业为收集这些数据，付出了大量的劳动和成本，包括系统开发、数据存储、安全维护等，但也很难说这些数据完全属于企业所有，企业在应用这些数据时，仍然要承担不得侵犯用户人格性权利的义务。目前司法实践中，将这些数据归属个人和平台企业共有是常见的观点。在新浪诉脉脉案中，法院首次提出了"用户授权"+"平台授权"+"用户授权"的"三重授权"模式，即数据平台企业最初收集用户信息时，应首先取得用户同意，在数据平台企业向第三方平台授权使用其收集的数据时，第三方平台还应当明确告知用户其使用的目的、方式和范围等，再次取得用户的同意，[②] 之后在其他案例中也有仿效；这种做法对于解决有竞争关系

---

① 参见丁晓东：《什么是数据权利？——从欧洲〈一般数据保护条例〉看数据隐私的保护》，载《华东政法大学学报》2018 年第 4 期。

② 参见《北京淘友天下技术有限公司等与北京微梦创科网络技术有限公司不正当竞争纠纷案》，北京知识产权法院（2016）京 73 民终 588 号民事判决书。

的数据平台企业具有一定的合理性，但是对于个人与平台的权利边界划分仍然是一个问题，因为此种模式难以清晰界定数据共有权的份额或者比例。还有观点认为，平台一旦连接互联网，就意味着平台数据具备了公共属性，不为任何私人或企业所有。[1] 所以，在数字经济时代若不采用一事一议的场景化方式，要确定数据的所有者，几乎是无法完成的任务。

3. 强调数据的实际"控制"对于理解数据财产权更有操作上的现实意义。数据企业对数据到底享有何种利益形态，在实践中仍然表现为基于场景化面向的个案探索。梅夏英教授认为，企业对数据的控制是一种法律事实，并非一项权利，法律对这种事实控制状态予以尊重和保护是对信息自由的承认与尊重。[2] 但是，"控制"也并不总是带来正面利益，如果将数据进行公开能够为企业带来更多利益，企业也可能会选择对数据进行开放。可见，"控制"只是企业实现数据利益的一种过程性手段，"控制"不代表"保密"或"封存"，它是企业为最大化追求利于自身发展的市场竞争地位或经济利益的自主可控状态。强调"控制"还有一个好处，在当前立法对数据权属不甚明确的前提下，可以回避所有权问题，但同时也不影响对数据的使用和收益。在基于衡平法理念的信托实践中，强调使用和收益两项权能形式，对于信托受托人和受益人而言，已经很大程度上保证了信托目的的实现。

综上所述，鉴于数据的无形性、非消耗性、价值融合性和场景价值依赖性等特征，从现有物权、知识产权等角度已无法对数据财产所有权的本质进行合理解释。本书认为，应当从法律关系的角度理解数据财产，数据之上负载的利益不再有固定客体作为利益支点，事实控制已成为数据的利益表征。[3] 数据控制者对数据的控制，无须再强调"所有"的概念，有能力对数据进行"控制"

---

[1] 参见丁晓东：《数据到底属于谁——从网络爬虫看平台数据权属与数据保护》，载《华东政法大学学报》2019 年第 5 期。
[2] 参见梅夏英：《企业数据权益原论：从财产到控制》，载《中外法学》2021 年第 5 期。
[3] 参见梅夏英：《企业数据权益原论：从财产到控制》，载《中外法学》2021 年第 5 期。

即代表有资格享有由此带来的各种形式的收益。数据控制者基于对数据的"控制",可以要求其他人不得侵犯其数据权益(claim),并能够在数据进行处分后实现其数据权益(power),其他人则负有不得侵犯数据权益的义务(duty),并在数据控制者对数据进行处分后有义务承受其处分结果(liability)。故此,可以认为,数据的"控制状态"更接近民法上"权利能力"的概念,并不必然体现为实际利益的类型,只是为实现实际利益提供了一种基础或可能。当然,此种"控制"在当前数据信息技术背景下,首先体现为一种"物理垄断"的状态,具体表现为数据控制者可以通过密码学、存储介质、数据访问权限等多种手段对数据进行控制,其他人未获许可不得触达此等数据。其次,本书认为"控制"还应表现为一定程度的"法律垄断",这种"法律垄断"需要借由立法的明确规定才能赋予数据控制者以排他性的收益权利,对这部分内容本章将在第五节详细论述。

(三)数据信托财产的表现形态:基于衍生变量的数据标签

原始数据由于其信息的敏感性和内容的非结构化,可能存在数据干扰,无法被直接用于数据交易和满足特定化场景需求,必须对其进行清洗、加工和分类分级,经过数据治理之后形成的数据资源具有了新的使用价值和交换价值。作为数据加工使用和产品经营的基础权益载体,"数据标签"是特征数据,是数据流通实践中被广为采用的产品载体形态,也是交易各方的直接交易标的。

1. 数据信托语境下数据标签含义的考察

"数据标签"是数据应用领域的一种数据形态,是针对一个具体对象进行描述的数据产品。严格来说,数据信托财产指向的"数据标签"是基于"衍生变量"产生的,① 并非基于原始数据而产生。此"数据标签"是根据数据内容来描述数据的一种手段,代表了对事务状态的定性结论或观点,是通过人为给定的业务规则经机器深度学习和训练得出的业务规律,本质上是基于人为规则加工而成的高度凝练的特征数据集合,目前已经成为企业业务创新和数据治理的重要内容。"数据标签"在当前的数据交易实践中存在多场景的应用,举例来说:在信贷场景,通过对个人消费、信用、医疗等数据进行加工,输出的数据产品用于实现信贷精准风控;在保险场景,融合诊疗、医保、健康等数据实现保险产品精准设计;在医疗场景,利用诊疗信息、工作信息、社会活动信息等实现疾病筛查、健康管理等功能;在人工智能场景,作为大模型训练的基石,大量的数据注入和持续反复的数据深度学习,对提升模型能力、推动模型落地具有重大价值,因而也被广泛应用。"数据标签"概念最早于2005年起随着Web 2.0网络博客的应用而兴起,最初主要用于突出显示关键词条,方便用户索引和浏览感兴趣的条目,类似于关键词标注,具有短文本、语义化、可重复标记、指向明确、收敛性等特征,在数据萃取中具有极其重要的作用。②"数据标签"的内容和表现形态取决于数据模型和算法规则的设计。

之所以说数据信托财产的形式载体是基于衍生变量的"数据标签",是因

---

① 数据变量分为原始变量和衍生变量,原始变量是指直接储存到数据库里面的基础变量,例如消费者的每笔消费金额、消费时间等;衍生变量是指对原始变量进行加工处理和转换之后形成的变量,包括基于时间维度衍生、比例衍生、函数衍生等。在数据实践中,关于数据衍生变量并没有统一的标准尺度,或者就衍生变量的程度和层级分类进行界定,多数情况下指原始数据只要进行了加工(哪怕是简单的数据清洗、数据分类分级),即可视之为衍生的数据变量。故此,本书对数据衍生变量的应用,采用最广义的理解,即只要进行了一定程度的数据加工,均作为衍生变量。参见《数据分析概要及分析分析思路》,载CSDN, https://blog.csdn.net/weixin_48135624/article/details/114454321,最后访问日期:2024年1月6日。

② 参见李阿勇、税雪等:《数据标签研究与应用》,载《电力大数据》2020年第6期。

为此类"数据标签"已经脱离了原始数据的初级形态，是数据算法的输出物，[1] 而数据算法是由数据控制者依据场景需求开发出来的计算步骤序列，算法的结果使得原始数据表现出了数据增值的价值属性；依照洛克的劳动赋权理论，此类"数据标签"融合了数据控制者的智力劳动投入，这也从另一个侧面解释了数据控制者能够从数据价值增值中获取收益的合理性。但是，"数据标签"在表现形式上仅仅是被赋予了特定化含义的特征数据，它需要与特定场景相结合才能带来价值（也即"数据标签"应用），如果静态地观察此类"数据标签"，其也仅仅是一堆数字的组合，故此，称之为数据信托财产的形式载体。在 DAMA 定义的 DIKW 模型中，"数据标签"已经超出了"data"层面的含义，具备了"information"甚至"wisdom"的属性。数据信托财产之所以有价值，其本质核心也正是因为对原始数据进行加工和经营之后产生的该等增值效应，此增值效应恰恰对应了数据信托财产的实质内容——数据受益权。所以说，数据信托财产的形式化载体应是基于数据衍生变量生成的"数据标签"，而不是原始的、非结构化的数据。

在当前数据实践中，原始数据往往需要进行一系列的数据加工处理，方可形成能够进行场景化应用的"数据标签"（见图 3-2），这些"数据标签"的层级也是多类型的，按照递进顺序首先生成的是"事实标签"，用于对用户进行初步分群；在进行模型训练和进一步分析后生成"预测标签"，形成了用户画像的雏形；[2] 然后结合业务场景需求再生成"策略标签"，可用于决定对用

---

[1] 根据百度百科的定义，算法（algorithm）是指具体计算步骤的一个序列，常用于计算、数据处理和自动推理。精确而言，算法是一个表示为有限长列表的有效方法。算法应包含清晰定义的指令用于计算函数。算法中的指令描述的是一个计算，当其运行时能从一个初始状态和初始输入（可能为空）开始，经过一系列有限而清晰定义的状态最终产生输出并停止于另一个终态。载百度百科，https：//baike.baidu.com/item/algorithm/1581833？fr=ge_ala，最后访问日期：2024 年 1 月 6 日。

[2] 数据驱动的用户画像构建，聚焦于从人口自然属性、兴趣爱好、心理偏好和行为特征等维度抽取、描述和洞察用户需求，是实现精准营销的重要方法之一。参见陈添源、梅鑫：《多源数据融合的用户画像识别与推荐实证研究》，载《情报理论与实践》2024 年第 4 期。

户采取何种策略进行营销、推广或其他商业化决策。因而,由各类"数据标签"组成的标签体系,是当前大数据实践中"千人千面""大数据杀熟""信息茧房"等现象背后的真正成因,它一方面展现出了巨大的商业价值,另一方面也需要监管合规控制,防止带来不良影响。

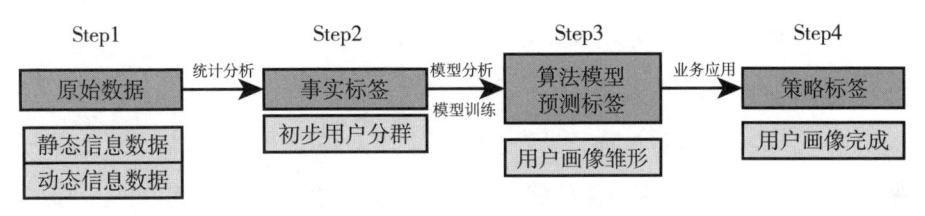

```
Step1                    Step2              Step3              Step4
┌────────┐   统计分析   ┌────────┐ 模型分析 ┌────────┐ 业务应用 ┌────────┐
│原始数据│ ──────────→ │事实标签│─────────→│算法模型│─────────→│策略标签│
└────────┘              └────────┘ 模型训练 │预测标签│          └────────┘
┌────────┐              ┌────────┐          └────────┘          ┌────────┐
│静态信息数据│           │初步用户分群│       ┌────────┐          │用户画像完成│
└────────┘              └────────┘          │用户画像雏形│        └────────┘
┌────────┐                                  └────────┘
│动态信息数据│
└────────┘
```

图 3-2 "数据标签"应用场景

2. 数据标签荷载的实质内容:数据受益权

基于衍生变量的"数据标签"本质上也是数据,只不过此数据非彼数据,被数据模型和数据算法注入了新的数据含义。本书认为,"数据标签"是链接原始数据和终端数据应用场景的桥梁,在价值实现上,"数据标签"对用户、信息、渠道等维度的画像,是数据直接进行场景化应用并产生倍增价值的根源。因而,掌控了"数据标签"即意味着具有数据价值实现的可能,"数据标签"的这种价值属性,其背后所代表的正是数据受益权。

关于传统信托财产受益权的性质,长期以来就一直存在"物权说""债权说""实质法主体说""特殊权利说"等学说主张,[1] 在这些学说主张中,"特殊权利说"比较有代表性和启发性,也十分符合数据财产的特殊性。按照该学说,信托受益权难以被完全纳入大陆法系的物权或债权,它应当被视为一种依据信托法创设的与股权具有类似特征的特殊权利,其内容、产生及行使,宜采用信托法的规定,但不能直接套用民法基本理论过分强调受益权的物权属性或者债权属性,从而避免对受益人的过分保护或者保护不周,以及可能对第三

---

[1] 参见赵廉慧:《信托法解释论》,中国法制出版社 2015 年版,第 423~431 页。

人带来的权益侵害。① 赵廉慧教授在论证受益权性质时，也赞同将信托受益权视为一种新型的独立民事权利。② 数据信托财产也是如此，正如前文所述，数据财产本身就是特殊的财产类型，无法被传统的财产权类型所涵盖，因此基于数据财产的信托安排，衍生出来的数据受益权也应是一种新型的特殊权利，既非债权，也非物权，无法归入任何一种现有的财产权利形态。

本书认为，数据受益权作为一种新型权利，其特殊性表现为以下四点：

第一，数据受益权具有"价值递增性"。其价值增值的实现依附于受托人的直接或间接管理行为，使数据产生了超出原始数据的收益性价值，形成"数据增量财产"，③ 如果没有受托人的管理行为，数据受益权的增值价值可能无法实现。

第二，数据受益权具有"价值时效性"。数据标签所代表的个人数据主体信息，随着时间的推进将会持续发生变化，昨天有应用价值的数据，今天可能价值全无，因而使数据受益权的价值在时效性方面表现出下降趋势。

第三，数据受益权具有"场景依赖性"。数据价值之所以诡变多端，根本原因在于数据应用的场景多元化，例如，某一消费者群体的数据标签，对于金融信贷场景、保险理赔场景、医疗保健场景，其价值大小显然是不同的。

第四，数据受益权具有"安全依附性"。它依附于计算机硬件和软件信息系统，是在数据安全、网络安全保障之下的受益权，故此，对数据信托受托人的信义义务、数据信义义务的公法规制具有较高要求。

---

① 参见周小明：《信托制度：法理与实务》，中国法制出版社 2012 年版，第 250 页。
② 参见赵廉慧：《信托法解释论》，中国法制出版社 2015 年版，第 428 页。
③ 参见文禹衡：《数据产权的私法构造》，中国社会科学出版社 2020 年版，第 275 页。

二、数据信托财产的独立性

信托财产独立性是信托不可或缺的核心要素。[1] 作为一种全新的财产权表现形式，数据在对世性、排他性等方面难以与传统物权相提并论，因而以数据财产设立的信托，其信托财产是否具有独立的法律地位，以及如何与委托人、受托人、受益人的固有财产相隔离，是数据信托中无法回避的问题。本书认为，数据信托财产成为独立的法人可能在现行信托法下具有难度，但不妨碍将其认定为受托人名下的特别财团或特别财产。此特别财产一方面独立于受托人管理的其他数据信托财产，另一方面也与委托人、受托人和受益人的固有财产完全区隔，并且应当受到数据信托最终目的和数据使用场景的限制。

数据信托财产的登记作为一种公示制度，其目的是展示数据信托财产的独立性。基于数据的无形性和无限可复制性，采用区块链技术进行登记、公示是当前能够保证数据财产独立性的重要手段。关于数据信托财产的登记公示效力，应当采用登记对抗主义的模式，而非登记生效主义的模式，这对于保证数据要素流通的效率和安全是必要且可行的。

（一）数据信托财产能否独立："法人说"与"双财团理论"之比较

1. 数据信托财产能否成为"独立法人"

《日本信托法》整体上不承认信托的法人资格，但受托人任务终止时，信托财产可以被视为"法人"。四宫和夫教授认为，信托财产不仅可以作为权利客体，还可以被假定为独立于受托人的实质上的法律主体，此即"实质的法主体说"。[2] 英美法中，由于没有财团法人的概念，对于基金和信托等商事组

---

[1] 参见［日］新井诚：《信托法》（第4版），刘华译，中国政法大学出版社2017年版，第61页。

[2] 参见赵廉慧：《信托法解释论》，中国法制出版社2015年版，第213页。

织形式都认可其主体资格，一些以营利为目的的信托许多都被授予了法律人格。[①] 国内也有学者主张商事信托法人化，其与公司法人具有相似性，两者在组织架构、决策机构、执行机构等方面并无结构性差异。[②] 从法人基本原理来看，作为一个"法律上拟制的人"，法人应当有自己独立的财产，具有独立的权利能力和行为能力，能够以自己的财产作为责任财产独立承担经营产生的债务和责任。数据信托财产如果也能够成为具有独立资格的拟制主体，意味着：(1) 数据信托的受托人仅以数据信托财产为限向第三人承担责任，因对数据财产的融合、加工、使用等产生的违约责任或侵权责任，只能由数据信托财产独立承担，而不会波及数据受托人；(2) 数据信托财产要有独立的决策机构、执行机构，能够独立就数据的加工使用和产品经营作出独立决策并予以执行。但事实上，数据信托财产在法律地位上与资管产品具有一定的相似性，它作为被动的财产形态，从委托人自有数据财产分离出来后需要受托人的积极型管理，融入了受托人的智力和智慧（尤其是通过"联合建模"输出的数据标签作为数据信托财产的情况下，受托人作为模型开发者，对数据信托财产的形成具有很大贡献），很难下结论认定数据信托财产本身完全摆脱了受托人的管控，从而认为数据信托财产具有独立的责任能力。同时，数据信托财产作为无形的财产权形态，也不可能拥有自己的决策机构和执行机构，所有这些职能都是由受托人完成。故此，认定数据信托财产属于"实质的法主体"，与法人的特征不符，也不具备实践基础。

2. "双财团理论"对数据信托财产的启示

"财团"是源自罗马法的古老概念。[③] 一般情况下，它是指民事主体拥有的所有财产和承担的所有责任之集合。一个人通常只有一个财团，但有时也可

[①] See Langbein, *The Secret Life of the Trust: The Trust as an Insttrument of Commerce*, 107 Yale Law, Journal 183 (1977).

[②] 参见王钊阳：《论商事信托的法人化》，中国财政经济出版社2023年版，第150页。

[③] 参见薛波等：《元照英美法词典》，法律出版社2003年版，第1035页。

能同时拥有仅服务于某个目的的财团。① 前者可称之为"一般财团",它是民事主体财产性权利和义务的集合,例如房产、股票、银行贷款等;后者可称之为"特殊财团",它仅为特定目的而存在,例如破产财产、抵押物、夫妻共同约定的特定财产、信托公司发行的资金信托产品等,这些特定财产的用途及责任范围被进行了明确锁定,独立于"一般财团"而存在。"双财团理论"对许多国家和地区的信托立法产生了重要影响,包括《魁北克民法典》《意大利民法典》《国际信托公约》等,② 在《欧洲信托法原则》中,第1条开宗明义地指出,受托人持有的信托财产是独立的,它与受托人自有财产相分立,以确保信托财产免受受托人的债权人、配偶的干预。③

"双财团理论"对解释数据信托财产的独立性有重要意义,当前数据理论研究和实践中争论不休的数据权属确定问题,难以达成共识的重要原因就在于我们仍然基于"所有权"思维解释数据归属问题,存在"路径依赖"式的思维定式,而数据本身是一种极其特殊的权利形态,诸如数据描述的对象、数据产生和存储的硬件设备要求、由"小数据"聚变为"大数据"之后的数据价值倍增效应、数据价值的多元化场景依赖性等要素,使数据价值表现出高度复杂的诡变性,如果继续强调"数据所有权",不仅耗时,而且没有意义。"双财团理论"提供了数据信托财产管理的合理分析框架,在不确认数据权属归属的情况下,为数据受托人行使数据管理权、对数据收益进行分配等行为提供了合理的依据,有利于聚焦数据要素的流通和应用进行灵活的财产权结构配置,而这正是信托机制的独特之处。正如卡尔·拉伦茨所言,将财产进行区分

---

① See George L. Gretton, *Trusts without Equity*, 149 International and Comparative Law Quarterly 599 (2000), "With the explanation of trust as patrimony everything falls into place", at 612.
② 参见赵廉慧:《信托法解释论》,中国法制出版社2015年版,第207~211页。
③ 参见〔英〕D. J. 海顿:《信托法》(第4版),周翼、王昊译,法律出版社2004年版,第16页。

对财产管理人的处分权、使用权及债务责任的发生等都具有特定的意义。[①] 想必这也是数据立法对数据权利进行明确分配之前,能够将数据进行合理流通交易的最简单有效的解决途径。不过,问题可能还没有彻底解决,即如果承认数据信托财产自身的相对独立性,未来信托终止后数据信托财产如何进行处置? 是进行数据还原拆分、数归原主,还是彻底销毁删除,抑或将其作为"公物"归国家所有? 恐怕还需要理论的持续研究和实践的持续探索。

以"双财团理论"解释数据信托财产的独立性,在会计处理上有规范性文件的支持基础。根据2022年5月25日财政部印发的《资产管理产品相关会计处理规定》,资产管理产品的会计确认、计量和报告仍然应当遵循企业会计准则,其管理人应当以所管理的单只资产管理产品为主体,独立进行会计确认、计量和报告。这意味着,管理人的固有财产与资产管理产品在权属上是分开的,资产管理产品的盈亏及债务不会连带影响管理人的固有财产,管理人的债权人也不得要求以资产管理产品作为责任财产偿还管理人的债务,从而使资产管理产品表现出了一定程度的独立性,数据信托财产也完全可以比照采用此处理方式,在实际操作中也更容易被接受。

(二) 数据信托财产与各方主体财产之间的区隔

1. 数据信托财产独立于委托人及其债权人

作为信托财产的数据衍生变量,一旦生成之后即应独立于委托人,不再属于委托人数据财产的范围,委托人的债权人也不得对其申请强制执行,从而和委托人的破产风险也隔离开来。核心原因在于以下几点。

(1) 数据信托财产并非委托人原始持有的各类数据,而是以原始数据为基础,经过受托人的数据模型加工处理之后生成的数据标签或变量,与原始数

[①] 参见〔德〕卡尔·拉伦茨:《德国民法通论》(上册),王晓晔等译,法律出版社2003年版,第417~420页。

据相比在信息内容方面具有新的数据含义。

（2）数据信托财产已经发生了转移，从委托人的数据库转移到受托人的数据库，在存储位置和形态上也有改变，这是受托人进行数据管理、数据产品销售的基础前提。如果承认数据信托财产仍然归属于委托人，将会给数据信托机制造成混乱，使受托人可能处置其无权处置的他人财产，从而造成侵权。

（3）数据财产信托并非"被动信托"或"名义信托"，数据受托人对数据信托财产的生成和管理投入了大量劳动，诸如单独或联合实施数据建模，依据数据需求方的要求对数据模型进行优化调整，从而能够生成数据信托标的物（数据产品），以及使模型输出的数据产品具有市场竞争力。如果承认数据信托财产仍然归属于委托人，可能也会在一定程度上侵害了数据受托人的合法权益，造成在权益归属方面的混乱。

2. 数据信托财产独立于受托人及其债权人

与传统财产信托一样，数据财产信托也体现了对于受托人的"破产隔离功能"。数据信托财产虽然在名义上归属于受托人，但是在实质上应当独立于受托人的固有财产。按照前述"双财团理论"，数据信托财产应当是独立于受托人的、具有特定功能和使命的特别财产。具体表现为以下两方面。

（1）强制执行限制所显示出来的数据信托财产独立性。数据信托财产基于原始数据衍生而来，但其中仍然包含数据主体的某些价值信息，受托人虽然通过建立数据模型生成了数据衍生变量，但不能因此就认定这些数据衍生变量自然归属于受托人所有。作为信托财产，数据衍生变量集合了个人数据主体、数据受托人，甚至第三方数据科技服务提供商的劳动和贡献，是作为综合性"权利束"而存在的新型数据财产。在此前提下，自然不能得出结论认为受托人可以完整地、不受限制地用数据信托财产偿还个人债务。并且，受托人承担的数据信义义务也不允许其为自己的利益使用信托财产，以及从数据信托财产获取额外报酬，否则即构成违反忠实义务。本书第四章"数据信义义务"将会对此详细论述。因此，数据信托财产应是独立于受托人自有财产的独立财产，受托人的债权人也不得对其申请强制执行。

（2）对数据信托财产本身强制执行的可行性分析。强制执行数据信托财产意味着数据衍生变量要发生移转，从受托人控制执行转移到申请执行人名下。但是，在国内现行数据安全、个人信息保护的法律规范体系下，数据转移受到严格的限制。按照《个人信息保护法》第22条的规定，个人信息处理者因合并、分立、解散、被宣告破产等原因需要转移个人信息的，应当向个人告知接收方的名称或者姓名和联系方式。接收方应当继续履行个人信息处理者的义务。接收方变更原先的处理目的、处理方式的，应当依照本法规定重新取得个人同意。在数据实际操作中，因强制执行而转移数据可能带来两方面问题：其一，经过加工之后的原始数据已经具有相当程度的脱敏性，去标识化程度越高，数据的个人信息属性越低，因此，数据衍生变量到底是否还属于个人信息仍需个案分析，所以在此情形下是否仍然要取得个人的同意和授权是待定的。如果结论是需要重新取得授权，在操作方面的成本和可行性仍然是决策重点。其二，作为信托财产的数据衍生变量，往往由于受托人的模型化定制而具有特定目的和场景的适用性，数据衍生变量转移给他人之后是否仍然具有价值也是未知数。到目前为止，国内也没有就数据变量进行价值评估的规范性文件，因此关于数据衍生变量被强制执行后的价值，缺乏客观公正的评估体系。

另外，按照信托法原理，数据受托人因受托管理数据信托财产对外产生的债务，应当由信托财产本身承担。但是，从当前较为成熟的数据征信实践来看，数据收益模式一般是"查得收费"或者"查询收费"，前者是以查询获取结果作为收费依据，后者则是无论是否获取预期结果均按查询次数收费的一种数据交易模式，一般情况下不会产生负债。故此，如果以数据作为信托财产，受托人进行管理时产生对外债务的诱因也就不存在，除非在数据需求端的个人客户提出数据侵权指控，可能会带来侵权责任风险，但数据流通场景又往往是从数据需求端由个人客户发起的，因而一般也不会存在侵权问题。除非个人客户认为数据产品的结果不真实、不客观，未能对本人作出正确评价，而这又是一个成因十分复杂的问题。故而，由于数据信托财产对外产生债务而被强制执行的场景，理论上可能存在，但实际上是不成立的。

3. 数据信托财产独立于受益人及其债权人

按照目前国内的数据实践以及本书的制度设想，数据财产信托应为自益信托，受益人同时也是委托人，只能依据信托文件向受托人请求数据收益支付，并没有针对数据信托财产的请求权。日本信托法中规定了受益权的性质为债权，可资借鉴。[①] 故此，数据信托财产为独立于受益人的独立财产，具有独立于各方当事人的性质，是不属于任何人的财产。即使受益人的债权人，也不得对数据信托财产主张权利。

三、数据信托财产的登记

信托财产登记是将财产设立信托的事实通过登记予以公示的制度。大陆法系国家的信托机制比较重视信托财产登记，这与信托机制的移植有关。作为信托制度起源地的英国，并没有信托财产登记制度。在信托效力上，英国衡平法有著名的"三个确定性要求"，即设立信托意图的确定性、信托财产的确定性和信托受益人的确定性，[②] 在对于受益人和第三人利益的保护上则遵循衡平法的知情原则和善意买受人原则。事实上，衡平法上双重所有权的制度和严密的责任架构使得信托受益人和第三人的安全能够得到足够的保障，间接实现了信托财产登记的作用。大陆法系国家中较早引入信托的是日本，日本旧《信托法》中规定的"信托的公告"制度是其信托登记制度的基础，该法第 3 条第 1 款规定："关于应登记或注册的财产权在信托时如无登记或注册，则无法对抗

[①] 参见赵廉慧：《信托法解释论》，中国法制出版社 2015 年版，第 226 页。
[②] 参见何宝玉：《信托法原理与判例》，中国法制出版社 2013 年版，第 64 页。

第三者。"① 其后，韩国和我国台湾地区相继确立了信托财产登记制度，我国《信托法》也就信托财产登记作了简单规定。

（一）我国信托财产登记的现状和问题

大陆法系国家设立信托财产登记制度，主要是出于信托财产转移确认、表彰信托财产独立性、保障受益人和第三人的利益，以及保护交易安全等目的。我国《信托法》规定的信托财产登记制度比较简略，目前仅有第10条对其进行了简单的规定,② 除此以外再无其他法律法规涉及，更无具体的操作实施细则。这导致我国的信托财产登记范围、登记机构及登记规则等都处于模糊或不明确状态。从实践效果来看，信托财产登记制度实际上是有其名无其实的尴尬难题。此外，信托登记制度在目前环境下还有以下问题需要关注。

1. 关于信托财产登记的效力模式

在大陆法系的日本、韩国，对于信托财产登记都是采取登记对抗主义，而我国的信托财产登记采取的是登记生效主义。按照我国《信托法》规定，信托财产登记是信托的生效要件。信托设立时，对于以法律、行政法规规定应当办理登记手续的财产作为信托财产设立信托的，应当办理法定登记手续。如果不办理，则信托法律关系不能生效，更谈不上对抗第三人的效力。对比大陆法系其他国家或地区的做法，我国采取的信托财产登记效力模式过于严格，关于信托财产登记的这一规定阻碍了信托制度功能的发挥，破坏了信托制度的灵活性，不利于信托被广泛运用于相关类型的资产管理。

2. 现有信托登记的述评

信托财产登记并非信托登记。2016年12月，中国信托登记有限责任公司

---

① ［日］中野正俊：《信托法判例研究》，张军建译，中国方正出版社2006年版，第71页。
② 我国《信托法》第10条规定，设立信托，对于信托财产，有关法律、行政法规规定应当办理登记手续的，应当依法办理信托登记。未依照前款规定办理信托登记的，应当补办登记手续；不补办的，该信托不产生效力。

（以下简称中国信登）成立，2017年8月25日原银监会发布《信托登记管理办法》，自2017年9月1日起信托行业正式启动信托登记试点。中国信登主要负责对信托产品及受益权信息进行登记，这与信托财产登记存在较大的区别。根据《信托登记管理办法》第9条规定，信托登记的对象是信托机构的信托产品及其受益权，登记信息包括信托产品名称、信托类别、信托目的、信托期限、信托当事人、信托利益分配等信托产品及其受益权信息和变动情况。信托登记的功能或目的是对已成立的信托进行合规有效的管理，不涉及信托的设立效力，信托登记的类型包括信托预登记、信托初始登记、信托变更登记、信托终止登记以及信托更正登记等。

这种以信托产品的管理和信托当事人权益保护为主的登记方式，虽然不同于大陆法系国家信托法中的信托财产登记，但在当前国内信托法治环境下，也算是符合中国特色的信托监管模式，尤其是采取了中心化的集中登记方式，在现有行政管理体制下能够更加自然地被各方接受。从未来数据信托的监管设想来看，数据信托登记可能与数据信托财产登记同时作为数据信托的基本机制设计，共同对数据确权和权益变动起到公信效力。只不过，两种登记并不必然要分开，数据自身的财产权属性在登记过程中也可能是以数据产品的形式进行体现。此外，还要考虑两类重要问题：其一，数据信托财产的登记是否有必要继续沿用《信托法》规定的强制登记生效主义，以数据信托财产的登记完成与否作为对抗第三人的要件是否足以保障受益人的利益；其二，是否有必要采用中国信登式的完全中心化的登记模式，借用区块链技术进行数据信托财产的登记，在数据财产权的确权和公示公信方面，是否更加符合数字化时代的虚拟资产特性，以及在效率和效益方面是否更加具有优势，等等。

（二）数据信托财产登记的效力模式选择

数据财产作为一种新型财产，以现有的财产权变动理论很难解释其权利变动的公示效力。数据交易实践中，有许多场景是数据供给方和数据需求方通过合同自主完成交易，无须借助第三方的登记确认数据财产的变动效力。而数据的交付方式也十分特殊，由于无形性和无限可复制性，数据的"交付"并不意味着数据原控制者对数据彻底丧失占有；同时，由于当前大数据技术的算法设计，交付之后数据如果已经被用于机器深度学习，也意味着撤回"交付"或者"返还数据"在事实上已经没有意义。因此，数据信托财产权的登记效力问题，应当考虑数据财产的特性进行认定。如果主要是为了证明数据信托财产的独立性，采用登记对抗主义的模式应该能够满足需求，原因有二：其一，数据交易当事人对数据流转都有明确的预期，不进行数据财产的登记不能对抗第三人，并且，通过意思自治达成的数据交易，除了涉及个人隐私及公共利益等考量因素之外，数据财产均处于当事人自主处置的范畴，只要没有影响合同效力的事由存在，法律无须干预；其二，以登记作为数据信托设立的生效要件，无助于数据财产的快速流转及价值增值。数据要素如同情报一样，具有时效性，在某些时点之外的数据，可能不再具有商业价值，而且在数据信托登记机构尚不明晰的前提下，强制要求登记作为生效要件事实上等于否定了数据信托。如果将数据财产登记作为决定数据信托有效与否的决定性因素，对于那些没有进行登记的数据信托，如何衡量和撤销数据已经被融合应用之后产生的价值增值？实践中似乎很难操作。因此，在未来的数据信托财产登记方面，采用登记对抗主义的立法模式相比登记生效主义的模式更加符合数据流通的特性，有利于数据更加方便可控地在数据供给方和数据需求方之间进行高效流转。

（三）数据信托财产登记的可行选择：联盟链技术

区块链（Blockchain）技术最初由"中本聪"（Satoshi Nakamoto）在2008年发表的奠基性论文《比特币：一种点对点电子现金系统》而广为人知，区块链是分布式数据存储、点对点传输、共识机制、加密算法等多种计算机技术的集成创新，其技术本质是分布式结构的数据存储、传输和证明的方法，用数据区块取代了目前互联网对中心服务器的依赖。区块链可以分为公有链、联盟链和私有链，它们之间的区别主要体现为节点数量的多少，在实务中许多人认为它们本质上都属于私链。公有链因为涉及代币问题，在国内目前是禁止的，行业中多应用私有链或联盟链。联盟链是由多个私有链组成的集群，由多个机构共同参与管理，每个组织或机构管理一个或多个节点，其数据只允许系统内不同的机构进行读写和发送。联盟链的各个节点通常有与之对应的实体机构组织，通过授权后才能加入与退出网络。各机构组织组成利益相关的联盟，共同维护区块链的健康运转。目前市面上流行的联盟链平台有 Hyperledger Fabric、Corda、Quorum 等，国内如蚂蚁链、BSN 联盟链、长安链、星火链、网易区块链、百度超级链等。联盟链具有以下特点，决定了其拥有较大的市场应用空间。

1. 部分去中心化。与公有链不同，联盟链在某种程度上只属于联盟内部的成员所有，且很容易达成共识，因为毕竟联盟链的节点数是非常有限的。在保障可信性的同时，也不至于完全失去监管。

2. 可控性较强。公有链的区块链一旦形成将不可篡改，除非达到51%的算力共识，这主要源于公有链的节点一般是海量的，比如比特币节点太多，想要篡改区块数据，几乎不可能。而联盟链，只要所有机构中的大部分达成共识，即可将区块数据进行更改。

3. 数据不会默认公开。不同于公有链，联盟链的数据只限于联盟里的机构及其用户才有权限进行访问，这对于数据安全具有极大的优势。

4. 交易速度很快。联盟链本质上还是私有链，因此由于其节点不多，达成共识容易，交易速度自然也就快很多。

基于上述原因，联盟链目前在商品溯源、版权保护、供应链金融、电子票据、资产数字化等领域具有广泛的应用。将联盟链技术应用于数据财产及其信托设立和管理的登记，当前技术环境下具有现实可行性。在数据财产的确权归属、权利公示和登记等方面，相比于现在的中国信登公司中心化模式更加符合数据资产的特性，效率更高、成本也将会更低。但是也应注意，如果数据财产中包含了大量个人信息，以及可能对公共利益、国家安全带来影响的数据，在数据访问权限设置、加密技术的选用、中心化监管节点的选择等方面，需要结合数据所属的行业特性（如医疗数据、金融数据、汽车出行数据等），在确保数据安全的前提下进行上链管理。

四、数据信托财产处分的逻辑前提

数据之上负载着多项权益，其中既包括财产性权益，也包括人格性权益，还有其他方面的权益。借用"权利束"的理念观察数据权益，可以认为它是多项权益的集合体，其中包含的单项权益可能来自多个法域，[1] 判定单项权益是否具有可转让性对于分析数据信托的结构及其财产范围有重要意义。从财产权变动的角度，可转让性应是财产的基本属性，然而不是所有的财产权都可以转让。财产权体现的是人与人之间的法律关系，具有相对性，[2] 故此，探析数据财产权是否可以因主体的变更而发生财产权的转让，以及可转让的数据财产权应当基于哪些前提性条件，应是讨论数据信托能否有效设立的基本前提。在本书讨论的语境中，讨论数据信托相关的数据财产权问题时，主要针对数据受益权，不涉及其他非财产性的权益形态。

（一）数据源的合法性

既然将数据视为财产，数据控制者对数据财产权进行转让时即应具备足够的处分权，才能产生相应的法律后果。从霍菲尔德的法律关系理论解释，处分权是一种"power"，能够通过人的自主意志可控制的事实，引起一种特定的法律关系发生变化，此种变化可以体现为对他人设定权利、设定义务。[3] 按照

---

[1] 参见王利明等编著：《民法典新规则解读与适用》，法律出版社2023年版，第160页。
[2] 参见王涌：《私权的分析与建构：民法的分析法学基础》，北京大学出版社2020年版，第270页。
[3] 参见王涌：《私权的分析与建构：民法的分析法学基础》，北京大学出版社2020年版，第84页。

大陆法系民法理论，处分是指权利的转让、权利的消灭以及在权利上设定负担或者变更权利内容的行为。处分行为要发生法律效力，处分人必须具有相应的处分权，否则可能导致处分行为无效。① 在物权变动法律关系中，动产以交付作为权利公示的方式，实际占有某物即推定占有人有权对动产进行处分；在知识产权变动法律关系中，尤其是其中的专利权、商标权，以登记作为权利公示的方式，权利登记人被推定为有权对专利和商标进行处分。但是数据由于其产生方式的不同，表现出与动产和知识产权不同的变动特性：判断数据控制者是否对其控制的数据拥有完整的处分权，既无法采用类似动产的方式通过数据交付进行权利推定，也没有数据登记部门对数据进行确权登记。因此，增加了对数据控制者是否有权对数据进行处分的判定难度，要解决此问题，应当从数据具体来源进行分析。

1. 原始取得数据的合法性

相比有形的物体，界定数据的原始取得有一定困难，根源是数据的无形性、无限可复制性。技术上，目前虽然可采用区块链技术，通过哈希函数的不可篡改性、可追溯性等，能够实现电子化记录的唯一化，但是受制于当前数据市场的庞大规模、存储成本及多元化应用场景，不可能在所有情况下都采用区块链技术对数据进行唯一化记录，这导致在事实上判定数据的原始取得有较高的成本。但有些场景下判定原始取得仍然是可能的，例如，自然人在办理银行业务时首次向柜台工作人员提交的个人信息，以及数据平台在用户注册时留存的个人信息等。

对于原始取得的数据合法性判定，国内外数据立法和实践中多采用的是"告知同意"规则。1970年，德国黑森州的《数据保护法》首次对数据取得时应当遵循的告知同意规则作出规定，目前已经成为绝大多数国家和地区数据保

---

① 参见［德］迪特尔·梅迪库斯：《德国民法总论》，邵建东译，法律出版社2013年版，第168页。

护立法中的基本规则。① 1974 年美国的《隐私权法》、1980 年《经济合作与发展组织关于隐私保护和个人数据跨疆界流动的指导原则》、欧盟 1995 年《个人数据保护指令》、欧盟 2018 年 GDPR 等文件中先后明确将告知同意作为获取个人数据时应当具备的合法性基础。我国 2012 年 12 月 28 日全国人大常委会发布的《关于加强网络信息保护的决定》、2021 年《个人信息保护法》第 13 条也明确规定了数据处理者应当取得个人同意作为数据处理的基本原则。②

不过，国内也有学者质疑，认为仅仅告知并获取数据主体的同意，不等于获得了数据主体对收集和使用其数据的授权。③ 各国"个保法"的立法初衷是对个人信息处理行为进行保护，而非对个人信息的保护，没有赋予个人对个人信息的决定权或支配权。④ 并且，如果将"同意"等同于"授权"，容易导致数据处理者（使用者）一旦获得数据主体的"同意"，就误认为具备在同意范围内使用个人信息的各种自由。因此，与交易捆绑的"同意"只是数据处理过程中的一个前置环节，它的意义仅在于数据主体表明"我知道你在使用我的数据"，不代表数据处理者在任何情况下都可免责。⑤ 故此，即使经过数据主体"同意"的处理行为，也仍然须遵守具体法律规定，且要公平合理，不

---

① 参见程啸：《个人信息保护法——理解与适用》，中国法制出版社 2021 年版，第 119 页。
② 《个人信息保护法》第 13 条规定，符合下列情形之一的，个人信息处理者方可处理个人信息：（1）取得个人的同意；（2）为订立、履行个人作为一方当事人的合同所必需，或者按照依法制定的劳动规章制度和依法签订的集体合同实施人力资源管理所必需；（3）为履行法定职责或者法定义务所必需；（4）为应对突发公共卫生事件，或者紧急情况下为保护自然人的生命健康和财产安全所必需；（5）为公共利益实施新闻报道、舆论监督等行为，在合理的范围内处理个人信息；（6）依照本法规定在合理的范围内处理个人自行公开或者其他已经合法公开的个人信息；（7）法律、行政法规规定的其他情形。依照本法其他有关规定，处理个人信息应当取得个人同意，但是有前款第 2 项至第 7 项规定情形的，不需取得个人同意。
③ 参见高富平：《同意≠授权——个人信息处理的核心问题辨析》，载《探索与争鸣》2021 年第 4 期。
④ 参见高富平：《论个人信息处理中个人权益保护——"个保法"立法定位》，载《学术月刊》2021 年第 2 期。
⑤ 参见高富平：《同意≠授权——个人信息处理的核心问题辨析》，载《探索与争鸣》2021 年第 4 期。

得侵害数据主体的其他权益（如人格性权益）。

这种质疑有一定的道理，从欧洲委员会于1981年制定的《个人数据自动处理中的个人保护公约》（以下简称《公约》）可以发现，《公约》既不承认数据主体对数据享有单一权利，也没有将"同意"明确为数据主体拥有的权利，而是将"同意"建立在基本人权之上，天然地假定数据处理者对数据拥有合法性基础。《公约》第5条第3款规定了数据处理的合法性要件：（1）处理目的应当合法；（2）处理行为具有合法性基础（数据主体同意或法律规定的其他合法事由）；（3）处理行为应当合法（比如公正、必要等）。[①] 我们国家的个人信息保护法没有像欧盟国家那样将数据权利作为宪法性的人权进行规范，但也从目的限定方面、处理方式方面对数据处理的合法性进行了规范，与《公约》对数据处理合法性的关注角度是一样的。[②]

数据处理在我国个人信息保护法框架下包括数据收集、存储、使用、加工、传输、提供、公开、删除等行为，以告知同意作为数据处理的基本规范，解决的只是在数据收集环节的合法性问题，它充分体现了私权神圣、意思自治的民法精神，是判定数据处理行为合法与否的基本规则（法律出于公共利益保护和公众秩序监管的考虑另有规定的除外）。除此之外，还需要关注数据处理其他环节的合法性问题，如数据使用、加工等，这些环节中应当遵循目的限定和处理方式合法的基本要求。告知同意规则是否能覆盖从数据获取到数据最终使用的全部流程，一方面要看告知的具体范围、内容和使用目的；另一方面也要结合数据处理行为本身的合法性要求进行判断。"一揽子"概括式同意、

[①] 参见高富平：《同意≠授权——个人信息处理的核心问题辨析》，载《探索与争鸣》2021年第4期。

[②] 《个人信息保护法》对处理目的和处理方式的限制性规定如下：第5条规定，处理个人信息应当遵循合法、正当、必要和诚信原则，不得通过误导、欺诈、胁迫等方式处理个人信息。第6条规定，处理个人信息应当具有明确、合理的目的，并应当与处理目的直接相关，采取对个人权益影响最小的方式。收集个人信息，应当限于实现处理目的的最小范围，不得过度收集个人信息。

默认同意等方式不仅不能起到全面保护数据处理者的作用，反而可能使数据处理者放松警惕导致数据处理不当行为的发生。①

2. 继受取得数据的合法性

继受取得数据是针对已经产生的数据进行转移的一种方式，也是数据流通的主要形态。以继受方式取得的数据，最大的问题是数据合规性是否被满足。数据继受取得的方式多样，常见的继受取得方式及其合法性问题主要包括以下四类。

（1）原始数据集交易

此种方式包括以 API 接口向数据需求方提供数据、黑灰产数据交易。此类交易的明显特征是数据未作加工处理，涉及的隐私风险高，其中黑灰产数据交易是赤裸裸的原始数据买卖，毫无疑问是违法的。通过 API 接口进行的数据交易，数据提供方与数据接收方一般通过签署协议进行数据交互，如果接收方违反协议超范围获取数据，可能会带来合法性问题，比较典型的案例是北京淘友天下技术有限公司等与北京微梦创科网络技术有限公司不正当竞争纠纷案件。② 在该案件中，北京微梦创科网络技术有限公司（以下简称微梦公司，系"新浪微博"运营方）与北京淘友天下技术有限公司等（以下简称淘友公司，系"脉脉软件"的运营方）签署《开发者协议》，约定双方通过微博平台 Open API 进行合作。一审中，微梦公司表示，根据《开发者协议》，淘友公司仅为普通用户，可以获得新浪微博用户的 ID 头像、好友关系（无好友信息）、标签、性别，无法获得新浪微博用户的职业和教育信息，但淘友公司违反了《开发者协议》，使大量未注册为脉脉用户的新浪微博用户的相关信息也展示

---

① 依据2019年11月28日国家互联网信息办公室、工业和信息化部、公安部、国家市场监督管理总局《App违法违规收集使用个人信息行为认定方法》第3条规定，实际收集的个人信息或打开的可收集个人信息权限超出用户授权范围，或者以欺诈、诱骗等不正当方式误导用户同意收集个人信息或打开可收集个人信息的权限，如故意欺瞒、掩饰收集使用个人信息的真实目的的，可被认定为"未经用户同意收集使用个人信息"。

② 参见北京市海淀区人民法院民事判决书，(2015) 海民（知）初字第12602号。

在脉脉软件中，且双方合作终止后，淘友公司仍使用大量非脉脉用户的微博用户信息。法院经审理后认为，第三方应用开发者通过 Open API 合作开发模式获取并使用用户数据时，应诚信遵守《开发者协议》约定的内容，充分尊重用户的隐私权、知情权和选择权，不得超范围采集和使用，遂判决淘友公司败诉，二审经审理后维持了一审判决。[①]

（2）脱敏数据集交易

此种方式主要是将原始数据脱敏后进行交易。依据《金融数据安全 数据生命周期安全规范》（JR/T 0223—2021）附录 C.2 条款规定，所谓数据脱敏，是指从原始环境向目标环境进行数据交换时，通过一定的方法（包括掩码屏蔽、截断、加密、散列、局部混淆等）消除原始环境中数据的敏感性，并保留目标环境业务所需的数据特性或内容的数据处理过程。数据脱敏是平衡隐私保护和数据商业价值的产物，通过实施数据脱敏，数据原有的敏感性被去除，但也同时导致数据价值的降低，尤其对于结构化和半结构化数据，同一数据表中字段之间有对应关系，如果脱敏算法破坏了这种关系，该字段的使用价值将不复存在。为了尽可能使二者兼顾，数据脱敏过程要求尽可能做到可配置性和可重现性。数据脱敏后，封装成 API 进行数据交易。国内目前上海大数据交易所和贵阳大数据交易所宣称通过此种方式进行数据交易，根据笔者的实地调研，通过此种方式进行数据交易的效果目前尚未达到预期。

（3）模型化数据交易

此种方式并非对原始数据的交易，而是通过数据加工或联合建模形成模型化数据（数据标签），并向需求方出售数据标签。数据标签是指在数据处理过程中为数据添加的一种附加信息，是数据控制者通过数据加工、联合建模等方式对原始数据进行处理之后的数据形态，加工程度不同，数据标签中所包含的

[①] 参见北京知识产权法院民事判决书，（2016）京 73 民终 588 号。

个人信息敏感度也不相同，它能够帮助人们更好地了解和分析数据。数据标签能够有效地帮助企业深入了解客户，收集和分析客户数据，提高企业的市场竞争力，因而成为当今大数据应用场景中比较常见的数据应用形态。在当今数据立法对数据流通形式尚不明确的情况下，对于何种程度的数据标签是可以交易的，立法和实践中尚无共识，基本由各家数据服务商自行掌握。本书认为，标签的可交易性取决于标签中包含的个人信息的敏感性，所谓敏感性，是指是否包含一旦泄露可能对个人信息主体带来人格损害或财产损失的可能性及其损害程度。敏感性越高，可交易性越低；反之亦然。在个人征信行业，数据企业对个人数据进行加工处理后，形成了基于个人信息的信用分值，且分值体系是由数据企业自行建立和维护，即使信用分值被泄露给第三方，也难以形成对个人的人身和财产损害影响，这种情况下的信用分值作为数据标签，即具备可交易性，也因其未违反现有的个人信息保护法、数据安全法及相关的规范性文件，从而使此类数据标签具备一定的合法性基础。

（4）通过网络爬虫获取数据

网络爬虫（Web Crawler/Spider）是一种功能强大的信息采集程序，也是搜索引擎的基础构件之一，是由机器模仿人的行为抓取数据的工具，可以针对互联网系统内的底层组织直接进行信息调取和信息处理，[1] 它最初适用于信息量爆炸式增长场景之下的搜索引擎技术，随之被广泛应用于更多领域。这本来是一项中立的技术，但由于不同程度网络爬虫的数据抓取行为，尤其是恶意违反 robots 协议获取对方平台数据的行为，使本应向善中立的技术定义悄然发生了异化，甚至在伦理层面被斥为"道德上可疑的并可被视为违法的技术"。[2]

---

[1] See Kathleen C. Riley, *Data Scraping as a Cause of Action: Limiting Use of the CFAA and Trespass in Online Copying Cases*, 29 Fordham Intellectual Property, Media & Entertainment Law Journal 245, 260 (2019).

[2] 参见刘艳红：《网络爬虫行为的刑事规制研究——以侵犯公民个人信息犯罪为视角》，载《政治与法律》2019 年第 11 期。

典型案例如在"魔蝎公司爬虫案"中,涉案大数据服务支撑商在未获取被爬取方同意的前提下,采取"模拟登录"方式获取用户社保、公积金等数据并出售给网贷平台,最终相关责任人员均被判侵犯公民个人信息罪。① 在网络爬虫的语境之下,构成入罪关键的"非法获取"指向"以违法性或破坏性手段获取""未经授权而获取""违背信息所有者真实意愿"等多种情形。② 从最近10年涉及网络爬虫的案件来看,在检索到的618例案件中,采用非法手段爬取数据主要涉及刑事犯罪类和民事侵权类两个类别,各自的详细信息如图3-3、图3-4所示。

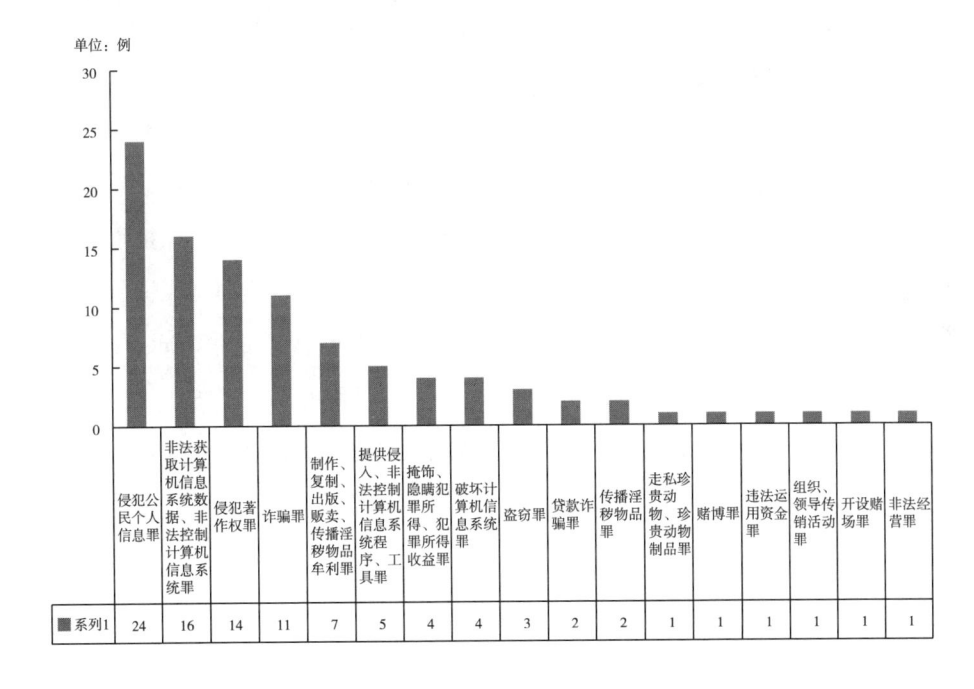

罪名	系列1
侵犯公民个人信息罪	24
非法获取计算机信息系统数据、非法控制计算机信息系统罪	16
侵犯著作权罪	14
诈骗罪	11
制作、复制、出版、贩卖、传播淫秽物品牟利罪	7
提供侵入、非法控制计算机信息系统程序、工具罪	5
掩饰、隐瞒犯罪所得、犯罪所得收益罪	4
破坏计算机信息系统罪	4
盗窃罪	3
贷款诈骗罪	2
传播淫秽物品罪	2
走私珍贵动物、珍贵动物制品罪	1
赌博罪	1
违法运用资金罪	1
组织、领导传销活动罪	1
开设赌场罪	1
非法经营罪	1

图3-3 2012—2023年爬虫类刑事犯罪罪名构成

---

① 参见杭州市西湖区人民法院刑事判决书,(2020)浙0106刑初437号。
② 参见宋行健:《滥用网络爬虫技术收集个人信息的刑法规制》,载《湖南科技大学学报(社会科学版)》2021年第4期。

图 3-4　民事侵权案件

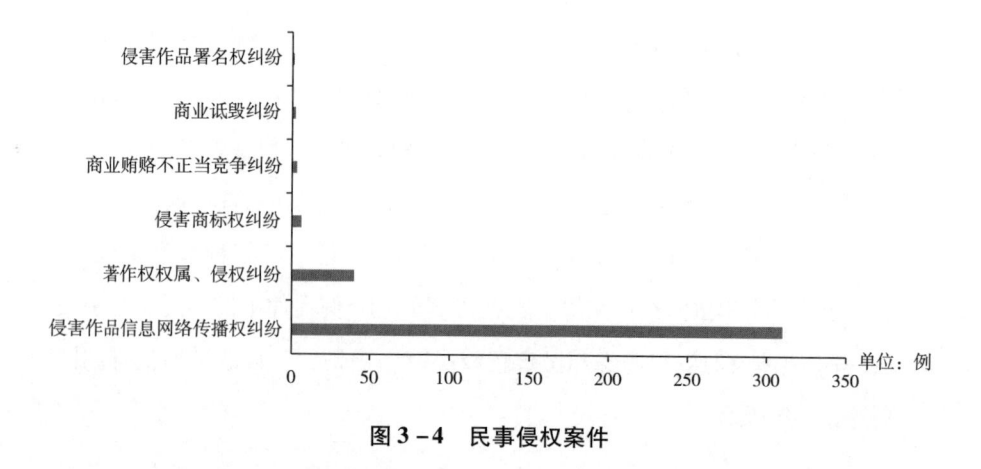

（二）数据伦理与科技向善

科技和伦理的关系是一个时代性命题。如今的数据科技极大地提高了生产效率，提升了人们生活的便利性，但除了效率和便利以外，和谐、人性和正义也是社会的核心价值关切。例如，"信息茧房"的出现致使人们仅能接收到被算法固定了范围的信息，"精准营销"使个人的行为画像、健康画像被一览无余地呈现在商家面前，美国 OpenAI 于 2022 年 11 月 30 日发布的 ChatGPT（全名：Chat Generative Pre-trained Transformer），更是使人工智能技术在替代人类完成某些特定工作的能力上令人震惊。科技本应是向善的，人作为目的而不是手段理应受到来自科技进步的惠泽，但不受伦理约束的数据科技将可能严重影响人们的正常生活。

对数据伦理问题的关注，最早可追溯到 1973 年美国"关于个人数据自动系统的建议小组"提出的公平信息实践原则（Fair Information Practice Principles，FIPPs），[①] FIPPs 最初从对个人信息赋权和对信息控制者施加责任两方面对数据处理行为提供了指导性意见，包括透明原则、目的限定原则、安全和保

[①] 参见丁晓东：《论个人信息法律保护的思想渊源与基本原理——基于"公平信息实践"的分析》，载《现代法学》2019 年第 3 期。

密原则等。其后，美国联邦贸易委员会及国土安全部提出了更为完善的 FIPPs 理论:[1]（1）数据从业者在收集数据之前应发出数据使用通知；（2）个人有权选择加入或退出数据收集；（3）个人有权查看和验证关于自身的数据；（4）数据从业者保证数据准确和安全；（5）确保此原则得到执行；（6）数据从业者应当表明数据收集的目的；（7）数据从业者仅收集业务所必需的最少量的数据；（8）数据从业者应确保数据仅用于被指定的目的。FIPPs 理论提出后，许多国家先后效仿，对欧洲和国际组织的个人信息保护及隐私立法也产生了深远影响，欧盟的 GDPR 及我国的《个人信息保护法》都沿袭了 FIPPs 的一些基本原则。[2]

各国 FIPPs 的不同主要体现为，对信息主体的赋权程度不同以及对信息控制者施加的责任不同。[3] FIPPs 提出的原则，有的通过立法具体化为法律条款，有的在伦理道德层面约束数据处理者。尽管有学者质疑信息主体赋权的实践效果和信息控制者承担责任的合理性，[4] 但不可否认的是，FIPPs 提供的理论框架对于探讨数据伦理的边界仍有指导性意义。根据查阅，自 2013 年之后 10 年内，国内对大数据伦理问题的研究文献主要集中在个人隐私、信息安全和数据异化三个方面。[5] 本书认为，在伦理方面评判数据财产权是否具有可转让性，既不可挂一漏万，也不能面面俱到，应当权衡数据伦理对个体价值、商业价值和公共价值的核心关切，为数据的流通价值和公共性价值留下空间。

---

[1] 参见周晓冬：《论大数据时代个人数据产权化的伦理准则》，载《南大法学》2022 年第 4 期。

[2] See Paul Ohm, *Broken Promises of Privacy: Responding to the Surprising Failure of Anonymizaiton*, 57 UCLA Law Review 1701, 1733 – 34 (2010).

[3] 参见丁晓东：《论个人信息法律保护的思想渊源与基本原理——基于"公平信息实践"的分析》，载《现代法学》2019 年第 3 期。

[4] 参见丁晓东：《论个人信息法律保护的思想渊源与基本原理——基于"公平信息实践"的分析》，载《现代法学》2019 年第 3 期。

[5] 参见凡景强、邢思聪：《大数据伦理研究进展、理论框架及其启示》，载《情报杂志》2023 年第 3 期。

1. 关于隐私和隐私保护

大数据和互联网的逻辑底座是开放和共享。没有开放,就不会有互联网的出现,没有共享,大数据的经济模式就无从谈起,自然,区块链技术、数字货币等也就没有存在的空间。但开放和共享是隐私的天然对手,隐私强调个人信息不被他人知晓、私人生活不被打扰,关乎个人的生活安宁和人格尊严。在"前互联网时代",数据存储和传播技术的落后,使数据被割裂、非结构化现象普遍,数据价值被封存。互联网普及后,随着电子化技术软件及硬件的发展,数据存储、传播和应用分析的水平越来越高,以前一文不值的个人数据,成为商家拓客和政府治理的"香饽饽",数据成为与自然资源、人力资源一样重要的战略资源,甚至上升为一个国家数字主权的高度。[①] 客观上,我们已经无法回到前互联网时代,无论我们是否愿意承认,数据开放和分享使得隐私空间越来越小,传统的小集团利益已经被打破,透明、公开的社会是建立在我们以隐私为代价换取的高效和便捷之上的。[②]

在此社会大背景下,我们如何看待隐私,又如何合理期待对隐私的保护呢?隐私权到底是信息控制权还是限制他人访问的权利,在学界争论已久且仍然存在分歧。康奈尔大学海伦教授认为,两种观点都有自己的价值,但在数字经济环境下不需要作出非此即彼的选择。她提出的"场景一致性理论",从道德和政治的维度对影响个人信息流动的新兴技术系统和实践作出了较为客观的评估。[③] 作为一个分析框架,场景一致性理论主要用于评估这些技术系统和实践在道德和政治上是否合法,这一理论假定了社会场景具有多样性,每个场景都有独特的规则控制信息的流动,尊重隐私绝对不是仅仅限制对信息的访问,

---

[①] 参见齐爱民、盘佳:《数据权、数据主权的确立与大数据保护的基本原则》,载《苏州大学学报(哲学社会科学版)》2015年第1期。

[②] 参见刘晓星:《大数据金融》,清华大学出版社2018年版,第47页。

[③] 参见[美]海伦·尼森鲍姆:《场景中的隐私——技术、政治和社会生活中的和谐》,王苑等译,法律出版社2022年版,第135~145页。

而是结合特定场景尊重信息的合理流动。前面提到的 FIPPs，对于确定哪些技术系统和实践会带来风险也是有用的指南，因为这些原则针对的是具体场景，对于判断其合法性和合理性具有直接的指引性作用。美国联邦最高法院在 Katz 案中提出的著名的"合理隐私期待"标准，也体现了在信息技术不断革新的时代对于新的社会情势的合理回应，① Harlan 大法官在该案中提出了合理隐私期待的双重标准：（1）公民对其隐私已经表现出真实的期待；（2）社会承认其期待是合理的。"合理隐私期待"对于场景化确认隐私的范围和标准具有十分灵活和针对性的作用。"场景一致性理论"和"合理隐私期待"在当下的数字经济时代，对于判断信息主体对自身隐私的期待具有重要意义，隐私不应当是简单地让他人不了解我们的信息，而是我们对自身信息的合理控制。因此，合理判断隐私范围，将隐私与具体场景相结合，有助于合理保护隐私的同时能够促进数据的流通。在当下，我们几乎已经成为"透明人"，我们过往的行为已经可能使一些数据控制者比我们更了解我们自己，在震怒之余，寻求隐私的合理边界或许更有助于我们与时代握手，当然，也包括容忍个人数据流通。

2. 关于数据安全

安全是人类与生俱来的本能需求，也因此被马斯洛置于生理需求之后的第二大需求。随着数字化时代的信息海量剧增，数据安全不再是仅仅关乎个人的问题，已经演化成为包含着经济利益、政治利益与社会利益的话题。数据安全作为网络安全的重要内容，不仅关系到个人利益、企业利益，而且直接影响着国家主权和安全。② 在数据实践中，数据控制者作为经济和社会运行的大量数据的实际掌控方，是回应数据安全问题的主要责任主体。落实安全保障义务、确保数据安全流通应当是数据控制者责无旁贷的义务，若无安全保障，数据流

---

① See Katz v. United States, 389 U. S. 347, 351（1967）.
② 参见付霞、付才：《新时代数据安全风险的法律治理》，载《长江大学学报（社会科学版）》2019 年第 2 期。

通不仅有损个人权益，也会影响自身经济利益以及国家安全。这些义务具体表现为：（1）硬件系统安全。数据控制者应当在数据的可信收集、安全存储方面履行法定或行业要求，包括系统安全认证、物理存储或云存储的安全保障措施等；（2）软件系统安全。在网关安全性、网络安全等级保护备案等方面数据控制者应充分履行保障义务；（3）管理和内部控制安全。数据控制者应按要求设置安全管理相关制度及岗位、对数据进行分类分级管理、设置与风险管理水平相适应的数据访问权限控制等。只有在安全性管理措施实施到位的情况下，进行的数据流通才是负责任的、安全的数据流通。

3. 关于数据正义

罗尔斯在《正义论》中开篇指出，正义是社会制度的首要价值，每个人都有基于正义的不可侵犯性。[①] 科因在论述正义原则的内容时，也提到正义应当覆盖契约严守、诚信原则、禁止损害他人以及双务契约中的等价原则。[②] 在当前数据经济方兴未艾、数据创新日新月异的时代背景下，个人在庞大的数据平台面前宛如蝼蚁，既无平等地位进行议价，也无技术能力对其进行有效监督和维权，正义问题成为相比以往任何时代都更为棘手和急迫的问题。另外，对数据控制者严苛的立法如果不能完全兑现，也会损害法的严肃性，影响数据正义的实现。有学者认为，数据科技能否进一步促进社会正义，也值得商榷，本质上属于社会的时代性悖论。[③] 从数据实践来看，数据正义应至少体现在以下三个方面：（1）充分保障知情权。数据控制者在消费者提供服务时，常见网站或 App 上展示了《隐私政策》，但这些文件内容一般晦涩冗长，且包含大量技术术语，消费者理解成本极高；一项调查显示，如果充分完整地阅读遇到的

---

① 参见 [美] 约翰·罗尔斯：《正义论》，何怀宏等译，中国社会科学出版社 1988 年版，第 1 页。
② 参见 [德] 卡尔·拉伦茨：《法学方法论》，陈爱娥译，商务印书馆 2003 年版，第 58 页。
③ 参见黎四奇：《数据科技伦理法律化问题探究》，载《中国法学》2022 年第 4 期。

每份《隐私政策》，每年将耗费 80 天时间，① 这在事实上剥夺了消费者真正的知情权。因此，探讨简明快捷的方式向消费者告知数据收集和使用情况，是杜绝将知情权架空、促进实现数据正义的重要方面。（2）保障公开和透明。"阳光是最好的防腐剂"，这是最基础的社会共识，不过，在数据领域却表现出相当的复杂性。诚然，个人信息主体有权知晓数据控制者对数据的处理，我们国家也颁布了一些文件要求数据算法公开、算法进行备案等，② 但是，算法作为数据控制者的核心商业秘密，完全彻底的公开会让企业失去竞争力，也会导致不再有企业愿意主动投入资源进行算法的研发。在保障数据公开和算法透明方面，应当遵循公平、正当、适度等原则权衡实现数据正义。（3）追责应张弛有度。我们国家当前在政策层面大力支持数据流通，本书认为，除了涉及国家安全、公共利益、个人的人身权益之外，公权力不宜过度介入数据相关的经济活动领域，涉及商事主体之间的数据经济利益纠纷，应由商事主体自行商定或通过诉讼仲裁等程序解决。交由理性的民商事主体自行决定有关数据的财产处分问题，正是民法上意思自治原则的体现，也体现了"咎由自取、咎由过失取"的民法基本理念。在数据追责问题上，法律应当是有温度的，正如拉德布鲁赫所言，法的规则之所以有效，是因为它们作为伦理规范而拥有道德的品格。③

（三）法律的强制性规范

不仅数据伦理涉及正义问题，而且合法性也是一种正义。④ 数据财产权可

---

① 参见周晓冬：《论大数据时代个人数据产权化的伦理准则》，载《南大法学》2022 年第 4 期。

② 参见 2021 年 12 月 31 日由国家互联网信息办公室、中华人民共和国工业和信息化部、中华人民共和国公安部、国家市场监督管理总局联合发布的《互联网信息服务算法推荐管理规定》。

③ 参见［德］拉德布鲁赫：《法律智慧警句集》，舒国滢译，中国法制出版社 2001 年版，第 11 页。

④ 参见［奥］凯尔森：《法与国家的一般理论》，沈宗灵译，商务印书馆 2013 年版，第 43 页。

转让的法理基础，本质上都是围绕正义而展开。法律是一种强制性秩序，凡是以法律形式固定的社会规则，都应当被遵守，一个国家就社会问题制定的法律，体现了立法者代表国家的基本意志，法律规范构成了特定价值判断的基础。① 因此，在数据财产权可转让问题上，应结合特定的国情和社会现状进行判断，凡是法律有明确规定不得转移的，应严格遵守相关规定。例如，2024年3月10日新修订的《人类遗传资源管理条例》第7条明确规定，外国组织、个人及其设立或者实际控制的机构不得在我国境内采集、保藏我国人类遗传资源，不得向境外提供我国人类遗传资源。②

五、数据信托财产处分的内涵要义考量

（一）数据信托财产处分的内涵和逻辑：基于财产权谱系的解读

在解决了数据信托财产的来源合规性及数据伦理等涉及数据财产处分的前置性问题之后，接下来要讨论的问题是，数据信托财产是一种什么性质的财产，在财产体系中应处于什么地位，从而判断其权属变动能否满足数据信托财产转移的要求。这又涉及两方面的问题：其一，数据信托的委托人对数据信托财产的控制仅仅是物理垄断还是同时构成法律垄断；其二，数据信托财产的转移应当被视为财产处分，该处分行为属于法律意义上的"许可"还是"转让"，如果认为构成"转让"，其内涵要义是什么。对这些问题的回答，从财产权谱系理论的角度会有更为清晰的认识。本书认为，委托人对数据信托财产的权益，应当归入财产权谱系中的第五类，即此种权益不仅具有物理垄断性，也有法律垄断性，委托人有权对其进行特殊的"许可"，此种"许可"是特殊

---

① 参见［奥］凯尔森：《法与国家的一般理论》，沈宗灵译，商务印书馆2013年版，第50~89页。
② 《人类遗传资源管理条例》第2条规定，本条例所称人类遗传资源包括人类遗传资源材料和人类遗传资源信息。人类遗传资源信息是指利用人类遗传资源材料产生的数据等信息资料。

的物理传授行为，在事实上已经非常接近于"转让"，但又不构成所有权意义上的"转让"，否则数据信托财产可归入大陆法系中"所有权"概念的范畴。这也恰好可以呼应前文所述从"所有"到"控制"的角度理解数据信托财产的含义。

1. 数据信托财产权的垄断性判断

如前所述，在数据信托语境下，信托财产的表现形态是数据标签，因此本部分的讨论直接以"数据标签"指代数据信托财产权，以便更加形象地论述其被数据信托委托人控制（垄断）的状态。在财产权谱系中，财产的垄断主要分为物理垄断和法律垄断两种，以下分述之。

（1）数据标签的物理垄断性

数据标签作为被赋予特定含义的数据，是可以被委托人实际控制的，并非任何人都可以触达，这也是它具有财产属性的重要原因。委托人对数据标签的这种控制主要是通过"访问控制"实现的，"访问控制"可以分为两个层次：物理访问控制和逻辑访问控制。物理访问控制如符合标准规定的用户、设备、门、锁和安全环境等方面的要求，通过物理空间的隔离和控制实现对数据访问的控制。而逻辑访问控制则是在数据、应用、系统、网络和权限等层面进行实现的，如登录密钥、身份加密系统 T–HIBE、安全分布式访问控制系统、数据存储和传输加密等，通过数据逻辑层面的触达权限实现对数据的访问控制。对于数据的这种类型的控制本质上是依赖人力所实现的物理垄断，使他人难以对数据标签进行触达和访问，因而与数据标签相关的权益也被牢牢掌控在数据控制者手中。在财产权谱系中，仅仅具有物理垄断性的利益，还不足以构成法律意义上的财产权。[①] 垄断者对利益拥有的只是一种 privilege，其他人则是无权利（no–right）要求垄断者不享有该利益，但其他人对利益也有 privilege，

---

① 参见王涌：《私权的分析与建构：民法的分析法学基础》，北京大学出版社 2020 年版，第 245 页。

只不过由于缺少物理垄断，在事实上无法享有此利益。数据标签完全符合物理垄断的此种特征。

（2）数据标签的法律垄断性

所谓法律垄断性，是指某主体依据法律规定对于特定利益享有排他性的权利，如专利权、商标权等。① 换言之，排他性的权利源自法律规定，而非前文所述的物理垄断。法律垄断性既可以借助私法予以创设（如法律对所有权的确认），也可以借助公法进行创设（如特许经营权），无论哪种方式创设的法律垄断性，其含义用霍菲尔德的术语进行解释，即为权利人对某项财产不仅享有占有的权利（privilege），并且对其他人处于无义务的法律状态（no-duty），其他所有的相对人则无权利（no-right）要求其不占有该项财产。应注意的是，私法创设的法律垄断性和公法创设的法律垄断性有一个核心区别，即前者的权利人可以要求其他人不得占有使用该财产（claim），但后者的权利人则无权这样做，这是由公法特殊的效力来源决定的。

从数据委托人掌握的数据来看，他所控制的数据一部分来源于个人用户的原始授权采集（初始数据），另一部分来源于自身对数据的加工和持续投入（加工数据）。在数据信托场景下，委托人往往需要就初始数据和加工数据进行进一步的衍生加工形成数据标签，才可以作为信托财产。在本书第二章讨论的数据授权体系中提到，用户在后端提供的补充性授权，实际上等于通过合同方式为数据控制者处理初始数据创设了合法性和正当性，因而初始数据的权利已经获得了法律层面的认可；对加工数据，数据处理者本身已经付出劳动，理应取得相应的权利。因此，数据处理者有权对数据标签进行占有和使用（privilege），其他人无权占有且无权要求数据处理者不得对数据标签进行占有使用（no-right），在其他人对数据标签实施侵权行为时（如窃取、篡改、破坏

---

① 参见王涌：《私权的分析与建构：民法的分析法学基础》，北京大学出版社2020年版，第245页。

第三章 数据信托财产

等），数据处理者有权要求其进行赔偿（claim），侵权行为人也必须对数据处理者的诉求进行回应并在构成侵权时，应当进行赔偿（duty）。更进一步讲，数据处理者有权对数据标签进行商业化处分（power），将数据标签向数据需求方进行传授，使数据需求方能够因使用数据标签而承担由其带来的法律后果（liability）。由此可以看出，数据标签所荷载的这些权利特性，已经超出了物理垄断范畴，也不再是简单的商业秘密，能够因其使用而为相关方带来利益，此种利益也能够得到法律的认可，具有专属性、排他性，从而表现出了法律垄断性的特征。

本书还进一步认为，数据标签的此种法律垄断性不仅仅是经由私法创设的，公法也参与创设了数据标签的法律垄断性，具体表现为：国家通过向进行数据处理的受托人发放经营牌照，使他们有权进行数据加工和使用，但同时由于数据的广泛复制性，其他数据处理者如果也实际控制大量数据且符合经营牌照的管理条件，也有机会担任管理人，对数据进行加工使用和数据产品的经营。这种情况下的法律垄断性，并没有赋予数据受托管理人以排他性的处理权，他们无权要求其他数据管理人不对数据进行加工和使用（no-claim），享有该权力的应该是拥有经营牌照审批权的国家数据管理部门。

2. 数据财产权转让的内涵

本书认为，数据财产权转让的法律形式是数据占有主体的变动，或称数据访问权、控制权的交付，但法律实质是数据受益权的变动。如同证券化的权利一样，证券本身并无价值，但证券所代表的权利能够为持有人带来经济性利益。对数据的实际占有和控制，是基于数据控制者对数据进行加工处理之后的物理垄断状态，由此形成的垄断利益在排他性和垄断性方面，使数据具备了财产权特征，但它是不稳定的，数据控制者主动或被动地失去实际占有和控制地位时，垄断利益将随之消失。因此，数据控制者与数据需求方之间就数据进行的转移占有和控制，是否为财产法意义上的"转让"，抑或仅构成"许可"，应是数据财产权变动的实质性问题。

(1) 关于许可和转让

在英美普通法系传统中,许可和转让是被严格区分的。许可是在许可人和被许可人之间创设的一种"不诉合同",即如果被许可人侵犯了许可人的财产权,许可人将豁免其侵权行为,不起诉追究被许可人的法律责任。而转让则是权利人将整体权利让与给他人。① 按照霍菲尔德的法律关系理论,② 许可和转让其实都是权利人行使 power,为他人设定权利的行为。不同之处在于,许可实施之后原许可人仍然没有退出法律关系,只是在许可期间权利受到一定程度的限制,被许可人有权向许可人提出 claim,要求不得干涉对许可权利的行使;在许可期满后,许可人的权利又恢复至完满状态,恢复"弹力",此时被许可人将失去 claim。但转让则不同,权利人转让权利后将彻底"出局",对被转让的财产不再有任何 power、right 及 claim,受让人获得了无期限限制的完整权利。

数据作为无形财产之一种,其权利变动也可以从著作权角度对许可和转让进行进一步的理解。美国在 1976 年《著作权法》(修正案)之前,采纳了著作权的不可分割理论。③ 该理论认为:著作权是统一整体,无法被分割成为更小的单元。换言之,著作权只能整体转让,其中任何一项权能的转让在本质上都是许可。该理论由美国最高法院在 Waterman v. Mackenize 案中提出,④ 其背后的司法理由是,保护侵权嫌疑人免受众多诉讼困扰,以便限制诉讼。起初,

---

① 参见王涌:《私权的分析与建构:民法的分析法学基础》,北京大学出版社 2020 年版,第 250 页。

② See Wesley Newcomb Hohfeld, *Some Fundamental Legal Conceptions as Applied in Judicial Reasoning*, 23 Yale Law Journal 16 (1913–1914).

③ 参见王涌:《私权的分析与建构:民法的分析法学基础》,北京大学出版社 2020 年版,第 265~266 页。

④ 138 U. S. 252 (1891). See Vanatta, *Indivisibility of Copyright – An Obsolete Doctrine*, 37 University of Colorado Law Review 95 (1964).

该理论没有引发不公平，因为当时的著作权范围非常有限，唯一被有效使用的是复制权。但是，随着媒体技术的发展，该理论越来越受到挑战。因为需要单独交易的著作权权能扩展到了改编权、出版权、表演权等权利形态。因此到1976年修改《著作权法》时，便在第201-2条规定了著作权中的各项基本权能都可以单独转让，承认了著作权的可分割性原则，使各项独立的著作权权能分立出来成为新型财产权形态。① 我国现行《著作权法》也规定，除了著作人身权不可转让外，著作财产权的各项权能既可以全部转让也可以部分转让，采纳了与美国法相同的著作权可分割性理论。②

在当前我国法律体系下，数据面临的问题比著作权复杂，其中一个原因是数据的权利并未法定化，更未类型化，数据权利的边界至今模糊不清。因此，无法论及权利的完整性问题，采纳"许可"来解释数据权利的变动似乎有可行性，但电子化数据本身固有的无限可复制性、不可消耗性等特征，决定了"许可"的撤回与否不会对被许可人带来实质性影响。只要将数据对外完成"许可"，数据控制者事实上已经失去对数据的控制，再谈收回"许可"在事实上已失去意义。如果采纳"转让"来解释数据变动，可能需要区分具体转让的对象或客体，单就数据本身而言，电子化记录的转让是无法被感知的，在形式上转让电子化记录而不做价值应用，则"转让"是没有意义的。

（2）数据财产权转让的客体

有观点认为，数据财产权的客体是符号意义上的数据，与信息和物质载体明确区分；③ 还有观点认为，企业数据财产权的客体不仅包括原始数据集合，

---

① See Eloit Groffman, *Divisibility of Copyright: Its Application and Effect*, 19 Santa Clara Law Review 171 (1979).

② 需要注意的是，按照我国著作权法规定，即使是允许转让的作品，作品原件的交易也不会导致著作权的全部转移。参见我国《著作权法》第20条规定，作品原件所有权的转移，不改变作品著作权的归属，但美术、摄影作品原件的展览权由原件所有人享有。

③ 参见钱子瑜：《论数据财产权的构建》，载《法学家》2021年第6期。

还包括基于原始数据集合的衍生数据产品;① 也有观点回避数据财产权客体的概念,从财产权益的角度辨析数据财产权,并以个人信息权益优先和公共数据使用的合理限制为视角,将数据财产权益划分为四个类型,② 即不承载个人信息的非公开数据、承载个人信息的非公开数据、不承载个人信息的公开数据、承载个人信息的公开数据,从利益冲突和权益限缩方面对数据财产权进行归类,但未明确数据财产权所指向的对象及其最终形态。本书认为,基于数据来源及其构成的复杂性,使数据财产权的客体及最终指向的利益形态表现出相当程度的复杂性,具有明显的多因素依赖性特征。对数据财产权及其转让的客体,应当结合数据本身的特性进行理解,在形式上,数据转让应体现为一定的标签体系(如标签可指向对个人数据主体的信用评分或评价等);在实质上,数据转让应当是数据受益权的转让。理由如下。

首先,数据是符号意义的电子化记录,强调将数据本身作为数据财产权的客体不能准确反映数据的价值产生形态,也不能对数据负载的价值流转过程进行准确描述,徒增对数据财产权的理解难度。如同纸质的公司股票一样,股票本身并无价值,但股票所代表的股东权利使股票持有人能够对公司主张行使分红权、表决权、查账权等具体的权能形态,股票与这些权能形态之间是形式和内容的关系。现在的无纸化股票,也体现为电子记录,但这些记录与股权的权能形态之间的关系仍未发生改变,拥有电子化的股票记录仅代表拥有股东资格,与股东利益的实际实现之间仍有程序性距离。数据与数据所代表的财产权之间也具有类似的关系,单纯的数据作为记录本身并无价值,因此将数据作为数据财产权的客体,脱离了数据价值的产生本质。

其次,无论原始数据集合还是衍生数据产品,也都不是数据财产权的客

---

① 参见黄文杰:《论企业数据有限财产权》,载《宁夏大学学报(人文社会科学版)》2022年第5期。

② 参见沈健州:《数据财产的权利架构与规则展开》,载《中国法学》2022年第4期。

体。从数据产生价值的机理来看，数据价值对使用主体、使用场景、使用时限具有极强的依赖性。举例而言，在数据使用主体方面，医院的患者数据，对药品研发者具有极高价值，可以据此改进药品的配方和疗效，但是对于征信机构可能并无太多价值；在使用场景方面，消费者通过使用第三方支付服务而留存在支付机构的个人数据，在判定消费者的财务状况和支付能力方面可能有较大价值，但在疾病预测、个人喜好方面并无太大价值；在数据使用时限方面，留存时间越久，其价值性越低，尤其是个人消费行为数据。此外，数据的数量和质量也对数据价值有很大的影响。故此，如果不结合数据价值的依赖性因素，单纯以原始数据集合或者衍生数据产品形式存在的数据，难以判定其价值大小，数据定价也无章可循，不适合作为数据财产权的客体。

最后，即使数据集合及其衍生产品完全相同，数据财产权益也应是多元的、不固定的，对数据进行使用所带来的价值亦是动态变化的，这由数据产生价值的机理复杂性所决定。由此推断，数据财产权所对应的客体不具有固定性，与传统物权法对物权客体的认知完全不同，与知识产权法中商标、专利等无形财产权的客体也有很大差别。本书认为，理解数据财产权所对应的客体，可参考采纳英美法中的法律关系理论，在不同的具体法律关系中，交由当事人在法律允许的范围内自行约定。举例来说，第三方支付机构通过为自然人客户提供约定场景的支付服务，收集了大量的四要素信息（姓名、身份证号、手机号、银行卡号）支付交易信息等，这些敏感的个人信息，如果通过合法途径（如重新取得数据主体的授权、隐私计算、联邦学习等，后文在涉及数据信托模式选择时将详细展开）能够对个人信息进行使用，则使用的场景至少可以包括将敏感信息用于个人征信从而帮助个人向金融机构申请贷款、将信息用于个人行为画像从而帮助产品销售方实现精准营销、将信息进行加工处理后出售给保险公司用于保费费率政策的精准制定等。在这些场景中，个人征信报告、客户购买率、保险公司的费率提升幅度收益等，都可以作为数据财产权益的客体用于确定交易双方的定价基准和权利义务分配安排。显然，数据集合及其衍生产品自身的价值是通过下游的场景使用实现的，它们本身仅代表一种价值实现的可能性或者使用者的使用资格，并不体现价值的现实性和确定性。

3. 数据财产权转让的逻辑结构

数据财产权的转让应是基于数据应用产生的收益权的转让。按照霍菲尔德的法律关系理论，此项转让行为包含两层法律关系：[①] 第一层是 power – liability，即数据财产权转让人（数据主体或者数据控制者）对数据具有处分的权力（power），该处分行为对他人能够产生法律效力，表现为处分后数据接收方有权利拥有由于数据使用带来的收益，该处分行为对数据接收方有效。第二层又包括两种法律关系，即 privilege – no – claim，duty – claim；就第一种 privilege – no – claim 法律关系而言，数据财产权转让人拥有处分或者不处分其控制的数据的自由，数据接收方则无权利要求数据控制者不对数据进行处分或者不处分，这种法律关系有一个基本前提，即数据主体或数据控制者对数据拥有完整的、合法的数据权利，没有第三方能够对数据提出权利要求（claim）；第二种 duty – claim 关系略显复杂，数据控制者在此情形下对第三方负有不得对数据进行处分的义务，原因在于其数据缺少完整的合法性基础（如缺少个人信息主体的同意或授权、依靠非法爬虫技术获取其他数据控制者的数据等），然而数据控制者却违反了此种义务擅自对数据进行处分，进而导致他人对数据控制者提出权利要求（claim），要求其停止侵害、赔偿损失等，这里的义务应包括约定的义务和法定的义务。约定的义务指数据控制者与数据原始持有方之间关于数据处理的协议中，就数据的使用目的、使用方式等作出的约定，在数据爬

[①] 参见王涌：《私权的分析与建构：民法的分析法学基础》，北京大学出版社2020年版，第267页。

取的情况下表现为数据被爬取方在网站中设置了 robots 协议,[①] 明示数据爬取的禁止或限制范围;法定的义务指法律就数据控制者不得对数据原始持有方的相关权利进行排除、限制或者侵权,如隐私权、查阅权、复制权、删除权等非财产性权利。需要注意的是,如果法律对数据控制者的数据处分权没有作出限制性或禁止性规定,那么数据控制者违反与数据原始持有者(个人信息主体或者其他数据控制者)之间自行约定的义务,擅自对数据进行处分,其效力如何?在财产法基本规则中,处分权具有对世性,用霍菲尔德的术语解释,即数据控制者拥有处分权(power),世界上其他所有人均处于责任(liability)之中,须受到该处分行为发生的法律效力的约束。至于处分之后,数据原始持有者与数据控制者之间的权益争议,应根据侵权、合同等相关法律规则解决。

(二)场景化隐私与数据财产转让

1. 关于合理隐私期待

Warren 和 Brandeis 的《隐私权》被认为是现代隐私权理论的开山之作,他们将隐私界定为"独处的权利",且隐私权与公共利益应当平衡。[②] 但在当今大数据技术广为应用的众多场景下,以公共利益之名侵犯隐私的事实越来越多,隐私权的边界也越来越模糊,个人对隐私的自控权持续下降。探讨隐私权的真正边界不仅事关信息主体的权益保护,也事关数据流通机制和规则的价值正当性考量。

首先,现有立法关于隐私的判断标准不清晰。确定性应是隐私受到保护的

[①] robots 协议也称爬虫协议、爬虫规则等,是指网站可建立一个 robots.txt 文件告诉搜索引擎哪些页面可以抓取,哪些页面不能抓取,而搜索引擎则通过读取 robots.txt 文件来识别这个页面是否允许被抓取。但是,这个 robots 协议不是防火墙,也没有强制执行力,搜索引擎完全可以忽视 robots.txt 文件去抓取网页的快照。应当将 robots 协议作为的一种单方意思表示,从形式上看,只是一种允许与不允许的访问清单,并非一种技术防护措施。参见姬蕾蕾:《企业数据纠纷的裁判规则研究——以数据类型化为视角》,载《求是学刊》2023 年第 2 期。

[②] See Samuel D. Warren, Louis D. Brandeis, *Right to Privacy*, 4 Harvard Law Review 214 (1890).

前提。传统隐私权观念过于强调个人意志对隐私的自由控制，由个人自主决定哪些隐私可以公开及如何公开。① 与美国关于隐私保护的分散式部门立法不同，我国对隐私保护采用了统一立法的模式，条文单一，立法解释空间大。《民法典》第 1032 条所指的"私密信息"，应在满足"私人生活安宁不被打扰"和"不愿为他人知晓"的情况下，方可构成隐私。从判断规则来看，"私人生活安宁不被打扰"虽然是一项客观标准，但在判断尺度上达到何种程度才算"打扰"是不明确的；"不愿为他人知晓"也是信息主体的主观性标准，难以有统一的认定尺度。

其次，应动态看待匿名化。《个人信息保护法》规定经过匿名化处理之后的信息不再属于个人信息，不再有个人隐私属性，从而具备可流通性。这表明立法已经越俎代庖地为信息主体定制了"一刀切"的数据流通标准，包办了数据流通的最低标准。但是，企业数据实践中，个人信息匿名化与数据价值之间往往具有负相关性，匿名化程度越高，数据价值越低。如果单一追求匿名化而不推敲信息主体的意愿，以及推测社会公众对隐私的合理期待，可能对数据流通并无助益。况且，匿名化也是动态概念，随着边缘计算、量子计算等信息技术的发展，可能使已经无法识别个人的信息被重新识别。长期从事大数据研究的哈佛大学教授拉塔尼娅·斯威尼表示，通过将特定人的年龄、工作和性别与数据库存储的信息进行对比，88% 的人的身份将被识别出来。②

最后，对隐私的合理期待应是数据财产转让的合法性判断标准之一。美国司法实践中对隐私的认知也经历了从无到有的过程。联邦最高法院通过对宪法进行解释，从宪法条文中"推导"出了隐私权，并在一系列案例中确认了隐

---

① 参见肖中华：《大数据时代"合理隐私期待"主客观标准的适用》，载《江西社会科学》2016 年第 11 期。

② 参见齐爱民：《个人信息保护法研究》，载《河北法学》2008 年第 4 期。

私权内涵。[1] 美国联邦最高法院在 Katz 案中通过对宪法第四修正案的解释，正式提出了合理隐私期待理论，标志着美国隐私理论体系的进一步完善。[2] Katz 案中，Harlan 大法官提出了公民是否拥有合理隐私期待的两个标准：（1）公民个人表现出了隐私的真实期待。如果公民在面临政府搜查时作出了"抛弃隐私期待的举动"，则会被法院认定为不具有真实的隐私期待。（2）社会认为公民的隐私期待具有合理性。但谁能代表社会作出合理性判断是个充满争议的问题，在司法实践中常常由联邦最高法院作出此判断。此后，联邦最高法院又在一系列案例中进一步发展了合理隐私期待理论，形成了主观隐私期待和客观隐私期待相关标准。例如，在 Maryland 案中确立了主观隐私期待客观化的规则，应通过当事人的行为展示推断其隐私期待；[3] 在 Illinois 案中提出了客观隐私期待标准——"动产、不动产方面的法律和社会承认并接受的各种隐私观念"，即法律规定和社会基本观念。[4] 另外，公民是否采取了足以保护其隐私的措施也是联邦最高法院进行判断的重要考量因素，例如，在 Riley 案中，联邦最高法院认为，以往的民用飞机可以观察到 Riley 在四周封闭的庭院之中的情况，所以 Riley 对其庭院不享有合理的隐私期待。[5]

在美国丰富的判例法实践下，尽管总体上可以区分主观隐私期待和客观隐私期待两类标准，但在司法实践中的具体类别仍然非常多元化。我国的隐私法律规范与英美法系的传统相去甚远，前述标准的移植可能面临许多挑战，但这一理论充分考虑了自由和安全的价值平衡，充分考虑了隐私的情势和场景依赖性，从而在当下的数据实践中表现出较强的灵活性，与现在数据流通及用途的

---

[1] 参见纪庆全：《"合理隐私期待"标准及其对中国的借鉴意义》，载《西部法学评论》2021年第5期。

[2] See Katz v. United States, 389 U. S. 347–353 (1967).

[3] See Smith v. Maryland, 442, U. S. 735 (1979).

[4] See Rakas v. Illinois, 439 U. S. 128, 143–44n. 12 (1978).

[5] See Florida v. Riley, 488 U. S. 445, 451 (1989).

复杂场景也高度契合，具有较强的借鉴作用。例如，消费者通过在各大电商平台留存的购买记录、支付信息、快递地址信息等数据，是消费者在当次购物过程中基于采购需求留存的客观数据，但如果平台通过对这些数据进行加工整理，通过算法推导形成了消费者的行为画像标签，再将这些标签用于向消费者精准营销其他商品时，显然已经超出他们的合理期待，针对此类画像标签的流转交易，在合规性方面就存在瑕疵，需要补强其合法性基础。再如，新冠肺炎肆虐期间，一些地方的社区为了管控人员进出的方便，采集了大量人脸数据，存储后进行使用。但是在正常社会秩序下，人脸信息作为高度敏感的个人信息及隐私，是无法容忍被社区管控人员进行采集的。采集之后如果用于疫情防控之外的其他目的，可能就再次超越了人们对隐私的合理预期。

2. 场景一致性理论对数据流通的启示

海伦教授认为，隐私权既不是保持私密信息的权利，也不是控制信息的权利，而是确保个人信息以合理方式流动的权利。[①] 基于此理念，她提出了著名的"场景一致性理论"用于作为判断个人隐私是否受到侵犯的衡量标准和框架。场景一致性理论因其极具灵活性，也匹配数据流通实践的复杂多样性，因而对本章讨论的数据财产转让具有十分直接的借鉴意义。这一框架的核心论点是，在当下的信息收集、分析和流通过程中，对于那些让人们感到愤怒和不安的数据实践，并非起因于这些实践阻碍了人们对自身信息的控制，而是由于他们违反了与场景相关的信息规范。[②] 如果遵循这些信息规范，则场景一致性得以维持，隐私权得到保障，相反如果违反这些信息规范，则隐私权即被侵害。结合海伦教授的分析，信息规范的基本结构应为以下四项。

（1）场景。海伦所述的场景是指结构化的社会环境，它随着时间而改变，

[①] 参见［美］海伦·尼森鲍姆：《场景中的隐私——技术、政治和社会生活中的和谐》，王苑等译，法律出版社 2022 年版，第 117 页。

[②] 参见［美］海伦·尼森鲍姆：《场景中的隐私——技术、政治和社会生活中的和谐》，王苑等译，法律出版社 2022 年版，第 168 页。

并且受到目的、文化、地点等一系列事件和因素的影响。场景是信息规范的适用背景，它假定了社会场景的多样性，每个不同的社会场景都有独特的规则控制信息的流动。

（2）行为主体。包括信息主体、信息发送者和信息接收者，信息主体、信息发送者有时是重叠的，例如，在诊疗场景中，患者向医生提供个人生化标本即属此类情形。行为主体的角色是判断隐私是否受到侵犯的关键变量之一，如果人们说某些信息是私密的，实际上是指信息对某些行为主体是私密的，而非绝对限制或禁止流通。因此，我们并非介意信息分享本身，而是介意信息以错误的方式向不适当的人进行了分享。

（3）信息属性。在某些场景中，信息流通是否侵犯隐私权还要看信息本身的属性或类型，这也是信息规范的一个关键要素。例如，医生在医疗场景中询问患者的生理健康信息通常是合适的，但工作场景中老板向员工询问这类信息一般是不合适的。

（4）传输原则。这是场景一致性理论中最重要的要素，它表明了在某个场景中信息从一方流动到另一方时应当受到何种约束。这一原则要求信息的流通必须基于自愿或经同意后共享，可能要求对信息主体履行通知义务，或者需要取得其明示的许可。传输原则的内容在特定场景中会随着行为主体和信息属性的变化而变化，有的是通过法律或职业行为准则确定，有的是通过当事人之间的约定而确定。

这四项关键要素是场景一致性理论对隐私的评估重点，它们从不同维度评价了隐私的边界合理性，彼此之间既相互联系又互为补充，对于认定数据流通过程中是否涉及对个人隐私的侵犯提供了有用的工具：首先，场景的界定有助于判断数据流通或转让的合理性，在私人领域和公共领域，场景的变化可能会对信息主体的合理期待产生影响，例如，为了社会公共利益而收集和使用个人信息，就不能期待私人领域场景下的信息保密性要求。其次，行为主体也是判断数据流通时是否侵犯个人隐私的关键,如果信息接收者将收集的信息再次转提供给第三方,显然超出了信息主体的合理预期,如果事先或事后没有得到信息主体的同意或授权,即属于违背了隐私保护的不当行为。再次,关于信息属性,应结合场景判断数据接收方获取的数据是否涉及个人隐私且超越了必要的范围限制,是否为当前场景的业务所必需,否则,属于不恰当的信息收集行为。最后,传输原则是转让数据财产时判断是否涉及侵犯隐私的核心,在数据财产权转让规则的具体设计中,需要考虑的因素比较多,其中比较重要的是转让方须有权利进行处分,此权利无论是来自约定还是来自法律、规范性文件或行业准则的要求,都应得到遵守,且转让过程不得涉及对个人隐私的处分。因此,在设计数据财产转让规则实践中,如能做到符合上述四项要素,则被挑战侵犯隐私权的概率会大大降低。

场景一致性理论是一个有用的方法论框架,它并非隐私权的法律基础理论,也不是在概念意义上对隐私的界定。在功能上,场景一致性理论与前述合理隐私期待具有密切相关性,[①] 在判断某一行为是否侵犯了个人隐私时,引用场景一致性理论可以合理解释该行为是否违反了既有的、社会公认的信息规范,从而能够回答个人信息主体对该场景下的侵权行为是否具有合理的隐私期待。在当前国家已经将数据提升为生产要素的大背景下,尊重隐私不应是限制对个人信息的访问或保持对隐私的持续控制,而应该是尊重个人信息在特定场景下的合理流动,因为在这些场景下,个人对隐私已经有合理的流通预期,也能够支持特定场景下在保持对个人隐私合理节制的基础上,实现数据的社会价值。

[①] 参见〔美〕海伦·尼森鲍姆:《场景中的隐私——技术、政治和社会生活中的和谐》,王苑等译,法律出版社2022年版,第210页。

第三章 数据信托财产 ··· 201

六、本章小结

相比传统信托财产,数据信托财产具有特殊性。主要表现为以下几个方面。

第一,数据信托财产并非原始数据,而是对原始数据经过算法和模型处理后,基于数据衍生变量而形成的"数据标签"。"数据标签"是数据应用领域的一种数据形态,是针对一个具体对象进行描述的数据产品,它代表了对事物状态的定性结论或观点,是通过人为给定的业务规则经机器深度学习和训练得出的业务规律,本质上是基于人为规则加工而成的高度凝练的特征数据集合。"数据标签"是链接原始数据和终端数据应用场景的桥梁,在价值实现上,"数据标签"对用户、信息、渠道等维度的画像,是数据直接进行场景化应用并产生倍增价值的根源。因而,掌控了"数据标签"即意味着具有数据价值实现的可能,"数据标签"的这种价值属性,其背后所代表的正是数据受益权。

第二,应当从"控制"而非"所有"的角度理解数据。数据财产荷载的权益形态十分特殊,大陆法系所有权概念所强调的支配性、排他性、对世性等特征,在数据中难以一一准确对应。作为无形的电子化记录,数据信托财产难以被排他性地支配,无法在数据权利人和其他所有人之间形成 claim–duty 的关系。在数据融合的情况下,难以确定数据被谁"所有"。尤其是区块链技术的出现,强调数据的去中心化、分布式存储,用传统物权法思维强调对数据拥有"所有权"在当今的数字化时代显得不再合时宜。应当从法律关系的角度理解数据财产,数据之上负载的利益不再有固定客体作为利益支点,事实控制已成为数据的利益表征。

第三,数据信托财产具有独立性。数据信托财产成为独立的法人可能在现行信托法下具有难度,但不妨碍将其认定为受托人名下的特别财团或特别财产。此特别财产一方面独立于受托人管理的其他数据信托财产，另一方面也与委托人、受托人和受益人的固有财产完全区隔，并且应当受到数据信托最终目的和数据使用场景的限制。要保证数据信托财产的独立性，需要借助联盟链技术进行登记和公示，以技术理性确保数据控制归属主体的可信性。在登记公示效力方面，宜采用登记对抗主义的模式，而非登记生效主义的模式，这对于保证数据要素流通的效率和安全是必要且可行的。

第四，数据标签作为信托财产设立信托时，其处分应当满足一定的前置性条件，包括：数据源应具备合法性，原始取得的数据及继受取得的数据，都不得有法律瑕疵；数据应当符合基本的科技伦理要求且应技术向善、不主动作恶，并且符合数据正义、满足数据安全、充分保护个人隐私等；另外，在可转让性问题上，还应结合特定的国情和社会现状进行判断，凡是法律有明确规定不得转移的，应严格遵守相关规定。

第五，数据信托财产应当归入财产权谱系中的第五类，即此种权益不仅具有物理垄断性，也有法律垄断性，委托人有权对其进行特殊的"许可"，此种"许可"是特殊的物理传授行为，在事实上已经非常接近于"转让"，但又不构成所有权意义上的"转让"，否则数据信托财产可归入大陆法系中"所有权"概念的范畴。这也恰好可以回应从"所有"到"控制"的角度理解数据信托财产的理论主张。

第四章

数据信托受托人信义义务

信托关系是传统的、典型的信义关系，受托人对受益人负担的信义义务是确保信托目的实现的关键。① 信义义务作为源于英美信托法的法律概念，最大化保证了投资的效率和安全，它与有限责任制度一起，共同助力英国在19世纪时成为世界经济强国。② 受托人是信托法律制度的核心，联结着委托人和受益人，是信托关系中最重要的信托当事人。英国议会在制定信托法律时，就直接称之为"受托人法"（Trustee Act），英联邦其他一些国家也继承了这种做法。③ 在普通法系中孕育和成长的信托制度，被移植到大陆法系传统的国家后存在许多水土不服的情况，最典型的问题即信托财产普通法上的所有权和衡平法上的所有权如何与大陆法系的"一物一权"原则相适应，信托财产到底是"信托"还是"委托"给受托人，受托人对信托财产拥有何种程度的权利及承担何种类型的义务等。2001年4月28日，我国第九届全国人大常委会第二十一次会议审议通过《中华人民共和国信托法》，其中第2条明确规定，本法所称信托，是指委托人基于对受托人的信任，将其财产权委托给受托人……此处

---

① 参见杨自然：《英国衡平法下的"诚信义务"》，载《清华法治论衡》2014年第2期。
② 参见王涌：《信义义务是私募基金业发展的"牛鼻子"》，载《清华金融评论》2019年第3期。
③ 参见何宝玉：《信托法原理研究》，中国法制出版社2015年版，第11页。

明确规定了信托财产是由委托人"委托"给受托人,既非"转移"也非"转让"给受托人。该法条之所以如此规定,部分源于立法机关将信托定位为受人之托、代人理财,是一种更容易被大众接受的财产管理制度,降低理解成本。① 诚然,在信托制度引入国内之初,此种表述不失为两全之策,但该法条关于信托定义的规定,相比英美信托法的原意混淆了信托与委托,动摇了信托制度的根本,事实上导致其特有功能难以充分发挥,影响了中国信托实践的发展。②

数据信托的信托财产相比传统的财产权形态虽然更为特殊,但在信托语境下探讨有关受托人的信义义务体系,依然需要在英美信托法和大陆信托法两种法律框架体系下展开。本书认为,讨论数据信托机制中数据受托人的信义义务体系,离不开所属国家和法域的法系传统,且应紧密结合现有配套法律制度进行规则构建和展开,否则依然会陷入"双重所有权"与"单一所有权"的信托移植冲突的历史循环之中。同时,还应密切结合数据时代的各项数字化技术以及数据流通实践,对数据受托义务的落地规则进行构建,并且,辅之以受托义务的保障和救济措施作为闭环,使受托义务规则体系能够落地执行。

一、走向系统信任——数字时代的信义义务基础

从农业经济时代的人际信任到工业经济时代的制度信任,再到数字经济时代的数字技术信任,信任堪称社会发展和文明演进的动力之源。德国著名的社会学家卢曼指出,信任可以被区分为人格信任和系统信任两种:③ 人格信任是传统形态的对某个人的信任,如宗族、同乡、同学等,具有伦理性和道德性;系统信任是对匿名者基于制度或技术系统而建立起来的信任,具有制度性和技

---

① 参见卞耀武:《信托关系规范化及其现实意义》,载卞耀武主编:《中华人民共和国信托法释义》,法律出版社2002年版,第4页。
② 参见赵磊:《信托受托人的角色定位及其制度实现》,载《中国法学》2013年第4期。
③ 参见[德]尼克拉斯·卢曼:《信任:一个社会复杂性的简化机制》,瞿铁鹏、李强译,上海人民出版社世纪出版集团2005年版,第六章、第七章。

第四章　数据信托受托人信义义务

术依赖性。

在信托制度语境下，委托人的信任对应着受托人的自由裁量，信义义务是判断自由裁量是否合理的戒尺。信任是信义义务的根基，① 它可分为主观信任和客观信任：主观信任最终都演化为客观信任状态，即受益人在客观上处于依赖受托人对信托事务进行全面管理的状态；客观信任状态的核心即为受托人享有的自由裁量权。受益人的信托利益能否实现及其实现程度均取决于自由裁量权的合理行使。按霍菲尔德的法律关系理论，权利赋予权利人的利益事实上是通过限制他的自由而实现的，② 如果数据受托人滥用自由裁量权处理信托事务，不忠实地对数据进行管理，可能会损害受益人的利益。

本书认为，在数字经济时代背景下，数据信托机制中，客观信任状态的实现离不开系统信任的技术加持，传统的人际信任、制度信任等模式在大数据、大模型乃至边缘计算、量子计算的新技术背景下，在调节社会关系、辅助作出决策等方面已经显得力不从心，基于数字技术的系统信任在规制受托人的自由裁量方面具有重大且现实的意义和价值。与信任相关的数字技术有很多，本部分主要聚焦数据信托场景下，受托人借助信息技术实现对数据信托财产的最优化管理，例如隐私计算技术、区块链技术等，它们提供的"零成本信任机制""零知识证明"③ 等方式，对于以安全方式创造可信数据环境，确保在数据安全的前提下进行数据要素流通，实现个人隐私保护和数据商业化应用的最优平衡，具有很大价值。

---

① 参见赵廉慧：《论信义义务的法律性质》，载《北大法律评论》2020年第1期。
② 霍菲尔德认为，一方享有的"right"，相对应其他人享有的是"no‐right"，即通过限制其他人的自由，成全权利人的利益。
③ 零知识证明是一种密码学原理，它使得一个实体（证明方）能够向另一个实体（验证方）证明一个陈述的正确性，而不需要泄露任何关于该陈述的其他信息。这种证明方法的核心在于，验证方无法从证明方获取到有关陈述的任何有用信息，但仍然能相信证明方所给出的证明是正确的。载百度百家号，https://baijiahao.baidu.com/s?id=1761766874948089467&wfr=spider&for=pc，最后访问日期：2024年1月11日。

另外，数据信义义务的履行，也离不开私法和公法提供的制度基础，尤其是公法基础更为重要。核心原因在于，数据的价值具有聚变性，数据量越大，价值越高，当数据积累到一定量级时，反映出的信息可能会对国家安全、数据主权等方面带来重大影响。美国"棱镜门"事件①后，许多国家加强了对本国数据安全和网络安全的管理，纷纷出台立法和管制措施以保障安全。我国的《网络安全法》也是在此大背景下出台的。

（一）数字时代信义义务的技术基础

数据价值由场景决定，是数据实践中反复验证的客观事实。也正因如此，使得数据价值的实现路径及其价值大小具有复杂多变的诡异性，无论是法学角度的权利归属和确认理论，还是财务角度的资产入表方法，② 以及数据资产评估方式，③ 都难以对数据价值进行系统的、可衡量的、标准稳定的准确认定。某种程度上，数据由谁控制，数据控制者是否忠实、勤勉、尽责地对数据进行管理，对数据价值能否实现及其实现程度，具有重大影响。但是，数据受托人的这些义务，往往又无法通过交易合同进行全面、准确的约定，更多情形下需要依赖其基于"诚实信用"的原则要求，遵从本心的道德准则，对数据商业化应用和个人隐私保护进行权衡。在数据技术方面，数据受托人尽最大努力进

---

① 载百度百科，https：//baike.baidu.com/item/%E6%A3%B1%E9%95%9C%E9%97%A8/6006333?fr=ge_ala，最后访问日期：2024年1月11日。

② 2023年8月1日，财政部正式发布《企业数据资源相关会计处理暂行规定》，并于2024年1月1日开始施行。依据该文件，企业在编制资产负债表时，应当根据重要性原则并结合本企业的实际情况，在"存货"项目下增设"其中：数据资源"项目，反映资产负债表日确认为存货的数据资源的期末账面价值；在"无形资产"项目下增设"其中：数据资源"项目，反映资产负债表日确认为无形资产的数据资源的期末账面价值；在"开发支出"项目下增设"其中：数据资源"项目，反映资产负债表日正在进行数据资源研究开发项目满足资本化条件的支出金额。

③ 中国资产评估协会于2023年9月8日印发《数据资产评估指导意见》，自2023年10月1日起施行。该文件强调数据资产评估要重视质量因素，包括数据的准确性、一致性、完整性、规范性、时效性和可访问性等，要求应采取恰当方式执行数据质量评价程序或者获得数据质量的评价结果。由于同一数据资产在不同的应用场景下，通常会发挥不同的价值，所以，应根据相应评估目的下评估对象的具体应用场景，选择和使用恰当的价值类型。

行数据的加工、融合及价值再造，最大化拓展数据的场景化价值。而要胜任此项工作，就要求数据受托人勤勉尽责地运用当下数据领域的最新技术，最低成本地实现权利主体的利益诉求。但是，对于受托人是否尽责地选取最新技术及最低成本管理数据，委托人或受益人往往缺失监督能力和评价能力，只能依赖于对受托人的信任、通过受托人全面履行信义义务来实现。

1. 隐私计算

隐私计算（privacy preserving computing，PPC）是在原始数据不泄露的前提下实现数据安全流通的一类计算技术，涉及密码学、数据科学、理论数学等多学科的技术交叉融合。它是迄今为止数据领域能够平衡数据利用和隐私保护的核心途径，最终目的是保障数据的"可用不可见""可算不可识"。[1]

在技术实现路径方面，隐私计算主要以三类应用技术为代表，即多方安全计算（secure multi-party computation，MPC）、可信执行环境（trusted execution environment，TEE）以及联邦学习（federated learning，FL）。根据权威机构 Gartner 发布的 2021 年前沿科技战略趋势预测，"PPC 是未来几年科技发展的九大趋势之一，到 2025 年将有一半的大型企业机构使用隐私计算在不受信任的环境和多方数据分析用例中处理数据"。[2]

（1）多方安全计算

多方安全计算由姚期智院士等人于 20 世纪 80 年代提出，通过交互不可逆的密文数据实现对数据的安全保护。[3] MPC 是指在一个分布式网络中，在无可信第三方的情况下安全地进行多方协同计算，多个参与实体各自持有秘密输入的信息，各方希望共同完成对某函数的计算，每个参与实体除了最终计算结果

---

[1] 闫树、吕艾临：《隐私计算发展综述》，载《信息通信技术与政策》2021 年第 6 期。

[2] 参见 https://www.gartner.com/cn/newsroom/press-releases/2021-top-strategictechnologies-cn，最后访问日期：2023 年 9 月 17 日。

[3] See Yao A C. *Protocols for Secure Computations*, 23rd Annual Symposium on Foundations of Computer Science 160（1982）.

外，均不能得到其他参与实体的任何输入信息。MPC 主要基于密码学技术而逐步发展和丰富，涉及同态加密、不经意传输、混淆电路和秘密共享等算法协议，[①] 主要适用于统计分析、判断决策、基础查询等常规计算场景。MPC 应用架构中，各参与方承担的角色主要包括数据方、计算方、结果方。数据方指原始数据的提供者；计算方指多方安全计算协议算力的提供者，负责协议的实际执行；结果方指多方计算结果的接收方。

（2）可信执行环境

可信执行环境的核心思想是，通过构建独立于终端操作系统的、隔离的硬件执行环境，确保数据计算仅在该安全环境内进行，从而保障数据及隐私安全。[②] TEE 隔离的具体实现包括 RAM 的隔离和外设隔离、芯片内部 RAM 和 ROM 的隔离、中断隔离等。可信执行环境通常需要硬件厂商授权，适用于对计算速度要求高，但对数据保护与安全合规要求低的应用场景。TEE 的概念源于 Open Mobile Terminal Platform 于 2009 年提出的一种保护移动设备上敏感信息安全的双系统解决方案，即在同一个智能终端下，除了多媒体操作系统外再提供一个隔离的安全操作系统，这一运行在隔离的硬件之上的隔离安全操作系统专门用来处理敏感信息以保证信息的安全。[③]

[①] 同态加密是一类实现在基础的加密操作之上直接完成密文数据间运算的加密算法。数据经过同态加密后进行计算得到的结果与用同一方法在明文计算下得到的结果保持一致，即先计算后解密等价于先解密后计算。不经意传输，也称茫然传输，提出了一种在数据传输与交互过程中保护隐私的思路。混淆电路，是一种将计算任务转化为布尔电路并对真值表进行加密打乱等混淆操作以保护输入隐私的思路。秘密分享，也称秘密分割或秘密共享，给出了一种分而治之的秘密信息管理方案。秘密分享的原理是将秘密拆分成多个分片（share），每个分片交由不同的参与方管理。参见闫树、吕艾临：《隐私计算发展综述》，载《信息通信技术与政策》2021 年第 6 期。

[②] 可信执行环境的最本质属性是隔离，即通过芯片等硬件技术并与上层软件协同对数据进行保护，且同时保留与系统运行环境之间的算力共享，所以严格来讲，可信执行环境并不属于"数据可用不可见"，但其通用性高、开发难度低，在通用计算、复杂算法的实现上更为灵活，使得其在数据保护要求不是特别严苛的场景下仍有很多发挥价值的空间。参见闫树、吕艾临：《隐私计算发展综述》，载《信息通信技术与政策》2021 年第 6 期。

[③] 参见龙真梓：《隐私计算之 TEE 技术实践分析 | 你不知道的信息安全》，载 36Kr 2021 年 6 月 8 日，https://36kr.com/p/1258327365955073。

（3）联邦学习

FL 是在多方安全计算和可信执行环境之外衍生出来的隐私计算方式，它的本质是多方协同的分布式加密机器学习，在保证数据隐私安全的基础上，实现共同建模。与一般机器学习不同的是，FL 能满足多个参与方在保护数据安全和隐私信息的前提下，基于全域数据资源进行模型训练，适用于大数据建模与预测分析类的复杂迭代计算场景。FL 可以分为纵向联邦学习、横向联邦学习和混合联邦学习。[1] FL 是 2016 年谷歌率先提出的概念，[2] 其目标是在集中式训练高质量模型的同时，将训练数据仍然留存在客户端。[3] 目前 FL 已经开始用于医疗、基因分析等领域。FL 是一个革命性的隐私计算范式，它能够使多个不同用户共同协作训练数据模型，而无须将其自有数据共享给其他参与者，从而能够有效解决直接交换数据导致的隐私泄露和信息劫持风险。[4]

2. 区块链技术

区块链（Blockchain）没有统一的概念，[5] 实质上是一种利用了有序标记

---

[1] 横向联邦学习也被称为跨样本联邦，跨样本联邦的目的是要充分利用数据服务提供方的样本和标签数据，让各参与方利用私有数据在本地进行训练，再通过模型聚合方式不断更新模型。相同性质的机构之间拥有相似特征指标但是样本分布不同，通常采用跨样本联邦的模式，比如多个消金机构之间可以联合进行多头风险分析。纵向联邦学习也被称为跨特征联邦，跨特征联邦可能只有一个参与方有标签数据，由于模型需要多方数据才能训练，模型推理时也同样需要多方数据才能完成。跨特征联邦在金融行业有非常广泛的应用需求，不同性质的机构之间拥有的特征指标会差异很大，通常采用跨特征联邦的模式，比如银行与互联网机构之间进行联合智能风控、信用评估、反欺诈。混合型联邦只有一小部分样本或特征集是各参与方的交集，其余数据无论是特征分布还是样本分布都不尽相同。这种场景下，涉及跨样本联邦和跨特征联邦的组合。这种联邦在实际应用中更为常见，比如甲城市面向当地客户的保险公司、乙城市面向当地居民的医疗机构，两方联合训练核保模型。

[2] 参见李凤华、李晖、贾焰等：《隐私计算研究范畴及发展趋势》，载《通信学报》2016 年第 4 期。

[3] See Konecný J., McMahan H. B., Xinnan Yu F. et al., *Federated Learning: Strategies for Improving Communication Efficiency*, arXiv: 1610. 05492 (2016).

[4] See Tian Li, Kumar Sahu A., Talwalkar A. et al., *Federated Learning: Challenges, Methods, and Future Directions*, 37 IEEE Signal Processing Magazine 50 (2020).

[5] See Mark Fenwick, Wulf A. Kaal, Erik P. M. Vermeulen, *Legal Education in the Blockchain Revolution*, 20 Vanderbilt Journal of Entertainment & Technology Law, 351 (2017).

的区块的信息储存系统,[①] 通过数字密码技术和博弈论激励机制,实现了数据的分布式精准化记录。从表现形态上看,区块链是公开的、去中心化的、不可篡改的分布式记账系统,[②] 比特币是第一个区块链系统。[③] 中本聪于2008年在其著名的论文 Bitcoin: A Peer-to-Peer Electronic Cash System 中指出,比特币是一种自由的支付系统解决方案,[④] 作为区块链技术最早的成功应用,[⑤] 比特币运用了密码学技术、计算机算法、去中心化等技术,实现了交易记录的唯一性和不可抵赖性,被认为是继大型机、PC、移动互联网之后最具有颠覆性的互联网变革技术,[⑥] 人们习惯于将比特币所运用的一系列技术称为"区块链"。[⑦] 事实上,区块链仅是交易数据的基本构造形态,并非比特币的全部核心本质,只是因其具有较强的画面感而被广泛应用。区块链技术的应用,使得在新一代互联网技术中,几乎任何有价值的东西都可以在区块链网络上进行跟踪和交易,降低了各方的风险和成本,促使传统的"信息互联网"升级为真正的"价值互联网",[⑧] 实现了资产价值在网络数字世界中的自由流动,它是

[①] 正如"互联网"一样,"区块链"一词或能描绘出其乾坤,公共区块链的子集,或者仅为比特币的公共分布式账簿。但让人困惑的是,有些"区块链"平台既不使用区块链条,也不使用像比特币一样的数字货币。描述这类系统更加准确的术语是分布式账本。

[②] See Benito Arrunada, *Blockchain's Struggle to Deliver Impersonal Exchange*, 19 Minnesota Journal of Law, Science & Technology 55 (2018).

[③] 参见[美]凯文·沃巴赫:《信任,但需要验证:论区块链为何需要法律》,林少伟译,载《东方法学》2018年第4期。

[④] See Satoshi Nakamoto, *Bitcoin: A Peer-to-Peer Electronic Cash System*, BITCOIN (Nov. 1, 2008), at p. 2. https://perma.cc/4B6X-9ZUD.

[⑤] 比特币不是金光闪闪的"币",而是交易记录。所谓拥有比特币,仅仅是拥有别人转发到自己钱包的一笔转账记录。参见[美]菲尔·尚帕涅编著:《区块链启示录》,陈斌、胡繁译,机械工业出版社2018年版,第9~10页。

[⑥] See Melanie Swan, *Blockchain: Blueprint for a New Economy*, O'Reilly Media, 2015, p. vii.

[⑦] 参见朱玮、吴云、杨波等:《区块链简史》,中国金融出版社2020年版,第67页。

[⑧] 参见谌力:《区块链:信息互联网到价值互联网》,载《计算机世界》2016年6月20日,第22版。

第四章　数据信托受托人信义义务　　　　　　　　　　　　···　211

如今数字世界中 Web3.0 概念的核心基础技术底座。①

区块链中运用的核心技术如下。

（1）分布式账本

分布式账本（distributed ledger technology）是在网络参与者（网络节点）之间共享、复制和同步的数据库，它记录了网络节点之间的所有交易，比如加密资产或数据的交换。分布式账本由每个网络参与者独立构建和记录，不需要中央化的机构统一进行维护。② 在工作原理上，分布式账本实质上是开源软件，③ 网络中的参与者根据共识原则来制约和协商对账本中记录的更新。由于没有中间的第三方机构（比如金融机构或票据交换所）的参与，分布式账本中的每条记录都有一个时间戳和唯一的密码签名，这使得分布式账本成为网络中所有交易的可审计的历史记录。分布式账本的绝妙之处在于，无须信赖某个特定主体，即可对某些特定活动保持确信无疑，④ 正如雷德·霍夫曼（Reid Hoffman）所言，这是一种"不信之信"。⑤

---

① 每个时代都有属于每个时代的底层技术。如果我们将 PC 互联网技术看成是 Web1.0 时代的底层技术，将移动互联网技术看成是 Web2.0 时代的底层技术的话，那么区块链技术则是 Web3.0 时代的底层技术。在 Web1.0 时代，我们经历的是一场以资讯快速传播为主导的新发展浪潮。在这个时代，我们看到的是以邮箱、新闻资讯、社交为代表的 PC 互联网技术深度影响人们生产和生活的新开始；在 Web2.0 时代，我们所经历的是一场以平台经济、虚拟经济为主导的新发展浪潮，在这个时代，我们看到的是以电商、共享经济、互联网+为主导的移动互联网技术深度影响人们的生产和生活的新开始；而在即将全面开启的 Web3.0 时代，更多地表现出来的是区块链技术与各种场景的深度融合，如 DeFi。从"产业互联网"进化到"产业区块链"，元宇宙仅仅是这个进化过程的开始，未来将有更多场景与区块链技术深度融合。区块链小 A：《如何理解区块链、元宇宙与 web3.0 之间的关系》，载知乎，https：//zhuanlan.zhi hu.com/p/509668027，最后访问日期：2023 年 9 月 19 日。

② See UK Government Chief Scientific Adviser, *Distributed Ledger Technology*: *Beyond Bolck Chain*, http://www.gov.uk/government/news/distributed-ledger-technology-byeond-blockchain，最后访问日期：2023 年 9 月 21 日。

③ 参见［美］菲尔·尚帕涅编著：《区块链启示录》，陈斌、胡繁译，机械工业出版社 2018 年版，第 24 页。

④ See Joshua Fairfield, *BitProperty*, 88 Southern California Law Review 805 (2015).

⑤ See Reid Hoffman, *Why the Block Chain Matters*, https：//www.wired.co.uk/article/bitcoin-reid-hoffman，最后访问日期：2023 年 9 月 21 日。

(2) 非对称加密

区块链建立在密码学的基础之上,加密是其核心技术。数据加密有两种主要类型,①包括对称加密和非对称加密。对称加密使用相同的密钥进行加密和解密,常见对称加密算法包括 AES、DES、3DES 等。对称加密的优点是加密速度快,加密效率高,但缺点是密钥管理困难。非对称加密使用不同的密钥进行加密和解密,其中一个密钥用于加密数据(公钥),另一个密钥用于解密数据(私钥)。以区块链的主要应用场景比特币为例,每一个比特币钱包拥有两个密钥(公钥和私钥),其中私钥是使用椭圆曲线乘法(elliptic curve multiplication, ECM)单向生成的密码函数,公钥是在私钥基础上通过 ECM 进一步生成的密钥。公钥只能用作数据加密,公钥加密的数据只有用对应的私钥才能解密,私钥在此情况下具备了数字签名的功能,②事实上比特币使用 ECM 技术的目的不全是加密,而是签名。③非对称加密的优点是密钥管理方便,安全性较高,但缺点是加密速度较慢,加密效率较低。非对称加密算法是区块链运用的最重要算法。相比对称加密,非对称加密具有更高的安全性;如果数据在传输、存储和使用过程中被泄露、篡改或损坏,数据相关责任人将会承担相应法律责任。

(3) 共识机制

区块链系统中,共识机制是指使计算机网络能够协同工作以保护网络的协议和算法,只要网络中超过 51% 的节点同意即可就网络的全局状态达成共识。

---

① 数据加密(data encryption)技术是指将明文(plain text)信息经过加密钥匙及加密函数转换,变成无意义的密文(cipher text),接收方再通过解密钥匙将此密文还原成明文。数据加密的主要目的是保护数据的机密性,防止未经授权的人员访问和滥用数据。数据加密可以用于保护敏感信息,如账户信息、个人身份信息、生物特征、医疗健康记录等。

② 参见 [希] 安德烈亚斯·M. 安东诺普洛斯:《精通比特币》,东南大学出版社 2018 年版,第 57 页。

③ 所谓数字签名,是指经过签名的数据或文件可以确定确实由签名者发出,且签名者无法反悔和抵赖,经过签名的信息也无法修改。参见朱玮、吴云、杨波等:《区块链简史》,中国金融出版社 2020 年版,第 91 页。

共识机制是区块链技术的核心技术之一，专门解决信任机制中的"拜占庭将军"问题，[①] 它的主要作用在于验证添加到区块链中的交易是否可信，以此验证是否达成了去中心化的信任。常见的共识机制有两种：[②] 其一，工作量证明（PoW），这是比特币使用的共识机制，其他加密货币项目如以太坊1.0、狗狗币和莱特币也使用这种共识机制；它最初由 Cynthia Dwork 和 Moni Naor 于1992年开发，用于防止垃圾邮件。其二，权益证明，这是 Solana、Cardano 和 Tezos 使用的共识机制；它于2011年在比特币谈话论坛上首次创建，作为 PoW 的替代方案，以改进旧的共识机制的不足之处，试图使区块链上的交易"更具可扩展性、更安全、更可持续"，以太坊2.0时代的共识机制已从工作量证明转向权益证明。中本聪在2008年向比特币爱好者回复问题时曾提出，共识机制中的51%攻击问题理论上会存在，但实际上攻击成功的概率不大，只要诚实节点控制了网络中大多数的 CPU 算力，就可以战胜任何攻击者从而达成共识。[③] 但仍无法解决51%攻击的问题。

（4）时间戳

时间戳（timestamp）是表示某一份数据在某个特定时间之前已经存在的、完整的、可验证的数据，通常是一个字符序列。[④] 时间戳的主要功能，是保障区块链中的分布式区块，以及区块内的交易数据不可篡改、不可伪造，从而保

[①] "拜占庭将军"问题由2013年图灵奖获得者计算机大神兰伯特在1982年发表的论文 *The Byzantine Generals Problem* 中提出。问题的本质是，在存在消息丢失的不可靠信道上试图通过消息传递的方式达到一致性是不可能的。参见 https：//zhuanlan.zhihu.com/p/496758400，最后访问日期：2023年9月20日。

[②] 除了这两种最常见的共识机制以外，还有其他一些共识机制，如时空证明、权威证明、唯一节点列表［瑞波币（XRP）使用的共识机制］。载专栏网，https：//web3.hashnode.com/cryptocurrency-consensus-mechanisms-explained，最后访问日期：2023年9月20日。

[③] 中本聪认为，51%在经济上是不可行的，所耗费的资金不可能由攻击者所承受。参见［美］菲尔·尚帕涅编著：《区块链启示录》，陈斌、胡繁译，机械工业出版社2018年版，第38页。

[④] 《区块链时间戳是什么原理？简述区块链时间戳原理》，载币圈子2022年4月6日，https：//www.120btc.com/baike/qukuai/215945632.html。

障数据安全。① 在区块链的技术体系中，时间戳是一个逻辑时钟，本质上代表了区块的高度，即区块的序号，而非区块链本地节点的机器时间。② 时间戳是区块链所具有的不可篡改性的重要技术形态，是数字资产或者数据资产能够在虚拟世界中具备唯一性、稀缺性的核心依据，传统互联网由"信息互联"过渡到"价值互联"所依靠的正是时间戳。它是实现"资产价值"在互联网世界中正常流转的重要技术底座。

（5）智能合约

智能合约（smart contract）早于比特币产生，是区块链的专属概念，③ 目前最知名的智能合约平台是 2015 年推出的以太坊，它是一段可自动执行的程序代码，④ 涵盖合同成立与合同履行两个阶段，它解决的是机器和机器之间的对话规则问题，是区块链交易秩序的守护者。智能合约允许在没有第三方背书的情况下进行可信交易，这些交易可追踪、可溯源且不可逆转。英国法学家梅因曾用"由身份到契约"来描述人类社会的进步，而智能合约则正好相反，它的逻辑形态表现为"由契约到身份"，即通过代码规则确定区块链节点上当事人的身份。鉴于代码在确认交易秩序方面的效力，美国教授劳伦斯·莱斯格（Lawrence Lessig）在其 1999 年出版的著作中曾提出，代码即法律，是网络空间中具有最高效力的规则。⑤ 近年来，也有学者提出，代码并非法律，智能合约的可靠性依赖于向计算机输入代码的人的可靠性，不可以绝对夸大代码的效

---

① 参见石超：《区块链技术的信任制造及其应用的治理逻辑》，载《东方法学》2020 年第 1 期。

② 参见朱玮、吴云、杨波等：《区块链简史》，中国金融出版社 2020 年版，第 93~97 页。

③ See Nick Szabo, *The Idea of Smart Contracts*, http://szabo.best.vwh.net/smart_contracts_idea.html. 最后访问日期：2023 年 9 月 21 日。

④ 参见吴烨：《论智能合约的私法构造》，载《法学家》2020 年第 2 期。

⑤ See Lawrence Lessig, *Code and Other Laws of Cyberspace*, Tandem Library 1999. 为了涵盖社交媒体等新生事物，莱斯格（Lessig）在 2006 年发布了该书更新后的版本。See Lawrence Lessig, Code Version 2.0 Basic Books 2006.

力而忽略人的作为。①

智能合约与传统合同存在较大差别，具体如下：

第一，信任基础不同。智能合约崇尚技术信赖，以代码的不可变更性锁定交易结果，通过技术构建的信赖保护机制体现了智能合约交易之外观主义的秩序价值；② 传统合同崇尚制度信赖，以担保措施（抵押、质押、保证等）、违约责任条款、司法救济体系等确保合同目的实现，通过人身信任关系构建的信赖保护机制须借助制度保障方可最终落地。

第二，表达方式不同。智能合约通过代码脚本的方式体现交易意图，形式单一、固化；传统合同则往往以书面或口头形式固定合同内容，表达方式多样。

第三，交易预期不同。智能合约不仅仅表现出交易的便捷性，更明显的特征是交易履行的不可避免性，③ 在代码技术规则的保障下，各方具有极强的交易预期；传统合同在签署完成后，经常由于恶意违约、情势变更、不可抗力等因素，使得交易目的无法全部实现。

第四，交易效率不同。智能合约交易具有实时性，合约的签署和履行几乎是同时实现的；而传统合同交易一般具有滞后性，合同签署和合同履行是先后发生的两个不同阶段，在交易效率方面相比智能合约更弱。

（二）数字时代信义义务的私法基础

1. 信义义务的私法属性

实践中的大部分信义关系建立在法律行为的基础之上，存在明示或默示的

---

① 参见［美］保罗·维格纳、迈克尔·凯西：《区块链：赋能万物的事实机器》，凯尔译，中信出版集团 2018 年版，第 53~57 页。
② 参见吴烨：《论智能合约的私法构造》，载《法学家》2020 年第 2 期。
③ See Kevin D. Werbach and Nicolas Cornell, *Contracts Ex Machina*, 67 Duke Law Journal 340 (2017).

合同基础，信托的现实形态主要是契约，① 因此，信义义务也就具有强烈的私法属性。应当给予关注的是，在中国法体系中，信义义务作为舶来品，相比在英美法环境下更难以从私法角度理解和掌握其内容边界及义务性质，尤其是在界定该项义务到底属于法定义务还是约定义务时，在学理和司法实践中比较容易产生分歧。数据信托的信义义务在私法属性方面与传统信托并无二致，故下文论述不单独强调数据信托。

（1）信义义务是解释论范畴的私法义务

实践中大多数信义义务通过约定而产生，这就容易产生一个错觉，即凡是没有写入合同的义务都不是信义义务，信义义务都是约定义务。如此一来，导致违反信义义务的民事责任难以得到司法支持。在基民维权第一案中，② 中国国际经济贸易仲裁委员会仲裁庭认为，在证监会行政处罚决定书认定事实的前提下，被申请人并不存在《基金合同》项下所谓的"追偿"义务，也不存在可以"追偿"的基金财产。申请人以"违约为由"，请求被申请人为基金财产行使"追偿权"，并将所谓的追偿数额按《信托法》的规定"归入"基金财产，缺少法律依据和事实根据，"申请人的理由和证据均不足以支持其请求"。案件最终还是以申请人败诉而告终。

由于有限理性和交易成本的限制，合同总会存在不完全性，此种不完全性事实上也无法通过约定来解决，否则就不存在所谓的"不完全性"了，解决这种问题的最简单方式就是确认信义义务的法定性。以义务产生的根据为标准，合同法意义上的法定义务涵盖两类，即立法创设的义务和司法创设的义务。其中，立法创设的义务是狭义上的法定义务，由一般意义上的制定法所规定，属于立法论的范畴；而司法创设的义务则基于法官的理解、通过法官的自

---

① 参见赵廉慧：《论信义义务的法律性质》，载《北大法律评论》2020年第1期。
② 参见李冰心、王熙喜：《老鼠仓案败诉基民陷囚徒困境》，载新浪网，http://finance.sina.com.cn/money/fund/20090312/11455967055.shtml? from = wap。

由裁量权进行确立,属于解释论的范畴。司法创设的义务典型,例如,诚实信用原则产生的大部分"附随义务"。因此,信义义务在性质上应属于司法创设的法定义务类型,与诚实信用原则适用过程中创设的义务具有一定的相似性。与狭义上法定义务相比,信义义务的不同之处在于当事人可以通过合同就信义义务的内容和标准进行限缩,但不能完全排除,这是由信义义务固有的衡平法理念所决定的。《日本信托法》在修订后,也认为当事人仅可以通过合同约定降低信义义务,但无法从根本上免除这些义务,这也进一步体现了信义义务的法定性特征。[1]

(2) 信义义务与合同义务之比较

第一,两种义务的初衷不同。合同关系中,当事人以自己的利益最大化作为出发点,与合同相对方就合同权利义务条款进行磋商,一方一般不会主动考虑对方利益,合同义务是实现合同目的的必经途径。而信义关系中,受托人基于委托人的信任,只能为了受益人利益而履行信义义务,不得为自己私利管理和处分信托财产,这是信义义务和合同义务的最大区别。[2]

第二,两种义务的内容不同。合同义务的内容取决于合同的类型、合同目的及义务人的相关承诺,完全交由合同当事人自主约定,只要约定的内容不违反国家法律法规等强行性或禁止性规定,不存在导致合同无效或被撤销的事由,合同义务对义务人就有约束力。而信义义务的内容则要复杂许多,民法中诚实信用原则由于内容的抽象性和概括性,需要通过法官进行法律的理解和适用,以司法创设具体义务的方式设定义务内容;信义义务也与之类似,立法上难以通过具体条文规定信义义务的具体内容标准,司法自由裁量在信义义务的

---

[1] 参见《日本信托法》第29条、第30条、第34条等,参见赵廉慧:《信托法解释论》,中国法制出版社2015年版,第306~307页。

[2] See Kenneth B. Davis, Jr., *Judicial Review of Fiduciary Decision Making: Some Theoretical Perspectives*, 80, New York University Law Review 10 (1985).

具体化方面仍然是不可替代的。①

第三，两种义务的标准不同。例如注意义务，在普通法系中注意义务的标准是不造成合理可预见的损害，属于消极的注意义务；而信义关系中的信义义务要求合理谨慎地运用信义权力行事，属于积极的注意义务。② 另外，信义义务涉及商事判断规则问题，商事判断规则在一定程度上保护公司的董监高，减轻了董监高的信义义务，而商事判断规则并不绝对适用于信托受托人。合同法领域常用的诚实信用只是一项系统的原则，而信义义务则包含具体规则；诚实信用适用于全部民事活动，而信义义务通常仅适用于公司、信托等有限领域。可以说，诚实信用是民事活动中的低级标准，而信义义务则是高级标准。③

由上可见，信义义务不等同于合同义务，是通过司法创设的法定义务，它不得通过合同约定而排除，也不因为合同没有约定而拒绝承认和适用。我国作为成文法国家，对源于普通法系的信义义务传统的确存在理解上的困难，因此在引入信义义务时，要注意一方面强化制定法的完备性，另一方面也要防备将信义义务作为条款，从而增加外部性成本。④ 但整体而言，信义义务无论如何定性，具有明确的私法属性是确定无疑的。

2. 信义义务的场景依赖性

"数据标签"作为一种新型信托财产，之所以表现出价值属性的多元化，本质上来自"数据标签"的差异化场景应用，场景依赖性为数据要素流通链条中的相关交易主体留下了自主议价空间。在当前的数据交易实践中，客观上

---

① 参见赵廉慧：《信托法解释论》，中国法制出版社2015年版，第301页。
② See John D. McCamus, *The Evolving Role of Fiduciary Obligation*, in Meredith Lectures 1998 – 1999, *The Continued Relevance of the Law of Obligations*, *Back to Basics*, Les Editions Yvon Blasi, p. 177 (2000).
③ 参见王涌：《信义义务是私募基金业发展的"牛鼻子"》，载《清华金融评论》2019年第3期。
④ 参见钱俊成：《资产管理人信义义务研究》，上海财经大学2020年博士学位论文，第95页。

也表现出了基于不同场景应用,"数据标签"进行差异化定价的市场现状。因此,场景的多元化为交易主体的意思自治提供了应用土壤,在数据信托财产管理中,数据价值能否最大化,取决于受托人对不同场景的选择和适配,这是受托人履行信义义务的重要私法基础。

在当今的数字化背景下,"场景"(scenario)一词与数据紧密相关,在当今数据实践中被广泛使用,尤其是在金融科技、医疗健康、车联网、出行等具体应用数据的领域和场合,具有极高的出现频率,谈数据必谈场景。它的原意是指戏剧、电影中的场面,或者事情未来发展的预测及方案等,[①] 与 scene 同源,都是源自拉丁语 scena(场景),由晚期拉丁语 scenarius(舞台场景的)进入英语,最初用来表示"一部戏剧作品的情节概述",现在则泛指电影、小说或舞台作品等的"剧本提纲、情节梗概、脚本、分镜头剧本",即给出故事情节和单独场景的细节的书面概述。"场景"在数据实践中受到如此广泛的关注和应用,其主要原因是基于以下几个方面。

(1) 离开场景谈数据价值是无源之水、无本之木

传统财产权领域在讨论财产价值时,也离不开对"场景"的依赖。例如,某块造型奇特的玉石,在收藏领域可能具有较高的价值,但是对于普通消费者的日常生活来说,价值可能就没有那么大。数据亦是如此,某些类型的数据只对某些行业或商家具有价值,非相关行业对这些数据的观点可能正好截然相反。与传统财产权不同的是,数据价值的发挥,是在数据的汇聚融合或大数据基础上形成基于某种算法的数据产品或服务,专项用于某些特定的领域,且只有在该领域内,数据价值才能够最大化体现和发挥。对于同类汇聚后的数据,算法的改变可能导致生成不同的数据产品,从而应用在不同领域时能够产生不同的数据价值。这就是数据的奇特之处。例如,基于消费者多头借贷及还款记

[①] 参见 A. S. Hornby:《牛津高阶英汉双解词典》(第 9 版),商务印书馆 2018 年版,第 1906 页。

录，如果将数据加工后与征信机构合作，可能会输出消费者的个人信用评分，从而能够协助消费者在向金融机构申请贷款时取得不同额度或利率的贷款资金；站在放贷机构的视角，数据价值在于精准投放贷款或减少坏账损失的发生概率。同样是基于这些数据，如果将消费者借贷信息用于消费者群体画像，可能会协助商品卖家用于定向定制符合该类群体的商品款式及定价等，从而实现精准营销的目的。可见，数据价值的实现离不开场景，不同场景下即使针对同类数据，也可能会带来不同的价值。

（2）多场景应用是私法上数据信义义务差异化的根源

在一些特定场景下，数据价值具有相对稳定性，有可衡量的范围和空间，但如果更换场景，数据可能带来新价值。例如，某电商平台拥有消费者大量的付款记录、购买商品信息记录、配送地址等数据，如果这些数据在当次交易完成后，没有进行持续开发，数据就会进入睡眠状态，无法产生价值，久而久之便形成"数据孤岛"。但是，如果该平台将此类数据进行整理和加工，分析某区域内消费者的商品购买喜好、购买频率、购买时间集中度等信息，并基于此产生消费者人群画像、行为特征标签等，便可以用于二次营销（前提是仍然要遵循合规性），产生新的消费场景（例如向用户推荐性价比更高的同类产品）；如果用户成功下单进行了消费，数据即带来价值。可以看出，在二次营销前和二次营销后，数据能够为电商平台带来的收益变化，本源即在于场景的变化。

（三）数字时代信义义务的公法基础

1. 数据交易有限理性呼唤公法介入

据统计，2023年一季度发生近1000起数据泄露事件，涉及1204家企业、38个行业，"黑产"的数据交易主要集中在更加隐蔽和便利的匿名社交平台，涉及的金额十分惊人，①"数据黑产"和"数据灰产"持续活跃在许多领域。② 在巨大的利益诱惑面前，数据控制者对数据交易有天然的冲动，表现出了有限理性的特征；如果没有法律的强制性约束，很难指望数据控制者轻易放弃唾手可得的"蛋糕"。在此情形下，从公法角度强调和重视数据受托人的信义义务就显得十分必要，让数据受托人对数据主体及受益人等承担信义义务，一方面可以使数据交易行为在合规边界内展开，合规地实现数据价值，另一方面还可以防止不合规的数据交易行为连累其他合规的数据交易，防止"一只苍蝇坏了一锅粥"。

数据是涉及公众利益的特殊财产，故此，对于这类财产的管理，仅依靠私法自治是不够的。当前，在国内法律文件层面，《网络安全法》和《数据安全法》的基本定位即是侧重从安全角度对数据进行管理，尤其是《刑法》已将侵犯公民个人信息的行为列入刑事打击的范畴，涉及的相关犯罪包括"侵犯公民个人信息罪""非法侵入计算机信息系统罪""非法获取计算机信息系统数据、非法控制计算机信息系统罪""提供侵入、非法控制计算机信息系统程序、工具罪""破坏计算机信息系统罪""拒不履行信息网络安全管理义务罪""帮助信息网络犯罪活动罪"等多个罪名。由此可以看出，对数据财产的管理，如果没有公法管制的加持，各种违法犯罪行为将会给民众利益保护、金融和社会秩序管理带来极大影响和破坏。所以，数据信托的受托人，也应遵守公法规范对数据要素流通管理的要求，妥善履行信义义务。当然，公法介入的程度过深，对数据要素流通也会带来另一层面的影响，包括不敢进行数据交易，

---

① 参见威林猎人：《数据资产泄露分析报告》，载知乎，https：//zhuanlan.zhihu.com/p/622634826，最后访问日期：2023 年 9 月 10 日。

② "黑灰产"一般是指钓鱼网站、木马病毒、黑客勒索等利用网络开展违法犯罪活动的行为。其中，分为"黑产"和"灰产"，"黑产"是直接触犯国家法律的网络犯罪，而"灰产"则是游走在法律边缘，为"黑产"提供辅助的争议行为。《黑灰产市场规模高达 1100 亿元 马上消费助力警方打击金融黑产》，载新闻网，https：//news.sina.cn/sx/2023 - 08 - 21/detail - imzhycna5541204.d.html?pt=mlist。

导致"数据沉睡""数据孤岛"等,这是另外的话题,此处不再展开赘述。

2. 数据分类分级

数据分类分级首先是一个公法层面的问题,它产生于数据安全保护的背景,在数据要素流通中应当起到桥头堡的作用,如果没有机制保障数据安全,就没有基于数据产生价值的后续可能。受托人在进行数据信托财产管理过程中,应当将数据安全置于首位,通过分类分级措施,确保数据得到恰当管理。

关于数据分类分级,当前相关理论研究和数据实践尚处于摸索阶段,存在研究范围局限和系统化程度不足等问题。[1] 国内外关于数据分类分级的理论阐释多围绕企业数据、用户信息的分类分级建设,研究内容也主要围绕管理过程中对数据分类分级治理以及具体方案落实。相关研究多从实务角度出发,关注技术层面的安全措施,往往以数据安全为导向,较少以数据要素流通为导向。[2] 本书认为,数据分类分级是数据价值实现的关键前提,但由于当前数据的类别和内容极其繁杂,分级工作也无统一标准,数据信托作为数据资源流通配置的手段之一,应先解决分类分级问题,才能充分发挥数据价值。在解决分类分级问题的方法论方面,宜先从个别数据密集的领域入手(如金融行业个人信息),然后逐渐再扩展至其他领域。

(1)数据分类分级的含义及其权益保护基础

其一,关于数据分类。在规范定义层面,国内法律及相关文件没有对数据分类作出统一权威的定义,相关分类标准亦比较模糊,存在数据分类概念不清、分类标准多元化等问题。我国《数据安全法》虽然明确提出了数据分类的立法保护思路,在第21条、第25条、第27条、第30条、第31条提出了"重要数据""核心数据""管制物项数据"的分类保护要求,但对这些类型数

---

[1] 参见卜学民:《论数据本地化模式的反思与制度构建》,载《情报理论与实践》2021年第12期。

[2] 参见洪延青:《国家安全视野中的数据分类分级保护》,载《中国法律评论》2021年第5期。

据的划分标准、内涵和外延没有进行明确规定。数据实践中一般将数据分类界定为将具有相同属性或类似特征的数据按照一定的原则或方法进行分类，以便于对数据进行查询或使用，大多从业务角度或数据管理角度进行数据分类，如行业维度、数据来源维度、数据开放维度等。数据分类标准原则上取决于数据治理的监管目标和管理方式。在规范层面上，如何选择合适的分类角度，核心在于数据的法益保护价值。以欧盟的数据保护实践为例，欧盟于 2018 年颁布的 GDPR 和《非个人数据自由流动条例》，将数据区分为个人数据和非个人数据两个大类别，分别对数据的保护、处理、跨境流动等事项规定了不同的管控措施。就个人数据，不同国家的分类方法也不同，如印度将个人数据分为一般数据、敏感数据和关键数据。[1] 澳大利亚将个人数据分为一般数据和敏感数据。[2] 美国对个人数据的分类方式与欧盟采用的方式类似，按内容和性质将数据分为敏感的个人数据和非敏感的个人数据。[3]

我国通过《民法典》《个人信息保护法》确立了个人数据的基本规制框架，并将匿名化的数据归属于非个人数据，不再受《个人信息保护法》的管制。在数据实践中，数据分类一般作为数据分级的前置，即先进行数据分类，然后进行数据分级，但有时也存在交叉，例如，对个人敏感数据进行分类时实质上也是进行数据分级。[4] 除了数据主体的划分视角以外，我国现行文件还从行业角度发布了一系列分类分级标准和指引，如金融行业、通信行业、医疗行业等。由此可见，数据分类的权益保护基础是多元的，这也是数据分类标准难

---

[1] The Minister of Electronics and Information Technology of India, The Personal Data Protection Bill 2019, https：//prsindia. org/billtrack/the‐personal‐data‐protection‐bill‐2019.

[2] Parliament of Australia, The Privacy Act 1988, https：//www. legislation. gov. au/Details/C2014C00076, 最后访问日期：2023 年 6 月 17 日。

[3] U. S. Congress, Senate, National Security and Personal Data Protection Act of 2019, https：//www. congress. gov/bill/116th‐congress/senate‐bill/2889, 最后访问日期：2023 年 6 月 17 日。

[4] 参见张琼丽、陈翼：《数据分级分类方法及实践研究》，载《技术与市场》2022 年第 8 期。

以统一化的重要原因。

其二，关于数据分级。相比数据分类，国内有关数据分级的规范性指引更加明确。在实务操作中，一般依据数据的敏感程度和一旦遭到篡改、破坏、泄露或非法利用后造成损失的可能性及其影响程度，按照一定的原则和方法进行等级划分。数据承载的"利益特征"是数据分级的主要依据，数据分级的法益基础在于数据保护与使用中所涉的相关主体权益。当前数据实践中，主要从数据安全、隐私保护和合规要求等角度对数据进行分级，但从本质上看，这些分类的角度都是基于结果导向的风险预防思维。① 在制度建设层面，我国当前已通过技术标准与行业规范的形式，形成了较为完整的数据分级制度，但尚未上升至立法层面。从制度和实践做法来看，当前数据分类的权益保护基础主要是数据安全。以《信息安全技术 网络安全等级保护基本要求》和《信息安全技术 网络安全等级保护定级指南》这两项国家标准为例，国内的数据分类基本导向是从定性上考虑以"风险预防"为基本思路，即依据受侵害的客体类型以及对客体的侵害程度对数据进行分级。从现状来看，数据分级规范的权益保护基础主要涵盖国家安全，公共利益，社会秩序与公民、法人和其他组织的合法权益等。《信息安全技术 网络安全等级保护定级指南》依据受侵害的客体及侵害程度，将数据划分为不同的等级矩阵，② 包括一般损害、严重损害、特别严重损害等。但是，也应当注意，当前有关数据分级的规范性文件中，原则性规定较多，具体划分标准尚不清晰，仍然难以切实指导企业的数据合规分类实践。

（2）数据分类分级在公法层面的规范价值定位

从上述分析可以看出，数据分类和数据分级有共同的价值目标——安全保

---

① 参见商希雪、韩海庭：《数据分类分级治理规范的体系化建构》，载《电子政务》2022年第10期。

② 参见《信息安全技术 网络安全等级保护定级指南》（GB/T 22240—2020）第6.2条及第6.3条。

障。数据分类的终极目的是数据的恰当分级，进而提供恰当的安全保护措施；数据分级则是为了更好地实现数据分类的价值，并最终实现数据安全保障方面"横向到边、纵向到底"的政策初衷。DAMA在其发布的《DAMA数据管理知识体系指南》中，也表达了"数据分级实质上也是一种分类方式"的观点。[1] 因而，在数据安全保障的目标之下，数据分类与数据分级之间具有从属关系，二者均担负了保障数据安全的制度目标。

（3）数据分类分级对数据信托信义义务的启示

通过对数据进行分类和分级，至少可以对数据信托起到协助确定数据信托受托人的信义义务范围的作用。数据分类分级依据数据客体的性质及其一旦遭受损害后可能造成的后果及其严重程度，将数据归入特定的等级保护范围。而不同等级要求的数据，对受托人而言面临的受托义务严苛性将会不同。例如，被列入重要数据的数据财产，相比一般数据，对受托人的安全保障能力、尽责要求等将会更高。

二、数据信托受托人信义义务的展开

从英国的土地用益信托、罗马的遗嘱信托到现在的各种形态信托，历经近千年的演进，信托财产形式虽然发生了许多重大变化，但作为信托制度核心内容的信义义务，一直在发挥重要作用。数据财产不同于传统的财产权利形态，在权利内涵和权利表达方式方面有其独特性，但如果回到信托制度理念的框架下，信义义务对数据财产信托也应具备适用性，只不过在规则具体内容上，结合数据实践的场景化特征，表现出一定的差异性。

---

[1] 参见商希雪、韩海庭：《数据分类分级治理规范的体系化建构》，载《电子政务》2022年第10期。

（一）数据信托受托人信义义务的主要内容

正义是法律制度的本质，极端的权利意味着最大的非正义。[①] 数据信托的受托人在行使自由裁量权完成数据管理和增值过程中，也应秉承正义的理念完成受托义务。由于数据委托方的有限理性和数据技术的高壁垒性、技术非对称性，使得即使书面合同约定了大量的受托义务，受托人仍然有机会攫取不义之财，信义义务的填补性功能可以协助矫正此种非正义。考虑到数据财产的独特性，在数据信义义务体系中，忠实义务和勤勉义务应是其中的核心和关键。

1. 忠实义务

受托人应为受益人的最大利益处理信托事务，是信托制度的基本要求，而忠实义务是确保受益人利益最大化的利器。在英国信托机制中，关于忠实义务的理解概括起来就是两条基本主线，即"避免冲突"和"不得谋利"，表现为消极的不作为义务，[②] 具有被动性的特征。日本的一些学者也对忠实义务进行了细化，如四宫和夫教授认为，忠实义务主要是指受托人不得为自己或第三方谋利；能见久善教授认为，忠实义务应涵盖三种场景，即受托人和受益人之间的利益冲突、受益人和第三人之间的利益冲突、不同受益人之间的利益冲突。[③] 从性质上看也属于消极义务。数据信托场景下，忠实义务的内容总体上也应沿此主线展开，但鉴于数据财产的特殊性，与传统意义上的忠实义务又表现出一定差异。

（1）受托人不得享有数据信托利益

受托人不得享有信托利益是各国信托制度的基本共识，韩国和日本信托法都规定，受托人不得以任何个人名义取得信托利益。循此逻辑，数据信托中的

[①] 参见［法］雅克·盖斯旦等：《法国民法总论》，陈鹏等译，法律出版社2004年版，第701页。

[②] Bristol and West Building Society v. Mothew, Ch. 1, 16 (1998).

[③] 参见［日］四宫和夫：《信托法》，有斐阁1989年版，第231页。

受托人亦不得因对数据的暂时控制，而将数据信托利益归于自己名下，或者将数据财产归入固有财产。① 这是保护数据信托财产的独立性、维护受益人利益的重要方面。但此原则性规定应当有例外的豁免条件，即数据受托人因取得受托商业报酬而从信托利益中留存的收益应当不在此限。另外，为了最大化地实现数据信托的收益而额外付出的商业化劳动所产生的超额收益，受托人是否有权分享？是否应受忠实义务的限制？按照英国学者的一些观点，额外产生的收入应归入信托财产，除非事先有明确的约定。② 笔者认同此观点，因为受托人在接受委托时，如果没有额外收益安排，可以拒绝接受管理，双方合作之前有充足的时间就超额收益进行约定。

（2）受托人不得利用管理数据之机谋取私利

数据处理的复杂技术壁垒以及数据价值的多场景依赖性，决定了数据受托人在行使受托管理职责时，不可能像对待传统财产权形态一样进行管理，要求具有更高的专业性和更高程度的责任心。因此，就自由裁量权的行使，相比传统财产形式面临更高的要求。数据受托人为了实现数据价值的最大化，在数据价值管理过程中至少要关注以下问题：其一，数据源的合规性问题，确保未来产出的数据产品无瑕疵；其二，数据产品的适配性，包括设计出符合市场需求的数据产品、数据产品能够为客户带来商业价值、亲自或通过专业第三方实现其产品逻辑等；其三，找到数据价值变现的合规场景，确保数据价值能够实现。可以看出，数据价值管理中的每一个环节，都有很强的专业性和技术壁垒，而普通受益人及非数据行业从业人员，往往难以判断每个环节决策的科学性及合理性。因此，如果受托人违背忠实义务，出于谋取私利之目的，放低合

---

① 我国《信托法》第 27 条规定，受托人不得将信托财产转为其固有财产。受托人将信托财产转为其固有财产的，必须恢复该信托财产的原状；造成信托财产损失的，应当承担赔偿责任。

② See G. Jones, *Unjust Enrichment and the Fiduciary's Duty of Loyalty*, 84 Law Quarterly Review 477（1968）; Baugh, Danile A., Byng, John, *Oxford Dictionary of National Biography*, Oxford University Press, 2004.

规性要求的标准，通过降低数据成本及寻找利润来源较大的灰色产业场景来提高数据收益，或者通过其他渠道进行价值交换以使自己利益最大化，委托人和受益人也很难作出合理评价。

（3）受托人不得进行数据融合

数据价值的实现有一个特殊性，即对数据的数量和质量有高度依赖性。数据来源越广泛、数据质量越高，基于数据进行算法运算后生成的数据产品价值可能就越大。因此，数据受托人主观上有动力将受托管理的数据与其自有数据或者其他委托方的数据进行一定程度的融合。依据国内现行法律及文件规定，数据融合面临的挑战有三个：其一，中国人民银行于2020年2月13日发布的《个人金融信息保护技术规范》（JR/T 0171—2020）"6.1.4.6a）"规定，"汇聚融合的数据不应超出收集时所声明的使用范围。因业务需要确需超范围使用的，应再次征得个人金融信息主体明示同意"。从实际操作角度来看，数据受托人要向海量的个人信息主体取得数据融合的授权和同意明示许可，会面临极高的沟通和交流成本，可行性存疑。其二，大量的个人信息被不同的数据控制者所持有，数据受托人要取得这些数据控制者同意进行数据融合的授权，基本上也是不可能的，没有哪家数据控制者会拱手相让其多年积累的数据，被其他人用来进行汇聚融合。这不仅涉及数据控制者自身的商业秘密保护问题，还涉及他们是否有权代个人信息主体出具该等授权。其三，我国现行信托法也已经从立法角度明确了信托财产的独立管理，不得进行混同。① 因而，数据受托人对于受托管理的数据，无论是与其自有数据财产还是与受托管理的其他数据财产，都不得进行数据融合。

（4）受托人不得以个人偏好影响数据信托的策略选择

大陆法系信托法没有就此作出明确限定，英美法系信托法中对此有所涉

---

① 《信托法》第29条规定，受托人必须将信托财产与其固有财产分别管理、分别记账，并将不同委托人的信托财产分别管理、分别记账。

及。① 关于这一项忠实义务要说明的是，数据受托人在受托对数据进行管理时，不得将个人的情感倾向、道德因素、政治和社会观点等加入对数据信托的场景判断，不得受这些因素影响对数据信托的策略作出选择。例如，受托人对医疗健康场景的数据情有独钟，所有数据的应用都首选该场景，但是受市场及政策环境因素的影响，这些场景有时可能不是最优选；如果受托人坚持进行此种策略选择，不一定会给委托人或受益人带来最大化的收益。笔者认为数据受托人更应关注合规要求，在坚守合规底线的基础上，只要数据应用场景是不违规的，即可对受托管理的数据进行最大化的场景应用，个人偏好不得影响数据信托的策略选择。

2. 勤勉义务

与忠实义务不同，勤勉义务表现为积极的、主动的作为义务，侧重于信托事务管理的合理性判断。由于内容的抽象性和判断标准的多变性，致使注意义务无论在英美法系还是大陆法系国家，都表现出相当的灵活性和开放性。

(1) 数据信托受托人勤勉义务的内涵诠释

美国信托理论提出了注意义务的三项原则，构成了评价注意义务是否被充分履行、受托人是否应当承担法律责任的基本框架。三项原则即注意（care）、技能（skill）和谨慎（caution）。② 其中，"注意"是指受托人在主观上对相关细节要足够敏感，例如在 Newton v. Merrill Lynch 案件中，③ 法官认为如果在证券交易中持续故意地不为客户寻求最佳交易价格，那么他们极有可能会被认定为实施了欺骗行为。④ "技能"是指受托人应当具备履行信托职责所必需的技术水平和技术能力。"谨慎"则要求受托人的主动管理程度与其收益水平相适应。概言之，注意义务要求通常审慎之人在类似情况下处理受托事务时应尽

---

① 参见钱俊成：《资产管理人信义义务研究》，上海财经大学 2020 年博士学位论文，第 301 页。
② See Edward C. Halbach, Jr., *Trusts*, Gilbert Law Summaries, Thomas/ West 2008, p. 176.
③ See Newton v. Merrill, Lynch, Pierce, Fenner & Smith, 135 F. 3d 266, 274 (3rd Cir. 1998).
④ See SMC Capital, Inc., SEC Staff No – Action Letter (Sept. 5, 1995).

到充分的勤勉、谨慎义务，即达到注意义务的"普通谨慎人"标准。该标准要求受托人在主观上应是"合理的"（reasonable）和"谨慎的"（prudent），在美国侵权法中，这两个词具有近似的含义，经常被替换使用。①

大陆法系信托法对注意义务没有具体规定，主要适用民法上"善良管理人的义务"作为判断受托人是否尽责的标准。善良管理人的注意程度，是指从一般的具有相当水平的专业知识经验并且勤勉负责的人的角度来看，在相同情况下是否能够预见并避免或防止损害结果之发生。② 判定行为人的具体行为是否达到该注意程度时，应将其现实行为和善良管理人在假设同一情况下应当作出的行为进行比较，以此判定行为人是否有过失。民法上的过失责任一般分为三类：一是行为人如果欠缺一般人应有的注意，应当承担重大过失责任；二是行为人如果欠缺与处理自己事务同样的注意，应当承担具体的轻过失责任；三是行为人如果欠缺"善良管理人"的注意，则应当承担抽象的轻过失责任。③ 这三种责任中，第一种最重，第三种最轻，"善良管理人"的注意相比行为人处理自己事务的注意所需程度更低。我国《信托法》虽然没有明确注意义务的具体内容，但在第25条规定，"受托人管理信托财产，必须恪尽职守，履行诚实、信用、谨慎、有效管理的义务"。事实上隐含地表明了受托人应当承担的"善良管理人"之注意义务。

数据信托中，委托人将数据财产权设立信托后，受托人基于委托人信托取得了对数据的自由处理裁量权，因此对等负担相比自身事务更高程度的注意义务也是应当的。注意义务的内容极其抽象和开放，并且与数据价值的实现一样，也具有高度的场景依赖性，因此，如要详细界定数据信托注意义务的内容，客观上将无法穷尽所有可能。以"普通谨慎人"标准或者"善良管理人"

---

① 参见赵廉慧：《信托法解释论》，中国法制出版社2015年版，第330页。
② 参见陈聪富：《侵权归责原则与损害赔偿》，台北，元照出版有限公司2004年版，第56~57页。
③ 参见何宝玉：《信托法原理研究》，中国法制出版社2015年版，第289页。

标准，针对具体数据场景分析受托人的注意义务将是现实的选择。

（2）数据信托受托人勤勉义务的判断标准

现代公司法上，通常采用正面的行为标准和负面的责任标准对管理层是否充分履行注意义务进行判断。[①] 数据受托人在履行受托管理职责时，亦可借鉴该标准分类方法判断注意义务的履行情况。其中，行为标准强调数据受托人作为"普通谨慎人"的"一般过失"，责任标准强调数据受托人决策程序方面的"重大过失"，即在数据合规性审查、数据处理等方面的程序性问题上是否欠缺足够的应对方式，从而导致损害后果发生。

其一，关于"普通谨慎人"的行为标准。数据管理具有极强的专业性，一方面需要精通大数据、云存储、云计算甚至区块链等新兴的信息技术，另一方面还要十分熟悉商业场景，并对数据加工、数据处理、数据传输等有深刻的认知。因此，数据受托人仅有普通大众的常识是不够的，在履行受托管理职责时必须掌握超过普通人的商业经验和专业技能，才可能会被认定为履行了注意义务。这与专业机构的从业人员（如医生、律师、会计师等）承担的注意义务一样，如果仅要求像普通商人那样行事，显然是不合理的。另外，如果数据受托人对外声称具有更高的技能和谨慎标准能力（如承诺数据存储和传输的绝对安全、加密方式的不可破解等），即应以受托人宣称的技能和谨慎标准来衡量其行为的免责性。

其二，关于程序合理的责任标准。数据受托人是数据管理领域的专家，因此无论委托人还是司法裁判者，事实上都不具备对其管理行为进行专业评价的实际能力，因而需要发展一套客观的、外人能够对其行为进行合理性评价的工具。公司法上的商业判断规则（business judgement rule，BJR）的产生正是基

[①] 参见郑佳宁：《现代公司法注意义务规范体系的构建》，载《社会科学研究》2022年第4期。

于这个背景。① BJR 对于"注意"的审查重点在于决策的程序和信息收集是否完整，在 Aronson v. Lewis 案件中，② 特拉华州最高法院首次明确了决策程序中充分收集信息是合理决策的前提条件，并归纳了程序性的注意义务具体标准。法院在该案件中首次提出应以"重大过失"（gross negligence）作为标准，判断行为人是否违反 BJR，并据此决定其是否应当承担责任。数据管理行为与公司董事的管理行为不完全相同，但同样存在类似 BJR 的问题，数据受托人应当充分收集数据和审查数据来源的合法性、数据应用场景的合规性等，才能受到"重大过失"责任标准的保护。

（二）数据信托受托人信义义务的终极目的：保障数据可信流通

赋予数据受托人以信义义务，是为了最终保障数据能够以可信方式流通。在允许和促进数据流通方面，各国监管实践尽管有一定差别，但总体趋于一致。以美国为例，美国在数据交易方面整体呈现开放的态度，倡导自由市场经济，在实践中形成了商业数据交易平台、数据经纪商（data broker）为主要参与主体的数据交易和流通模式，通过公私合作促进特定领域的数据开放和使用。欧盟数据战略的重点在于促进数据的获取和使用，使更多具有公共利益属性的经济效益的数据充分发挥价值，并围绕这一目标不断更新立法，构建数据流通机制。③ 近年来，我国也通过诸多官方政策文件逐渐确立起数据产权、交易流通、收益分配和安全治理的数据市场化体系。④ 当前国内数据流通交易的主要模式可分为"场内交易"和"场外交易"："场内交易"是通过各地设立

---

① 参见郑佳宁：《现代公司法注意义务规范体系的构建》，载《社会科学研究》2022 年第 4 期。

② Aronson v. Lewis, 473 A. 2d 805, 812–813 (1984).

③ 例如，2020 年 2 月发布的《欧盟数据战略》、2022 年 5 月发布的《数据治理法案》和《欧洲健康空间》提案，都涉及了对数据开发利用的战略布局和规划。

④ 国内数据监管当前面临的主要问题是，相关官方文件多为政策，暂未形成立法文件，并且实践中仍然存在一系列难题亟待进一步探讨和研究。

的数据交易平台（如北京国际大数据交易所、上海数据交易所、贵阳大数据交易所等机构）提供交易供需信息，由供需双方经由平台与服务商撮合，实现数据的多对多匹配，完成数据产品或服务的交付；① "场外交易"中，持有数据资源或具备数据技术能力的数据控制者仍然占据主导地位，具有议价能力，"采销一体化"的单边市场模式是当前数据交易实践的主流模式，国家政策层面提倡的"开放、共享、交换、交易"等数据流通方式主要依靠"场外交易"来完成。由此可以看出，当前针对数据流通的监管实践难以避开数据流通过程中的可信性问题，交易各方针对数据可信流通的诉求是影响数据要素价值发挥的重要考量因素。

国内有学者认为，数据信托除了具备传统信托的财产管理和收益分配功能以外，还具有另一项十分重要的功能价值，即促进数据可信流通，② 他们的论证角度主要是从区块链、隐私计算等数字化技术方面讨论数据可信流通的方式，③ 未见有从数据主体权利义务角度进行的相关论证。本书认为，数据信托受托人在数据流通中应当充分履行信义义务，方可促进数据流通，主要体现在以下方面。

1. 为了最大化地发挥数据价值，数据受托人需要尽可能广泛地匹配数据应用场景，因此一定会打破数据源的最初使用目的限制，而在目前国内个人信息保护法的框架内，凡是超出信息原来使用目的的，需要重新取得个人的授权，由此导致在受托人管理数据财产时面临合规性的挑战。④ 要从根本上解决

---

① 由于数据确权问题、数据隐私问题等诸多问题尚未解决，目前各地数据交易所的运营状况不太理想，数据需求方与数据供给方直接进行数据交易仍然是当前数据交易市场的主流模式。

② 参见黄京磊、李金璞、汤珂：《数据信托：可信的数据流通模式》，载《大数据》2023年第2期。

③ 参见丁滟、王闯等：《基于区块链监管的联盟数据可信流通》，载《计算机工程与科学》2022年第10期。

④ 依据我国《个人信息保护法》第14条规定，个人信息的处理目的、处理方式和处理的个人信息种类发生变更的，应当重新取得个人同意。

该问题，可能需要在数据原始提供方的授权同意环节，采取更多举措确保数据的合规性。只要受托人解决了数据来源的合规性，则将会彻底解决数据流通的合法性基础问题。

2. 数据信托受托人在数据信托中居于流通的核心环节，其作用并非简单体现为交易双方的信息撮合，还具有数据主动管理的角色，如日本的信息银行，在履行"告知—同意"义务后，对数据进行脱敏、标准化等处理，形成数据产品后出售给需求方。① 能够担当此角色的受托人，未来在监管层面可以考虑进行牌照管理，凡是在股东背景、技术能力、内控机制等方面达到一定条件的主体，可以考虑向其发放数据信托牌照，采取类似于金融机构监管的模式进行管理。如此一来，数据受托人对数据的流通便可起到一定的信用背书功能，具有促进数据可信流通的天然便利条件。

3. 数据受托人在履行信托义务过程中，对于自身可能存在的技术能力"短板"，可以委托第三方专业机构进行能力补足。例如，可以借助华为云、阿里云等云服务公司提供的数据可信流通解决方案辅助数据可信流通。此外，UCloud 公司也设计了基于数据沙箱的数据流通安全屋服务，DataHub 针对使用平台即服务（Platform as a Service，PaaS）的用户提供了数据流通支持。② 出于忠实、谨慎履行信托义务的要求，受托人在遴选第三方合作机构时，有义务从数据需求场景、数据最终目的用途等方面对数据需求方进行审慎核查，从而能够在需求端对数据流通的合规性进行把关，因此也能够从该维度促使数据流通的可信性。

---

① 参见黄京磊、李金璞、汤珂：《数据信托：可信的数据流通模式》，载《大数据》2023 年第 2 期。

② 参见丁滟、王闯等：《基于区块链监管的联盟数据可信流通》，载《计算机工程与科学》2022 年第 10 期。

三、数据信托受托人违反信义义务的救济

数据信托是"受人之托"的财产管理行为,受托人应当切实履行信义义务以保障数据主体及数据控制者①的合法权益。如果受托人违反了忠实义务及/或勤勉义务,给受益人造成损失,应当赋予受益人相应的救济措施,以追究数据受托人的法律责任。从法律责任的视角,数据受托人违反信义义务的责任,与合同相对方违反合同义务的责任,在基本原理方面具有相似性。合同义务是合同相对方的第一性义务,如果违反此义务将触发第二性义务,即违约方按照合同约定承担违约责任;信义义务是数据受托人的第一性义务,若受托人违背了委托人的期待,自谋利益或实施具有利益冲突的行为,抑或未能充分履行勤勉义务,即可导致第二性义务。另外,前文在论述信义义务的公法基础时,也讨论了数据财产价值的聚变效应、风险涉众,可能导致受托人违反信义义务时的社会影响加剧,因而本书认为,针对数据信托受托人的信义义务应引入新的救济形态和观念,可以考虑在公法管制层面进行救济。

(一)私法领域的救济

关于数据信托第二性义务的内容,结合数据的特点,可以从受托人和数据财产两个维度展开,以"诉"的视角进行分析。源自罗马法的"诉"(actio)是一个对后世产生巨大影响的概念,按照温德夏特在其名著《潘德克顿教科书》中对诉的分析,罗马法中的诉具有三种最重要的含义:其一,作为事实描述的诉或诉讼(如针对某某提起一种诉);其二,诉权;其三,此种诉权所

---

① "数据控制者"并无统一定义,在数据实践中往往指称经营者由于从事主营业务所需,而留存或沉淀在经营者所能控制的服务器中的数据。经营者类型多种多样,如电子商务平台、物流公司、各类金融机构等。依据2022年12月2日中共中央、国务院发布的《关于构建数据基础制度更好发挥数据要素作用的意见》("数据二十条")的规定,将"数据控制者"称为"数据持有人"似乎更为妥当。

确立的权利。① 在现代权利意义上，罗马法的"诉"主要包括实体性权利和程序性权利两种，正如 Gerhard Köbler 教授所言，罗马法上的 actio 概念，在后世被区分为实体法请求权以及诉讼程序的法律保护。② 在程式诉讼时期，"诉"被区分为"对人之诉"和"对物之诉"，其核心区别是，"对人之诉"主要针对债产生的纠纷，"对物之诉"主要针对物的归属产生的纠纷，萨维尼认为，这两种诉之间的区别主要在于针对特定的相对人还是针对不特定的相对人。③ 基于罗马法上的诉这一概念，可以针对数据受托人的信义义务提出两种救济路径：一是基于对人之诉的救济思路，对数据受托人提出权利要求；④ 二是借鉴对物之诉的救济思路，要求被告对数据财产进行特定的处理。⑤ 作为数据受托人，如果违反信义义务，应承担与其角色相当的法律责任。权利人既可以对数据受托人本人提出权利要求，也可以对与数据信托相关的第三人（如受数据受托人委托对数据进行处理的人）提出权利要求。在受托人有违约行为发生时，权利人可以援引协议中约定的条款通过自力救济或者向人民法院提出诉讼请求，保护自身合法权益。

1. 解任权及后续处置

在各种救济措施中，首要关注一种特殊的救济方式，即解任权，这种权利关注的不是对数据信托财产的损失弥补，或者使其恢复原状，而是针对数据信托各方已经建立的信任关系通过解任来终止，以终结数据委托人、受益人与数据受托人之间的信任纽带，一劳永逸地解决受托人可能持续发生的不当受托行为。相比其他救济措施，解任作为对数据受托人违反信义义务的严厉惩戒，可

---

① 参见金可可：《简论罗马法上对人之诉与对物之诉的区分》，载《学海》2007 年第 4 期。
② 参见金可可：《简论罗马法上对人之诉与对物之诉的区分》，载《学海》2007 年第 4 期。
③ 参见金可可：《简论罗马法上对人之诉与对物之诉的区分》，载《学海》2007 年第 4 期。
④ 参见［英］伊恩·麦克唐纳、安·斯特里特：《衡平法与信托法精义》，李晓龙译，法律出版社 2018 年版，第 217 页。
⑤ 虽然本书认为，数据不等同于物，但在进行权利分析时，仍然可以借用物的思路进行展开。如果借用霍菲尔德的法律关系理论，"对物"其实最终也是"对人"。

以实现双重打击效果：一方面使其丧失受托报酬，产生现时的经济损失；另一方面使其背负负面声誉和职业评价，对未来收益带来损失。在以信任为基础的信托行业，解任相比其他惩戒措施更能起到救济的实效。

目前数据实践中，考虑到数据信托更多应是自益信托的场景，因此行使解任权进行救济时应关注以下问题。

首先，解任权的来源。数据信托的委托人/受益人基于数据信托合同的约定，享有对受托人的解任权，此权利是典型的约定型权利，而非固有的法定权利。如果数据信托合同中没有约定此项权利，则委托人/受益人不能行使解任权，而只能通过其他方式寻求救济。

其次，解任权人。基于合同的相对性原理，有资格对受托人行使解任权的，应当是签署数据信托合同的委托人/受益人，其他人不得行使解任权。

最后，解任权的行使。鉴于解任权的重大影响和数据财产的特殊性，委托人/受益人依据数据信托合同行使解任权时，应通过法院依法作出裁决，而不得自行解任，以防交易秩序混乱及滥权行为的发生。解任权的行使应满足一定条件，核心是判断受托人是否因管理能力不足、失信或者破产等情形，而难以继续担任数据信托的受托管理人，并非任何违反数据信托合同的事由都可以行使解任权。例如，按照日本信托法规定，普通违反信托义务的事由可以用损害赔偿责任机制来解决，而无须援引解任权进行救济。[1]

特别应当注意的是，解任权行使后，数据信托财产应当如何处理，是彻底删除还是交给新任受托人进行管理？对这一问题的解答，可以参考目前金融机构经营不善时的"接管"处理方法。金融机构的"接管"是指金融监管机构依法指派接管组接收金融机构，行使金融机构经营管理权，控制机构风险，保障其原有业务正常、合规运行的监管措施。实质上"接管"是一种行政处置

---

[1] 参见［日］能见善久：《现代信托法》，赵廉慧译，中国法制出版社 2011 年版，第 179～180 页。

措施，以促使金融机构恢复正常经营能力为目标的一种风险化解手段。法律规范层面，我国《银行业监督管理法》第38条、《保险法》第144条、《信托公司管理办法》第55条等都对此作了明确规定。考虑到数据的涉众效应，委托人行使解任权时，由于受托人对数据标签的形成也作出了一定贡献，只不过由于其存在过错或其他情形，被法院解任。此时，数据标签本身仍有价值，只不过不适宜由受托人继续管理。因此，对数据标签财产的最终归属在立法没有明确界定之前，不宜简单地将其归委托人或者受托人所有。作为具有特殊目的的"财团"，数据标签财产宜交由具有国家背书公信力的机构独立封存或保管，并在合适时机指定适格的受托人进行管理。

2. 关于撤销权和归入权

（1）撤销权及其效果评析

如果受托人违反信托目的，违背忠实义务或勤勉义务处置信托财产，应赋予相关权利人以撤销权。在日本，受益人对受托人"超出权限范围的行为"具有撤销权，[①] 我国《信托法》第49条也规定了受益人的撤销权，这是大陆法系国家赋予信托受益人的具有物权性质的一项权利。在英美信托法中，与撤销权类似的是衡平法上的追踪权，即追踪信托财产的权利。[②]

本书认为，从数据标签的应用规律及其应用后果来看，存在"撤销不能"的情形，无论将撤销权赋予委托人还是赋予受益人，在救济效果方面意义不大。根本原因在于，数据是一种特殊的财产权形态，具有无形性、非消耗性、无限可复制性等特征，涉及数据的侵权行为往往都极其隐蔽，一般难以察觉。这给认定数据受托人违反信义义务的责任带来困扰。由于数据的无形性，只有借助信息技术手段或者事后评估，才能对数据违法行为的损害后果进行认定，一般的个人数据主体很难具备这方面的能力。数据在被加工使用后，对数据的

---

① 参见赵廉慧：《信托法解释论》，中国法制出版社2015年版，第478~479页。
② 参见何宝玉：《信托法原理与判例》，中国法制出版社2013年版，第250页。

原始持有方和信息主体的直接财产损害也难以认定，并且传统民法上的返还财产、恢复原状等民事责任承担方式对数据各方主体也不具有明显的救济意义。特别是，数据使用者搭建大数据模型后，输出的数据标签和计算结果脱离了数据自身的精确含义，如果将此标签和结果持续进行建模使用，撤销权的行使后果（数据返还和恢复原状）也将失去意义，因此，针对违反数据信托中信义义务的救济，将相关损失转化为损害赔偿请求权更为可行。如果继续坚持传统信托法中的撤销权救济方式，对于保护委托人和受益人的利益比较难以奏效。

（2）归入权

相比撤销权，归入权的行使对数据信托财产的救济更有意义。我国《信托法》第26条规定，受托人如果违背信义义务利用信托财产为自己谋取利益，所得利益归入信托财产。委托人和受益人有权利要求受托人将其因不当行为获取的利益返还信托财产。在行使归入权时，委托人或受益人应当提供证据证明受托人实施了不当的数据管理行为、谋取了不当的利益或报酬。在现行立法制度供给不足的情况下，这似乎看起来有些困难，但是按照本书设想的技术保障路径（区块链、隐私计算等），受托人信义义务的履行或违反应当是有迹可循的，在证明其违背信义义务的客观表现方面有现实的可行路径。另外，需要同步配套考虑的是，既然归入权的行使效果是将受托人的不当利益返还信托财产，那么对于数据信托财产的管理也是需要同步考量的问题。对此，数据信托财产登记制度、数据财产的独立建账和独立财务管理制度，以及第三方独立审计等制度，也需要同步实施，方可保障归入权的行使效果落到实处。

3. 关于损害赔偿

损害赔偿对于数据信托信义义务的救济具有十分重要的意义，但是对于数据标签这种特殊的财产形式，其损害赔偿与侵犯传统财产权的损害赔偿具有很多不同，责任认定实施难度很大，需要着重考虑归责原则、举证责任分配、具体损失认定等方面的重大差异化问题。

(1) 关于归责原则

归责原则是侵权行为法的基本问题，是确定行为人承担民事责任的标准和依据。虽然它也称为"原则"，但与民法学的"原则"不同，两者是特殊和一般的关系。① 有关归责原则的体系，国内学界争论较多，大致可以分为三类：其一，程啸教授主张的一元论归责原则，即仅以过错作为认定侵权责任的基本标准，虽然归责事由可能存在多个；② 其二，张新宝教授主张的二元论归责原则，即归责原则应该包含过错责任和无过错责任两个类别；③ 其三，我国台湾地区王泽鉴教授主张的三元论归责原则，他将归责原则划分为三个类型，即过失责任、无过失责任和衡平责任。④ 近年来，学界对此争议渐弱，多数学者认同侵权行为的归责原则包括过错责任原则、无过错责任原则和公平责任原则。⑤

数据信托中，受托人对数据信托财产的管理，融合了受托人的主观管理意识和主动管理行为，特别是在那些商业信托的场合，管理行为具有商业目的性，受托人是否履行信义义务对管理后果有很大影响。故此，假如发生财产损害，受托人的数据财产管理明显不属于未成年人加害、精神病人加害等典型的侵权类型，因而不能适用公平责任的归责原则；无过错责任原则虽然对于数据信托的委托人和受益人非常有利，但该原则并非自动适用于一切行为。从我国《民法通则》到《侵权责任法》，再到现行《民法典》，在无过错责任原则的适用上均采用了严格的法定主义，即此类归责原则的适用必须以有明确的"法律规定"为限，法律没有规定的，不得适用此原则进行归责。照此看来，数

---

① 参见李永军：《民法学教程》，中国政法大学出版社2023年版，第923页。
② 参见程啸：《侵权责任法》，法律出版社2021年版，第111页。
③ 参见张新宝：《侵权责任法》，中国人民大学出版社2016年版，第14页。
④ 参见王泽鉴：《侵权行为》（第3版），北京大学出版社2009年版，第20页。
⑤ 参见李永军：《民法学教程》，中国政法大学出版社2023年版，第925页。

据信托财产的侵权归责原则只能适用过错责任原则，在现行法律没有就数据侵权的归责方式作出明确规定的情况下，按照"自己选择，自己责任"的方式进行归责是公平的。只不过，在证明过错的过程中，应当将此证明责任分配给原告还是被告进行承担，需要紧密结合数据信托财产管理和控制的特征进行。

(2) 关于举证责任

在国内目前民事诉讼法的体系下，首先，要依从实体法的相关规定，对举证责任进行分配；其次，如果当事人之间有举证责任契约，则可以依据当事人约定对举证责任进行分配；① 最后，如果法无明文规定，当事人之间也没有明确约定，可以遵从经验法则或者依据公平或诚实信用原则来分配举证责任。在数据信托法律关系中，委托人和受托人的地位不对等，主要表现为委托人可能不具备数据处理的技术能力，对数据也无法掌控，尤其是个人委托人更是如此。针对违反数据信义义务的行为，如果坚持"谁主张，谁举证"的原则将会使委托人受到不公正的待遇。②

基于数据侵权的这些特殊性，应当考虑举证责任倒置的责任分配方式。2019 年 11 月 8 日，最高人民法院发布的《全国法院民商事审判工作会议纪要》第 94 条关于营业信托受托人的举证责任规定可资借鉴。依据该条规定，资产管理产品的委托人或受益人，以受托人未履行勤勉尽责、公平对待客户等义务（信义义务），从而损害其合法权益，请求受托人承担损害赔偿责任时，受托人应当举证证明其已经履行了信义义务。如果受托人不能举证证明其已经充分履行信义义务，人民法院将依法支持委托人或受益人的损害赔偿诉讼请求。《个人信息保护法》第 69 条亦规定，个人信息处理者处理个人信息时，如果侵害了个人信息权益并造成实际损害，个人信息处理者不能证明自己没有过错的，也应当承担损害赔偿责任。可见，由于数据的特殊性以及信托产品的

---

① 参见汤维建：《论民事证据契约》，载《政法论坛》2006 年第 4 期。
② 《民事诉讼法》第 67 条规定，当事人对自己提出的主张，有责任提供证据。

特殊性，对从事数据处理的处理者以及营业信托的受托人，实行的都是举证责任倒置的证据规则。实行举证责任倒置，实际上是在顺应民事案件复杂性和多样性的需求，矫正特殊民事侵权案件中的不公平、不公正现象，同时，也是为了使举证责任的分担能够更好地顺应新问题，如产品责任、环境污染和道路交通事故等问题，[①] 体现了侵权行为法上归责原则的特殊性。[②] 而数据的受托管理问题显然是过往经济形态中从未有过的新问题，实行举证责任倒置有利于矫正新的社会不公。

(3) 关于损失认定

受托人违反信义义务对数据信托财产造成的损失，在认定方面目前主要存在两方面的障碍：其一，初始数据信托财产价值认定是否准确；其二，实际实现的数据财产价值认定是否公允。对于第一个问题，在目前的数据交易实践中，一般是数据加工使用者向原始数据源按照约定的价格标准支付固定采购费用，这是数据加工使用者的合同义务，因而只要交易双方共同认定了作价标准，本书认为数据财产价值的认定是符合双方预期的，因而也可以理解是准确的。第二个问题则较为复杂，影响因素也比较多，根据中国资产评估协会于2023年9月8日印发的《数据资产评估指导意见》，数据资产评估应当重视数据的质量因素，包括数据的准确性、一致性、完整性、规范性、时效性和可访问性等，要求应采取恰当方式执行数据质量评价程序或者获得数据质量的评价结果。但是，由于同一数据资产在不同的应用场景下通常会发挥不同的价值，所以，是否根据相应评估目的下评估对象的具体应用场景选择和使用恰当的价值类型就成为确认数据财产价值认定是否公允的重要标准。对于这个问题，实际操作的标准非常难以把握，数据财产价值的"场景依赖性"特征明显，价

[①] 参见程春华：《举证责任分配、举证责任倒置与举证责任转移——以民事诉讼为考察范围》，载《现代法学》2008年第2期。

[②] 参见王泽鉴：《侵权行为》（第3版），北京大学出版社2009年版，第15页。

值认定是否公允也就成为"公说公有理、婆说婆有理"的通俗问题，难以标准化。故此，在损失认定方面，本书认为应结合数据的二元性特征（人格权属性、财产权属性），以数据信托委托人受到的第三方侵权指控所实际带来的损失作为标准，判断实际损失的大小。该第三方指控可能聚焦于人格权属性而提出，数据信托委托人与受托人之间的财产权益分配关系独立于第三方指控的侵权行为，如果委托人无法提供有效证据证明其与受托人之间合作的合法性、授权链条完整性，即应当对侵权行为承担责任。不过，委托人的责任是第一性的，在其承担责任后有权利向数据信托的受托人进行追索，损失的大小宜以委托人实际承担的责任大小来认定。

（二）公法领域的救济

1. 公法救济的制度基础

数据信托财产的涉众性质，决定了受托人的信义义务不仅仅是私法领域的问题，其行使及后果可能会给国家安全、数据主权带来潜在影响，因此，对于违反信义义务的救济，离不开公法视角的分析。

（1）宪法基础

作为数据核心内容的个人信息，应当具有受保护的宪法基础。王锡锌教授认为，个人信息保护的宪法基础在于国家对公民个人的个人尊严和隐私安宁所负有的保护义务。[①] 我国《宪法》第33条第3款规定，国家尊重和保障人权，此规定可以视为对个人信息进行国家保护的公法基础。其中，"尊重"是一种消极意义的保护，体现为"不干涉"；"保障"则是一种积极意义的保护，主要体现为国家通过立法和其他公法行为对公民个人信息进行积极面向的保护，避免个人由于信息处理者的不当行为致使其人格尊严、生命健康等权益受到侵害，该含义也在《宪法》第38条得到了进一步确认。目前，全球已经有超过

---

① 参见王锡锌：《个人信息国家保护义务及展开》，载《中国法学》2021年第1期。

30个法域将个人信息权作为宪法性基本权利进行确认，例如《欧盟基本权利宪章》第8条和《欧盟运行条约》第16条所规定的"个人信息受保护权"即是。①

(2) 基本法基础

在国内基本法的层面，数据和信息的安全也被提升到国家战略安全的高度。我国《国家安全法》第25条规定，国家建设网络与信息安全保障体系，提升网络与信息安全保护能力，加强网络和信息技术的创新研究和开发应用，实现网络和信息核心技术、关键基础设施和重要领域信息系统及数据的安全可控；加强网络管理，防范、制止和依法惩治网络攻击、网络入侵、网络窃密、散布违法有害信息等网络违法犯罪行为，维护国家网络空间主权、安全和发展利益。并通过第51条至第54条以"情报信息"的专门规定，对信息的安全进行全面的规制。正如本书在"绪论"部分所述，数据已经不再是泛化的信息，而是特化的情报，在当今的数字化时代已经成为帮助组织获取竞争优势的利器。基于国家安全法对信息的重要定位，我国先后通过《刑法》、《网络安全法》、《数据安全法》等一系列基本法律，对数据安全问题进行了高强度的规制，以落实《宪法》的基本要求。

2. 公法救济的责任类型

基于数据违法行为的特性以及在调查取证方面的困难，本书认为，应当多维度构建对违反数据信托信义义务的公法救济措施，采用包括行政责任、刑事责任在内的多元化渠道对信义义务进行规制，建立起多元法律责任的协同机制。

首先，在行政法救济措施方面，监管部门的管理措施可以多管齐下、全面管控。可采取的措施包括但不限于通过监管谈话、责令停止、责令删除、责令

---

① 参见王锡锌、彭錞：《个人信息保护法律体系的宪法基础》，载《清华法学》2021年第3期。

限制处理、责令消除影响与赔礼道歉等行政命令方式及时制止违规活动，还可以通过记入信用档案并公示、发布风险提示等进行监管，也可以通过大额罚款、吊销主体登记证、吊销个人信息处理经营牌照等行政处罚手段，带来威慑效果。我国《个人信息保护法》第66条规定，针对侵害个人信息的违法行为给予行政处罚，包括警告、罚款、吊销营业执照等，① 即体现了这类监管的基本思路，未来的管控措施还可以更加丰富和多元化。需要注意的是，行政监管机构在采取这些管控措施时，应遵循比例原则的基本要求，体现"目的理性"，② 妥善处理好制裁措施与数据场景化应用之间的合理性匹配，避免过于严苛的执法效应制约数字经济的发展。

其次，在刑法救济措施方面，刑法的"谦抑性"和"最后手段性"，决定了通过刑事制裁进行打击的数据违法行为，应当是极其严重的违法行为，故在范围上应当严格管控。我国现行《刑法》规定涉及的对个人数据保护的罪名主要分为四个模式：③ 经济秩序保护模式（包括窃取、收买、非法提供信用卡信息罪和侵犯商业秘密罪）、人格权保护模式（包括侵犯通信自由罪、侵犯公民个人信息罪）、物权保护模式（包括盗窃罪、诈骗罪）、公共秩序保护模式（包括非法获取计算机信息系统数据罪、破坏计算机信息系统罪）。从刑法保护的实践效果来看，目前存在入罪标准过低，导致数据交易畸形蜕变的现象，

---

① 《个人信息保护法》第66条规定，违反本法规定处理个人信息，或者处理个人信息未履行本法规定的个人信息保护义务的，由履行个人信息保护职责的部门责令改正，给予警告，没收违法所得，对违法处理个人信息的应用程序，责令暂停或者终止提供服务；拒不改正的，处100万元以下罚款；对直接负责的主管人员和其他直接责任人员处1万元以上10万元以下罚款。有前述规定的违法行为，情节严重的，由省级以上履行个人信息保护职责的部门责令改正，没收违法所得，并处5000万元以下或者上一年度营业额5%以下罚款，并可以责令暂停相关业务或者停业整顿、通报有关主管部门吊销相关业务许可或者吊销营业执照；对直接负责的主管人员和其他直接责任人员处10万元以上100万元以下罚款，并可以决定禁止其在一定期限内担任相关企业的董事、监事、高级管理人员和个人信息保护负责人。

② 参见纪海龙：《比例原则在私法中的普适性及其例证》，载《政法论坛》2016年第3期。

③ 参见劳冬燕：《个人数据的刑法保护模式》，载《比较法研究》2020年第5期。

主要表现为"数据沉睡"和"数据黑灰产交易"两个极端。2017年5月8日，最高人民法院、最高人民检察院发布《关于办理侵犯公民个人信息刑事案件适用法律若干问题的解释》针对侵犯公民个人信息的犯罪行为规定了明确的立案标准。例如，非法获取、出售或者提供行踪轨迹信息、通信内容、征信信息、财产信息50条以上的，即属"情节严重"应予刑事立案。实践中，能够触发此标准的场景往往比较容易出现，所以近年来经常有企业因数据违法被处罚，① 但从法律法规的执行情况来看，数据立法和执法环节也存在口径不一的问题，司法救济的合理性仍有待进一步优化。② 否则，过于严苛的刑事制裁制度，可能会对数据要素流通和交易的活力带来不利影响。

四、本章小结

受托人履行信义义务过程中，首先面临的价值冲突是个人隐私保护和数据商业价值最大化。受托人优先倾向于哪个选项作为履行数据管理义务的基础，不仅涉及逻辑判断问题，更涉及价值判断问题。故此，数据信托受托人的信义义务具有特殊性，主要表现为以下几个方面。

（一）系统信任为信义义务提供了技术基础

在数字经济时代背景下，数据信托机制中，客观信任状态的实现离不开系统信任的技术加持，传统的人际信任、制度信任等模式在大数据、大模型乃至边缘计算、量子计算的新技术背景下，在调节社会关系、辅助作出决策等方面

---

① 例如2022年7月21日，国家互联网信息办公室对滴滴全球股份有限公司作出处罚，滴滴公司被罚80.26亿元人民币，董事长兼CEO程维、总裁柳青均被处罚100万元人民币。处罚原因是滴滴公司违法收集客户个人隐私、手机相册、剪切板信息、应用列表、人脸识别信息、年龄段信息、职业信息、亲情关系等19项个人隐私信息，是迄今为止涉及数据违法的最大罚单。载车家号，https://chejiahao.autohome.com.cn/info/10846880，最后访问日期：2023年9月28日。

② 从数据立法和执法实践来看，严格立法之下并没有带来严格执法，实践中的"数据黑灰产"交易仍然十分频繁。

已经显得力不从心，基于数字技术的系统信任在规制受托人的自由裁量方面具有重大且现实的意义和价值。隐私计算技术、区块链技术等提供的"零成本信任机制""零知识证明"的技术实现方式，对于以安全方式创造可信数据环境，确保在数据安全的前提下进行数据要素流通，实现个人隐私保护和数据商业化应用的最优平衡，具有很大价值。

（二）数据信托的信义义务具有公法制度基础

核心原因在于，数据的价值具有聚变性，数据量越大，价值越高，当数据积累到一定量级时，反映出的信息可能会对国家安全、数据主权等方面带来重大影响。因此，受托人不能仅着重于私法上商业利益的实现，还要关注网络安全、数据安全和个人信息保护方面的公法性义务。

（三）数据信托的信义义务因数据价值的场景依赖性而表现出高度的复杂性

作为一项填补性规则，数据信托的信义义务在受托人履行管理职责中相比传统财产信托的信义义务更为重要，这是由数据信托财产的特殊性决定的。数据信义义务的复杂性源于数据价值的场景依赖性，离开场景谈数据价值是无源之水、无本之木，数据多场景应用是数据产生差异化价值的根源。从数据实践来看，要实现数据价值的最大化，通常需要面临两个维度的挑战，即技术维度、合规维度。技术维度解决的是受托人是否尽其所能地运用普通人无法企及的数据新技术，低成本地对数据进行价值最大化的开发；合规维度解决的是在政策与法律对数据要素流通的要求不同步时，如何在遵守现有法规的基础上最大化迎合政策的导向。这两个维度都对数据价值的最大化有很大影响，受托人是否充分履行信义义务是其中的关键。

（四）数据信托的信义义务包括数据忠实义务和数据勤勉义务两方面

数据忠实义务概括起来就是两条基本主线，即"避免冲突"和"不得谋利"，表现为消极的不作为义务，如受托人不得享有数据信托利益、受托人不得利用管理数据之机谋取私利、受托人不得进行数据融合、受托人不得以个人偏好影响数据信托的策略选择等；数据勤勉义务表现为积极的、主动的作为义务，侧重于信托事务管理的合理性判断。数据信义义务的最终目的是平衡保护个人隐私和数据商业化应用，实现数据的可信流通，为各方带来价值收益。

（五）数据信义义务的救济具有特殊性

在私法救济方面，应赋予委托人/受益人解任权，但委托人/受益人依据数据信托合同行使解任权时，应通过法院依法作出裁决，而不得自行解任，以防交易秩序混乱及滥权行为的发生。解任权行使后，可以参考目前金融机构经营不善时的"接管"处理方法，将数据标签财产交由具有国家背书公信力的机构独立封存或保管，并在合适时机指定适格的受托人进行管理。本书认为，从数据标签的应用规律及其应用后果来看，存在"撤销不能"的情形，无论将撤销权赋予委托人还是赋予受益人，在救济效果方面意义不大。相比撤销权，归入权的行使对数据信托财产的救济更有意义。在损害赔偿方面，应坚持过错责任的归责原则，由过错方承担责任；但是，鉴于数据信托法律关系中委托人和受托人的地位不对等，针对违反数据信义义务的行为，如果坚持"谁主张，谁举证"的原则将会使委托人受到不公正的待遇。应当考虑举证责任倒置的责任分配方式。除此之外，在法律救济方面，还应当考虑公法救济的方式（行政责任、刑事责任）。

第五章

数据信托正当时：
数据交易现状及规则建议

    国内目前关于数据交易的现状是，数据供给端和数据需求端之间存在许多难以解决的现实困惑和法规难题，导致数据需求方的数据渴望常常难以通过正常渠道得到满足。于是，大量非合规渠道催生了数据地下交易和数据"黑灰产"，给数据安全、个人隐私保护带来巨大挑战。我国当前数据交易市场发展也面临多重约束，被寄予厚望的数据交易所，在配置数据要素的能力和质量方面表现不尽如人意。找到符合中国特色的数据要素交易和流通制度，不仅是立法的重大关切，也是数据实践的强烈需求。

    要将数据信托制度应用于我国数据要素的流通和管理，离不开规则的保障和约束。本书认为，在数据信托规则体系中，最重要的是三类规则，即数据授权规则、数据信托财产的可转让规则、数据信托受托人的规制规则。其中，数据授权规则要解决的是数据要素流通的合规性问题，它决定了数据要素是否可以流通以及在程序上如何满足流通要求；数据信托财产的可转让规则要解决的是全面审视数据财产与传统财产在信托设立过程中的变动性差别，深入理解可转让性对于数据信托财产的适用性问题；数据信托受托人的规制规则要解决的是如何跳出传统商事法律的视野，从公法角度理解数据信托受托人的义务履行问题，这是由数据在逐渐积聚之后具有公共安全属性甚至国家安全属性所提出的新命题。

一、数据交易市场失范的类型化

在数据合规的背景下，数据交易中存在一对悖论，数据越敏感则其价值性越强，但可交易性越弱；数据脱敏越彻底则其价值性越弱，但可交易性越强。换言之，在数据敏感性与数据价值性之间持续存在利益冲突问题。在数据价值的利益驱动之下，虽然存在利益冲突，仍然不乏风险偏好更激进的数据供给方和数据需求方铤而走险，直接或间接买卖敏感数据，成为"刀尖上的舞者"。从数据实践来看，数据交易市场目前存在参差不齐的现状，与"互信难"有直接关系。各种失范的类型主要表现为以下五种形态，即原始数据直接买卖、数据合作中超范围采集、非法公开爬取数据、通过实施"撞库"进行数据补强、通过数据缓存收集信息等。

（一）原始数据直接买卖

原始数据是未经脱敏化处理的数据，当其中包含大量个人信息时，直接进行买卖可能会构成犯罪。当前数据实践中，个人数据的主要用途往往是身份认证、精准营销和诈骗。现金贷行业[①]是个人信息买卖黑色链条的高发领域，[②]这个行业中的交易数据主要是用于精准营销，针对有贷款或出借需求的平台用

[①] 现金贷普遍场景是一旦用户在一个网贷平台上注册，填入相关个人信息，不久就会收到几家甚至更多网贷平台的贷款电话和短信。透过电话轰炸和短信骚扰的表象，不难推知用户在该平台上注册的信息已经通过某种方式被"共享"给了其他平台。

[②] 数据黑色产业链主要有横向和纵向两种交易链条：（1）横向产业链条。平台之间主动出售，即平台出于数据营利的目的，将手上已收集到的用户信息直接向其他平台出售；也包括对用户的"二次营销"，即将那些无法通过本平台放贷标准的这部分用户信息出卖给那些放贷审核标准较低的平台，促使这些用户与其他平台达成交易。（2）纵向产业链条。内鬼或黑客成为数据交易的主要来源，内鬼或黑客将其通过非法渠道收集到的个人信息出售给"中介商"，这些中介商将信息数据收集起来，打包卖给对用户数据有需求的网贷平台。

户精准投放广告，减少无效广告的投入。依据最高人民法院、最高人民检察院《关于办理侵犯公民个人信息刑事案件适用法律若干问题的解释》的规定，未经被收集者同意，将合法收集的公民个人信息向他人提供的，即属于刑法第 253 条之一规定的"提供公民个人信息"，个人信息经过处理后无法识别特定个人且不能复原的，不再属于个人信息；同时，"提供公民个人信息"的活动如果达到"情节严重"的程度，则要追究刑事责任。该解释规定的"情节严重"情形比较容易达到，例如，如果非法交易的行踪轨迹信息、征信信息、财产信息等达到 50 条以上，或者非法交易的住宿信息、通信记录、健康生理信息、交易信息等达到 500 条以上的，就满足刑事立案的标准，可能会被追究刑事责任。笔者以"侵犯公民个人信息犯罪""数据买卖"等为关键词在威科先行数据库和北大法宝数据库中对相关案例进行检索后发现，涉及数据交易被认定构成侵犯公民个人信息罪的案件中，一般是直接买卖数据的原始字段，且数量巨大。例如，在常某、颜某旺等侵犯公民个人信息犯罪案件中，[1] 数据堂公司每个工作日通过邮件 MD5 加密形式向金时公司交付数据，截至案发时，总计交付了 60 万余条公民个人信息，数据字段包含有 Telephone、LAC（位置区代码）、CELL（基站号）、IMEI（手机串号）、时间（精确至秒）、URL（上网地址）等，饱和度均要求 95% 以上，造成了十分恶劣的社会影响。

（二）数据合作中超范围采集

API 接口方式进行数据交互是现有数据交易中经常采用的数据交付方式。[2] API 接口不仅可以实现计算机软件之间的相互通信，开发人员还可以通过 API 接口程序开发应用程序，减轻编程任务，API 同时也是一种中间件，为各种不

---

[1] 参见山东省临沂市中级人民法院刑事判决书，（2018）鲁 13 刑终 549 号。

[2] API 接口是一种允许不同软件应用程序之间进行通信和交互的接口，它定义了一组规则和协议，用于在不同的应用程序之间传递数据和请求服务，API 允许开发人员利用其他软件的功能而无须了解其内部实现细节。

同平台提供数据共享。① 采用 API 进行数据交易时，最常见的问题是数据需求方违反合作协议约定，超范围采集数据。在北京微梦创科网络技术有限公司与北京淘友天下技术有限公司等不正当竞争纠纷案②中，法院就被告在合作期间抓取、使用涉案新浪微博用户的职业信息、教育信息的合法性和正当性进行了论证。在合法性方面，被告在合作期间未根据与微梦公司的协议，申请职业信息、教育信息 OpenAPI 接口，即从微博开放平台获取新浪微博用户的职业信息、教育信息，并且在双方合作结束后，二被告未按协议要求及时删除相关用户信息，仍将包括新浪微博用户职业信息、教育信息在内的相关信息用于脉脉软件，该行为不符合《开发者协议》的约定。在正当性方面，法院认为用户职业信息、教育信息具有较强的用户个人特色，无论对于新浪微博，还是脉脉软件，都不属于为程序运行和实现功能目的的必要信息，而是需要经营者在经营活动中付出努力，挖掘并积累的用户资源中的重要内容。因此，被告在合作期间对涉案新浪微博用户职业信息、教育信息的获取及使用行为，以及在合作结束后对涉案新浪微博用户相关信息的使用行为均缺乏正当性。最终，法院认定被告在双方合作期间通过 API 接口实施的抓取、使用涉案新浪微博用户职业信息、教育信息的行为属于非法行为，不予支持。可见，以 API 接口方式进行数据交互时，数据供给方和数据需求方应严格遵循类似于《开发者协议》之类的文件中就双方权利义务的详细约定，否则可能会带来因缺乏合法性和正当

---

① 根据单个或分布式平台上不同软件应用程序间的数据共享性能，常见的 API 接口有以下几种形式：（1）HTTP 类型接口。基于 HTTP 协议提供的 API，这类 API 常常以"网址"形式提供的，像现在主流的 RESTful 就属于这类接口。（2）RPC 接口。RPC 是指远程过程调用，将一部分代码逻辑放在远程服务器上部署，然后在需要的地方调用即可（调用远程方法就像调用本地方法一样），本质上是 Client/Server 模式，而且支持多种协议和数据传输方式。（3）WebService 接口。WebService 并不具象地指某种 API，我们将以 WEB 形式提供的服务都称之为 WebService，像 RESTful 也属于 WebService。载百度学术，https：//www.knowbaike.com/it/51591.html，最后访问日期：2023 年 10 月 11 日。

② 参见北京市海淀区人民法院民事判决书，（2015）海民（知）初字第 12602 号民事判决书；北京知识产权法院民事判决书，（2016）京 73 民终 588 号。

第五章　数据信托正当时：数据交易现状及规则建议　　···　253

性而被认定为非法的法律风险。

（三）非法公开爬取数据

网络爬虫是一种功能强大的信息采集程序，可以针对互联网系统内的底层组织直接进行信息调取和信息处理。① 它本质上是一种由机器模仿人的行为抓取数据的工具，爬虫活动一般表面显现为正常用户的操作，② 爬虫技术在搜索引擎、舆情监控、大数据挖掘等方面有广泛的应用。网络爬虫的基本工作原理是：首先选取作为"种子"的统一资源定位符（uniform resource locator，URL），下载相关网页，随后从该网页开始发现和提取更多的 URL，基于所获得的 URL，利用正则表达式等工具提取内容并存储有用的新信息，一直重复上述操作直至达到一定标准为止。③ 工作原理如图 5-1 所示。

---

①　随着大数据应用技术的快速发展，网络爬虫在互联网数据产品研发、网络舆情监控等方面发挥了越来越重要的作用，但由于这项技术的滥用，也频频招致监管部门的处罚，甚至引发了多起刑事犯罪案件，以至于现在提及网络爬虫时，几乎顺理成章地将其等同于"害虫"，成为不法行为的代名词。从技术中立的角度，"网络爬虫"实际上背负了过多的道德评判，对这项技术的价值及其应用过程，应客观理性地进行分析，把握其合法性边界，才能为原本向善的爬虫技术正名。参见孙薇、于强伟：《网络爬虫行为的合法性边界》，载北大法宝，https：//ahlx.pkulaw.com/lawfirmarticles/c36c8b46f84be5a64886f0738f6ec822bdfb.html，最后访问日期：2023 年 10 月 11 日。

②　See Kathleen C. Riley, *Data Scraping as a Cause of Action*：*Limiting Use of the CFAA and Trespass in Online Copying Cases*, 29 Fordham Intellectual Property, Media & Entertainment Law Journal 245, 260（2019）.

③　参见周德懋、李舟军：《高性能网络爬虫：研究综述》，载《计算机科学》2009 年第 8 期；杨定中、赵刚、王泰：《网络爬虫在 Web 信息搜索与数据挖掘中应用》，载《计算机工程与设计》2009 年第 24 期；Alyssa Knutson, *Proceed with Caution*：*How Digital Archives Have Been Left in the Dark*, 24 Berkeley Technology Law Journal 437, 444 – 445（2009）.

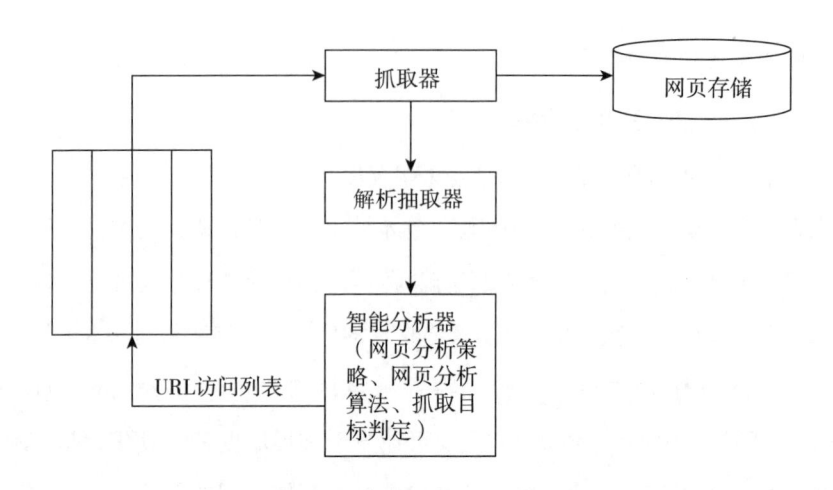

```
                ┌─────────┐        ┌─────────┐
        ┌──────→│ 抓取器  │───────→│网页存储 │
        │       └─────────┘        └─────────┘
        │            │
        │            ↓
        │      ┌─────────┐
        │      │解析抽取器│
        │      └─────────┘
   ┌────┴──┐        │
   │       │        ↓
   │       │   ┌──────────┐
   │       │   │智能分析器│
   │       │   │(网页分析策│
   │       │←──│略、网页分析│
   │URL访问│   │算法、抓取目│
   │列表   │   │标判定)    │
   └───────┘   └──────────┘
```

图 5–1　URL 工作原理

在当前技术环境下，网络爬虫已不仅仅是自动化的数据抓取程序，还包括抓取数据过程中突破反爬机制的技术手段，比如，验证码的自动识别（反向图灵测试）、数据解密、代理 IP 池、模拟浏览器访问、伪造用户代理、JS 逆向解析等。这项技术具有显著的"双刃剑"特性，它不仅构筑了搜索引擎系统中的核心内容，为数据收集和用户查询带来极大便利，同时也因为不当运用，在网络安全、数据安全及个人信息保护领域带来了一系列新问题。公安部在 2019 年开展的"净网 2019"专项行动中，打掉多个利用"暗网"倒卖公民信息的犯罪团伙，捣毁一批为"套路贷"提供数据服务的科技公司。其中，涉案的部分大数据服务商在数据行业内非常知名，如新颜科技、聚信立、同盾科技等，涉案的这些公司有一个共同的特征，他们均涉及爬虫类相关业务，该业务涉嫌侵犯隐私，为"套路贷""高利贷""暴力催收"等提供协助服务。[①]因此，网络爬虫在数据交易市场中带来的问题主要表现为扰乱数据市场，数据

---

① 参见新浪金融研究院：《公安部全链条打击"套路贷"　四家大数据服务商涉案》，载新浪财经，http://finance.sina.com.cn/jinrong/hj/2019-11-15/doc-iihnzahi1165397.shtml，最后访问日期：2023 年 10 月 11 日。

来源的合规性难以保障，如果数据爬取后用于非法目的，还会面临刑事责任风险。

（四）通过实施"撞库"进行数据补强

撞库最初是黑客通过收集互联网已泄露的用户和密码信息，生成对应的字典表，尝试批量登录其他网站后，得到一系列可以登录的用户的技术手段。[①]目前，撞库技术已经被许多掌握大量数据的平台公司用于进行数据库的补强，基本操作原理是 A 公司拥有的数据经过加密后，与 B 公司拥有的数据进行对撞，如果对撞成功，则合作双方约定好该批量数据的使用场景、使用方式，并就产生的收益进行分成。通过实施撞库，A 公司与 B 公司之间在没有进行明文数据传输的情况下实现了数据交互，A 公司的数据质量也得到了补强。不过，从合规角度而言，这一技术具有灰色性，也容易引发争议和纠纷。曾经有大数据公司在与其他公司进行撞库合作过程中，被撞库的公司违规对加密的撞库数据进行了暴力破解，并将破解后的数据留存和使用。撞库行为在数据密集型的行业公司中应用较多，因其本身具有的灰色性和数据泄露风险，在目前的数据交易市场中受到质疑。

（五）通过数据缓存收集信息

数据缓存是指将数据临时存储在内存或其他高速存储介质中，以便快速访问和读取数据。一般应用于需要频繁访问的数据，如数据库中的表数据、Web 应用程序中的页面数据等，其作用在于可以提高数据访问的速度和性能，避免重复查询数据库或其他数据源，从而减少系统的负载和响应时间。[②] 数据缓存

[①] 2014 年 12 月 25 日，12306 网站用户信息在互联网上疯传。对此，12306 官方网站称，网上泄露的用户信息系经其他网站或渠道流出。据悉，此次泄露的用户数据不少于 131,653 条。该批数据基本确认为黑客通过"撞库攻击"所获得。载百度百科，https：//baike.baidu.com/item/%E6%92%9E%E5%BA%93/16480882#3，最后访问日期：2023 年 10 月 11 日。

[②] 载腾讯云，https：//cloud.tencent.com/developer/techpedia/1733，最后访问日期：2023 年 10 月 11 日。

的技术初衷是向善的，但在当前数据实践中，缓存被用于一些不正当的商业目的。例如，数据平台或 App 运营者将用户重要原始数据缓存在本地，或者数据服务商将客户的核验结果缓存在本地，然后将这些缓存的数据进行二次开发、深度加工，形成新的数据服务能力并对外输出。缓存数据面临的最大合规问题是，由于欠缺数据主体的明确授权，在此情形下基于缓存数据进行任何场景的交易活动，都因欠缺数据主体的同意而不具有合规性。依据 2021 年 4 月 8 日中国人民银行《金融数据安全 数据生命周期安全规范》（JR/T 0223—2021）规定，金融业机构从个人金融信息主体处采集数据时，在 App、Web 等客户端相关业务完成后，不应留存 3 级以上金融数据并及时删除缓存，在数据传输和数据展示业务完成后，所有相关数据也应立即清理。

备受关注的杭州魔蝎数据科技有限公司（以下简称魔蝎公司）因缓存数据入刑一案，[①] 值得数据从业者深思。魔蝎公司主要与各网络贷款公司、小型银行进行合作，为网络贷款公司、银行提供需要贷款的用户的个人信息及多维度信用数据，公司将其开发的前端插件嵌入上述网贷平台 App 中，在网贷平台用户使用网贷平台的 App 借款时，贷款用户需要在魔蝎公司提供的前端插件上，输入其通讯运营商、社保、公积金、淘宝、京东、学信网、征信中心等网站的账号、密码，经过贷款用户授权后，魔蝎公司的爬虫程序代替贷款用户登录上述网站，进入其个人账户，利用各类爬虫技术，爬取（复制）上述企、事业单位网站上贷款用户本人账户内的通话记录、社保、公积金等各类数据，并按与用户的约定提供给网贷平台用于判断用户的资信情况，并从网贷平台获取每笔 0.1 元至 0.3 元不等的费用。法院在论证魔蝎公司构成侵犯公民个人信息罪时，最主要的入刑理由是，魔蝎公司在和个人贷款用户签订的《数据采集服务协议》中，已经明确告知贷款用户"不会保存用户账号密码，仅在用

[①] 参见浙江省杭州市西湖区人民法院刑事判决书，(2020) 浙 0106 刑初 437 号。

户每次单独授权的情况下采集信息",但魔蝎公司违反了此约定,未经用户许可,在自己租用的阿里云服务器上仍采用技术手段长期保存用户各类账号和密码。综合审理后,法院最终判决魔蝎公司构成侵犯公民个人信息罪,判处罚金人民币 3000 万元;周某翔犯侵犯公民个人信息罪,判处有期徒刑 3 年,缓刑 4 年,并处罚金人民币 50 万元;袁某犯侵犯公民个人信息罪,判处有期徒刑 3 年,缓刑 3 年,并处罚金人民币 30 万元。

二、我国数据信托制度规则构建的主要考量因素

(一)数据授权规则

数据交易市场失范行为的广泛存在,除了经济因素驱动以外,也与数据权益的授权规则合理性有关。当前数据交易实践中,普遍关注前端授权的充分性、完整性,要求个人数据主体对数据应用的场景、目的、使用方式等进行全面授权。然而在许多场景下这是无法实现的,也不符合《个人信息保护法》对数据采集所要求的"最小必要"原则。故此,在数据应用环节,若坚持绝对的前端授权,导致在合规性和必要性方面存在比较大的障碍。如此一来,将会导致数据要素的流通和应用面临很大挑战。

1. 前端授权的效用分析

本部分内容讨论的前端授权和后端授权,是从数据要素流通链条的角度,依据数据授权时是否存在数据交易需求为标准进行的划分。如果数据授权时没有数据交易需求,则被称为"前端授权";如果数据授权是依据数据交易需求而产生,则被称为"后端授权",两者的区分具有相对的意义。

一般认为,除了匿名化以外,个人的"知情同意"是阻却数据违法性的重要手段。在数据实践中,"前端授权"往往发生于数据主体采购某项具体产品或使用某些具体服务时的场景,例如注册 App 时,运营商要求数据主体通过勾选"隐私政策"或"用户协议"的方式进行授权,以便运营商采集个人

的姓名、证件号码、手机号码,并同意对数据进行指定场景的使用等,数据主体也通过"知情同意"的方式完成上述授权。

然而,当前数据实践中,以"知情同意原则"为代表的个人信息"前端授权"模式事实上已经陷入形式合规怪圈,无法真正起到促进数据流通的作用。数据控制者在向消费者提供服务时,常见的方式是在其网站或 App 上展示"隐私政策",取得勾选同意后再提供相关服务。但这些文件内容一般晦涩冗长,且包含大量专业技术术语,消费者理解成本很高。一项调查显示,如果充分完整地阅读遇到的每份"隐私政策",每年将耗费 80 天时间,[①] 这些"隐私政策"因其冗长的内容、专业化的术语,使得完全阅读其版本将极其耗时耗力,这对于寻求快速服务的用户而言,"隐私政策"基本沦为摆设。一些不法商家也趁机在"隐私政策"中加入了过度授权、超范围采集信息等内容,一般消费者往往难以觉察。这些因素叠加起来使得"隐私政策"看起来对个人信息进行了充分保护,但实质上并未真正起到保护个人信息权益的效果。数据实践中的常见情形是,由于数据"黑灰色交易"的隐蔽性和数据的无限可复制性,大量个人数据已经散落于许多平台,事实上已成为"透明信息",而个人数据主体甚至不知道其数据存放于何处,被哪些数据控制者所掌控。在此情形下,事先授权模式在逻辑上是不周全的,已经无法起到充分保护个人信息权益的作用。

故此,"知情同意原则"应当是"小数据时代"的授权思维,在"大数据时代"已显得格格不入。

2. 从法经济学角度看后端授权

"后端授权"是从需求端发起的数据授权规则。相比"前端授权","后端授权"在数据要素流通过程中的应用更加具有操作上的便利性,更符合经济

[①] 参见周晓冬:《论大数据时代个人数据产权化的伦理准则》,载《南大法学》2022 年第 4 期。

上的成本效益原则。它的基本原理是，凡是发生数据要素需求的场景，往往是基于个人数据主体产生了现实的购买数据服务或商品需求，由个人通过后端的授权，向数据服务或商品的供应商赋予了进行数据加工和应用的正当性。如果数据服务或商品的供应商没有获取此类授权，则推定其数据加工和应用缺失合规性基础，将来一旦发生数据侵权诉求，则数据服务或商品的供应商应当承担相应的法律责任。如此一来，就促使他们必须获取该等授权，以补正由于数据源提供方没有就正在发生的数据需求场景和数据使用目的取得"前端授权"的瑕疵。

从法经济学角度，"后端授权"更具有合理性，可以借鉴经济学家在研究成本和效率方面的经验说明这种合理性。我们此处讨论授权的"前端"和"后端"，本质上还是着眼于未来法律纠纷解决的角度，审视哪种方式在成本和效率上最优。多数法律纠纷的解决都涉及货币价值衡量，以及如何在各方之间分配利益，获取利益的多少决定了未来行为的动机，在私法分析中，对成本和效率的考量应该被置于优先地位。[①] 数据授权规则的设置，也同样应考虑成本、效率问题。在成本方面，大数据时代重视海量数据产生的聚合价值，单一个人数据的价值性非常有限，因此如果要继续坚持"知情同意原则"，让数据控制者在对原有存量数据进行加工使用之前，重新取得个人的授权，在成本上是不经济的，事实上也难以操作和实施，因为有的消费场景可能已经结束，数据控制者重新与其建立联系并取得新的授权往往不具有可操作性。在效率方面，"后端授权"发生于具体、现实的数据需求场景（如个人寻求银行贷款、助贷机构为个人提供金融服务等），只有存在此类需求时，才从需求端发起向前端的数据处理授权，而没有此需求时，无须事先在数据源端由其获得个人对数据应用的无限、概括授权。从而产生了类似于"一事一议"的效果，既不

[①] 参见［美］罗伯特·考特、托马斯·尤伦：《法和经济学》，史晋川、董雪兵等译，上海人民出版社2012年版，第7页。

浪费授权资源也不闲置授权场景,这对于提高数据要素流通应用的效率是有益的。

(二) 数据信托财产处分规则

1. 从民法基本原则看数据财产转让

数据财产具有可转让性是转让数据财产、设立数据信托的必要条件,而非充分条件。在我国目前法律制度体系下,针对数据的立法条文寥寥无几,有关数据交易的具有法律层面效力的规定更是空白,反倒是地方性的数据条例及文件大量涌现,[①] 纷纷提出数据交易的规范框架。在此背景下,从民法基本原则探讨数据交易的应然规范,可以弥补法律条文缺失情形下的立法缺憾,又能在符合民法基本精神的前提下对数据财产转让进行恰当规范。

当前国内数据实践具有以下明显特点:(1) 个人数据主体与数据控制者技术能力不对等,数据控制者通过购买硬件设备、雇用研发团队等,搭建了复杂的平台交易控制系统,个人事实上难以通过一己之力对抗数据控制者的技术优势,因此体现在对数据的获取和处理方面,双方在技术能力上不可同日而语;(2) 单一的个体数据并无太大价值,而数据融合、加工等工作只能由数据控制者完成,这也体现了大数据必须足够"大"才具有更多的附加价值,强调个人掌控数据既不"规模",也不"经济";(3) 数据集中必然带来数据垄断,个人在数据控制者面前似乎无能为力,只能借助国家公权力进行反垄断管制;(4) 在商业化价值方面,要求数据控制者放弃已投入的资源,无私地

[①] 例如,在数据交易方面,吉林、深圳、上海、福建等多地的数据条例罗列出了禁止交易的数据类型,拟对其进行负面清单管理,明确禁止交易的数据包括非法采集的、涉及国家安全、公共安全、商业秘密、个人隐私等的数据。根据《个人信息保护法》的规定,在个人信息交易中,需要获取数据主体的授权,否则可能导致数据来源不合规。基于此,深圳和上海出台了相关数据条例,将"个人数据未依法获得合法权利人授权"等情形列入负面清单。相反,正面清单则指可以依法被获取并被服务商开发利用的数据。海南、山西、安徽等地的数据条例明确可交易的数据应获取授权或经处理不能复原且无法识别数据主体。可以发现,各地对可交易数据、禁止交易数据的规定大致相似,并且更多倾向于"法无禁止皆可为"的负面清单管理。

将控制的数据向社会公开,并不符合商业逻辑,数据控制者具有天然的数据变现冲动;(5)数据控制者基于对数据的完全控制,通过"算法黑箱"操纵数据使用,导致"数据杀熟"和骚扰性"个性化推荐"泛滥,个人处于"人为刀俎,我为鱼肉"的弱势境地。基于这些特点,在探讨数据财产转让规则过程中,可以从与民法基本原则联系最密切的三个方面展开。

(1)诚实信用原则

我国《民法典》第7条规定了诚实信用原则,[①] 作为民法最重要的基本原则,它又被称为"帝王条款",受到各国民法公认。[②] 学者认为,要给诚实信用原则作出确切定义是很难的,主要原因是它本身包含很强的道德性因素,并且随着时代变化而发展;另外,它并非概念法学体系中的抽象性概念,而是来源于社会道德的生活性概念。[③] 因此,诚实信用原则的含义可以列举,却无法穷尽。诚实信用原则表达的是一种公平正义的理念、具体化的道德准则,同时又通过利益平衡表达公平的诉求。作为一种道德化的法,诚实信用原则能够软化基于意思自治而在当事人之间形成的僵化的约定条款,为承认或者扩张司法自由裁量权提供了理论滋养,[④] 或者在法律条文不能覆盖的空白范围内,为扩张性解释留下空间。诚实信用原则具有的这些功能,恰好契合了当下数据实践的规则空白,可以协助数据控制者确立行为规则,促使数据处理者以正当方式对数据进行处理。包括以正当方式履行数据处理义务、数据附随义务(通知、协助、保密等)、不得从数据违法行为中获利等,此外,诚实信用原则在数据实践中可以派生出许多其他具体规则。

---

① 《民法典》第7条规定,民事主体从事民事活动,应当遵循诚信原则,秉持诚实,恪守承诺。
② 参见王利明等编著:《民法典新规则解读与适用》(总则编),法律出版社2023年版,第52页。
③ 参见江平主编:《民法学》(第4版),中国政法大学出版社2019年版,第25页。
④ 参见尹田:《民法典总则之理论与立法研究》,法律出版社2018年版,第145页。

(2) 公序良俗原则

公序良俗由"公共秩序"和"善良风俗"构成，在我国《民法典》第 8 条作了规定。① 与诚实信用原则一样，公序良俗原则也具有弥补强行法规范不足的作用，在法律规范缺失的情况下能够对民事行为提供更加全面的规则指引，并对其效力作出评价，② 此规则对数据财产转让规则具有制度供给的功能。公序良俗原则还有一个非常重要的功能，即调节个人利益和公共利益之间的利益冲突，维护正常的经济生活秩序。对数据实践来说，此功能亦具有十分重要的规则补给作用。个体单一数据海量汇集之后，经过模型计算的结果可能就表现出公共属性特征，具有描述群体特征的功能。2003 年至 2008 年，谷歌利用自己的搜索数据，推出"谷歌流感趋势"系统。2009 年，美国 H1N1 流感病毒疫情暴发，神奇的谷歌流感趋势系统成功预测了疫情在全美范围内的传播，与美国疾病控制与预防中心的官方数据相比，准确率高达 97%。在此情形下，谷歌流感趋势系统计算出的数据，不再是单纯的个人数据或企业数据，已经具有了公共属性的特征。数据实践中还有其他大量场景涉及个人利益和公共利益的冲突。例如，2022 年 6 月，郑州部分村镇银行储户前往银行进行维权时，莫名其妙地被"赋红码"，不仅导致个人信息泄露，也致使个人行为自由严重受限。③ "健康码"本应是新冠疫情期间各地政府用于管理健康申报、行踪轨迹等的公共工具，却被用于公共利益之外的其他私人目的，这是严重违背公序良俗的不当行为。公序良俗原则是对当事人意志自由边界的限制，在中国法的语境下，公共秩序是公共利益的同义语，善良风俗则是社会道德的另类

---

① 《民法典》第 8 条规定，民事主体从事民事活动，不得违反法律，不得违背公序良俗。
② 参见王利明等编著：《民法典新规则解读与适用》（总则编），法律出版社 2023 年版，第 53 页。
③ 载网易，https://www.163.com/dy/article/HQC12RQR05560BB6.html，最后访问日期：2023 年 5 月 22 日。

表达,[1] 它们也同样应当是数据伦理的核心关切。

(3) 权利不得滥用原则

我国《民法典》第132条规定了权利不得滥用原则,[2] 严格来说,这并不是一项新原则,在许多国家的判例、学说及民法典中早已有之。在我国《民法典》将其写入法条之前,司法实践中经常将涉及权利滥用的纠纷采用诚实信用和公序良俗原则进行处理。权利不得滥用原则的正当性基础包括规范权利行使、协调权利冲突、实现利益平衡等。[3] 迄今为止,虽然数据之上存在何种权利仍无定论,但数据作为新型财产形态具有受到法律保护的利益是十分明确的,也得到《民法典》第127条的间接认可。[4] 在判定数据控制者是否滥用数据权利时,需要考虑数据的使用目的、使用方式以及因数据使用造成在当事人之间利益失衡的程度等。例如,数据控制者通过App或者网站收集个人数据后,对于数据约定使用的关联场景有时并不十分明确,但数据控制者出于商业利益的考虑,倾向于扩张性理解双方约定的使用范围,从而可能导致在个人不知情的情况下数据被滥用,这是有失公允和非正义的。不过,也应注意权利不得滥用原则不是独立的请求权基础,没有具体的法律救济效果,在涉及解释数据垄断、算法黑箱等不当行为对数据财产转让规则的影响时,仍然需要其他具体规则(如侵权责任)进行填补。

2. 数据财产处分规则的核心:赋权与定价

"卡—梅框架"的三个规则中,法律都明确指定了法益的归属主体,在此基础上衍生出转让是否被允许、作价是否自愿等具体的规则衡量标准。如果用

---

[1] 参见尹田:《民法典总则之理论与立法研究》,法律出版社2018年版,第147页。
[2] 《民法典》第132条规定,民事主体不得滥用民事权利损害国家利益、社会公共利益或者他人合法权益。
[3] 参见王利明等编著:《民法典新规则解读与适用》(总则编),法律出版社2023年版,第200~212页。
[4] 《民法典》第127条规定,法律对数据、网络虚拟财产的保护有规定的,依照其规定。

"卡—梅框架"解释和划定数据财产权转让规则，面临的两个核心问题是：如何对数据进行确权以及如何定价。

（1）关于数据赋权

国内大量学者进行了探讨，针对数据赋权模式进行了许多讨论，大致可以归纳为以下几类：第一，分别归属说。个人信息数据权利归个人数据主体所有，非个人信息的个人数据与非个人数据权利归属于投资主体。此种二分法以个人数据和非个人数据为标准，分别确定了数据权利的归属主体。① 第二，新型财产权利说。数据控制者的数据权利，应当界定为一种新型财产权利，因为数据控制者在收集数据的过程中付出了劳动。② 第三，数据经营权和数据资产权说。对数据控制者而言，数据经营权是一种关于数据的经营地位或经营资格，而数据资产权是数据控制者对其数据集合或加工产品的一种归属财产权，在法律地位上近似于所有权。③

欧盟也试图对数据控制者赋予数据生产者权。欧盟委员会于2017年发布《建立欧洲数据经济》（Building a European Data Economy），提出为保护工业数据而在欧盟层面设立数据生产者权利（data producer's right）的建议。④ 针对这项拟议权利，赞成者认为设立统一的数据生产者权利有利于创建有效的数据市场，从而有助于发展信息经济。⑤ 相比之下，多数学者虽然承认数据经济以及为数据提供保护的重要性，但对排他性的数据生产者权利表达了强烈的反对，反对理由主要包括以下几点：其一，数据生产者权利会在总体上带来更多

---

① 参见李爱君：《论数据权利归属与取得》，载《西北工业大学学报（社会科学版）》2020年第1期。
② 参见程啸：《论大数据时代的个人数据权利》，载《中国社会科学》2018年第3期。
③ 参见龙卫球：《数据新型财产权构建及其体系研究》，载《政法论坛》2017年第4期。
④ See Herbert Zech, *Building a European Data Economy*, IIC‐48 International Review of Intellectual Property and Competition Law 501 (2017).
⑤ See Herbert Zech, *A Legal Framework for a Data Economy in the European Digital Single Market: Rights to Use Data*, 11 Journal of Intellectual Property Law & Practice, 460 (2016).

的法律与政策挑战;① 其二，数据生产者权利与现有知识产权制度存在广泛重叠和冲突;② 其三，从经济学角度看，数据市场中尚不存在明显的市场失灵和激励缺失等问题。③ 欧盟委员会委托第三方作出的研究报告《数据所有权等新兴问题研究》(Study on Emerging Issues of Data Ownership, Interoperability, (re-) Usability and Access to Data, and Liability: Final Report) 同样得出结论认为，通过立法创设数据所有权不应成为决策者的优先选项。④

在国内当前鼓励数据要素流通的背景下，从数据来源和数据生成特征方面借用"分别归属说"的模式对数据权属进行确认，可能更加有利于数据价值的流通和管理。2022年12月2日中共中央、国务院《关于构建数据基础制度更好发挥数据要素作用的意见》("数据二十条")提出了数据"三权分置"的思路，将数据产权划分为数据资源持有权、数据加工使用权、数据产品经营权三种权利形态。从权能形态及范围来看，"三权分置"框架对数据权能的表述方式，更多的是一种事实状态的描述，或者是从过程角度对数据负载的权利进行表述，尤其是"持有权""经营权"，在现有权利体系中较为罕见。尽管术语表达不一定精准，但是从实际控制数据相关主体的角度，对数据权利作此分类，从数据流通角度是有积极意义的。

---

① See Peter K. Yu, *Data Producer's Right and the Protection of Machine-Generated Data*, 93 Tulane Law Review 859 (2019).

② Lohsse, Sebastian, Reiner Schulze and Dirk Staudenmayer, *Trading Data in the Digital Economy: Legal Concepts and Tools: Münster Colloquia on EU Law and the Digital Economy* Ⅲ, Nomos Verlagsgesellschaft (2017).

③ See Pistor, *Rule by Data: The End of Markets?*, 83 Law & Contemporary Problems 101 (2020).

④ European Commission, Directorate-General for Communications Networks, Content and Technology, Wauters, P., Siede, A., Cocoru, D. (2018). *Study on Emerging Issues of Data Ownership, Interoperability, (re-) Usability and Access to Data, and Liability: Final Report*, Publications Office, https://data.europa.eu/doi/10.2759/781960.

(2) 关于数据定价

如同隐私的场景化一样，数据价值也具有场景化特征。同样类型的数据，在不同的应用场景下具有不同的价值，这是当前数据交易实践中，数据要素的定价方式难以标准化、难以衡量其准确性的重要原因。不同的应用场景代表了不同的数据应用商业模式，当前数据交易实践中的常见商业模式包括以下几类。

"数据即服务"模式。该模式下，企业向用户出售经广泛收集、精心过滤的具有很强时效性的数据，为用户提供商业机会。这种模式本质上是一种将多源数据进行加工后通过标准接口对外统一提供服务的能力，典型代表企业如新浪、头条、AnyDATA等。

数字媒体模式。该模式下，数字媒体公司通过多媒体服务，面向个人信息主体广泛搜集数据，充分发挥大数据的预测能力，开展精准的自营业务或者为第三方提供精准营销业务。市场上存在大量以数据精准营销为卖点的公司，由于此类公司数据源的合法性问题，许多公司并未公开展业。

数据互助模式。该模式下，拥有数据的企业之间形成封闭式的会员体系（协会），内部会员之间共享数据库（类似于数据互换），非会员则要按照协会的协商价格确定。

在上述不同数据交易模式下，数据的定价方式通常包括以下方式。

第一，基于成本进行定价。此种定价模式的特点是，参照从第三方取得数据的原始成本进行定价，数据市场的价格是支撑此定价模式的基础。

第二，基于任务进行定价。即依据某项数据产品对于数据消费者执行某项任务后所能产生的价值来确定数据价格，一般是按查得计费/查询计费，在模式上还细分为单次计费或包年计费等，从事信贷业务的公司及第三方支付机构经常采用此种模式进行数据定价。

第三，基于价值进行定价。即依据某项数据产品的内在价值（如隐私程度、数据质量优劣等）来确定其价格，隐私程度越高，数据的价格也往往越高。

第四，基于数据市场进行定价。① 主要包括：根据市场的供需关系来确定数据价格、基于博弈论确定数据价格、基于拍卖确定数据价格等。这种定价模式主要考虑数据市场类型和参与人的行为对数据价格产生的影响。

总体而言，数据的上述定价方式，与传统资产评估方法在理念上基本一致。2019 年 12 月 31 日中国资产评估协会发布的《资产评估专家指引第 9 号——数据资产评估》（中评协〔2019〕40 号）中，就数据资产评估提出了成本法、收益法和市场法三种基本方法及其衍生方法。该文件虽然仅仅是专家建议稿，不具有强制执行效力，但是在数据交易实践中仍具有一定的参考意义。在数据交易实践中考虑到数据自身的特性，这些方法的使用具有一定的局限性。② 在成本法定价方式下，数据的重置成本很难精确计量，数据的未来价值也比较难以体现，市场竞争程度、消费者需求等因素对数据成本的影响在此方式下很难充分体现。在收益法定价方式下，数据未来能够产生的价值和潜在风险难以准确预测和评估，数据带来的超额收益是基于大量的数据集合产生的，在单个数据层面比较难以均摊和拆分，并且，数据的有效使用年限和收益贴现率也很难选择。在市场法定价方式下，要求有一个成熟的数据交易市场，能够公允反映数据的成本合理性，而可比数据的选择往往是困难的，数据的真实价值一般需要根据不同的场景进行具体分析。笔者认为，要实现数据的合理定价，除了要克服上述局限外，还要对数据资产进行分级分类管理，结合数据应用场景的多样性特征，对上述估值定价方法进行修正，建立"数据资产类型—具体应用场景—估值定价方法"联动的数据财产定价体系，并综合运用

---

① 参见江东等：《数据定价与交易研究综述》，载《软件学报》2023 年第 3 期。
② 参见欧阳日辉、杜青青：《数据估值定价的方法与评估指标》，载《数字图书馆论坛》2022 年第 10 期。

智能合约、机器深度学习等数字化技术，使得数据要素的定价机制在技术加持下更加科学合理。

（三）数据信托受托人规制规则

1. 数据信托受托人的资质规则

受托人在数据信托架构中居于核心地位，负责对原始数据进行加工、流转和使用，是数据资源价值实现的纽带。此过程既涉及数据要素的处理、数据应用场景发掘，也涉及数据安全乃至国家安全问题；既关系到微观层面数据商业利益配置，也涉及公共利益保护。故此，应当对受托人进行资质核准和认定。

从比较法角度，受托人资质管理在各个国家的管控程度有很大差别。美国将数据信托作为一种强化数据控制者责任的手段，没有发展出独立的受托人组织或机构，仍然由数据控制者在事实上承担更多的信义义务，以解决个人隐私保护和宪法规定的言论自由之间的张力，没有就受托人的资质进行管控；英国虽然设立了独立的数据受托人，由数据受托人作为个人与数据主体与数据控制者之间的沟通桥梁，对相关法律关系进行博弈，解决数据与个人之间的权利失衡问题，但也没有对受托人进行专门的资质约束；日本和韩国的数据信托始发于个人将其数据和信息进行主动管理的需求，以便最大限度实现个人的利益诉求，对受托人进行了资质管控。我们国家的数据管理有特殊性，民间有大量数据需求，国家政策积极鼓励数据流通，但监管层面部分情况下又十分严苛。这决定了我们的数据信托之路既不能照搬美国，也不能完全复制英国和日本。我们的数据信托可能会采用场景面向的多元化数据信托治理架构，对受托人的资质管理应当体现中国特色。

本书认为，我国的受托人资质管理应当从现有行政许可管理体系出发，考虑便利性和成本最小化，受托人可以是数据交易所、数据科技服务商、国内传统信托公司。如果是数据交易所，可能要完善数据交易所与相关各方之间的权利义务关系；如果是数据科技服务商，则需要就网络安全、数据安全和个人信息保护方面需要履行的义务制定行业标准和实施细则；如果是传统信托公司，则要真正体现数据作为财产权的信托管理内容，而非仅以数据作为资产担保的方式进行市场化融资，但是一般情况下信托公司不具备专业的数据处理能力，完全可以考虑将此类专业技术服务委托第三方数据科技公司进行处理。按照2023年3月20日中国银保监会《关于规范信托公司信托业务分类的通知》，将信托业务分为资产服务信托、资产管理信托、公益慈善信托三大类共25个业务品种。笔者认为，资产服务信托中的新型资产服务信托符合数据信托在国内落地的场景需求，重要的是要结合数据特性夯实新型资产服务信托的产品设计内容。同时，对数据信托的资质应当进行扩大化理解，跳出"小信托"的思维局限，将数据交易所、数据科技服务商、国内传统信托公司在数据信托过程中提供的数据管理服务，放在"大信托"的制度背景下进行解释，并据此进行资质方面的行政管理。

2. 受托人信义义务规制规则

信义义务本属私法管理的范畴，但是，鉴于数据信托财产的特殊性，受托人除了承担私法上的忠实义务、勤勉义务之外，还应当受到公法方面的规则约束。现行网络安全法、数据安全法、个人信息保护法已经对数据处理者的责任在公法规制方面进行了规定，但对于受托人违反信义义务的公法管制，当前缺少具体规定。如前文第四章所述，对受托人违反信义义务的公法管制，主要应聚焦于行政法和刑法打击两个方面。在行政法救济措施方面，监管部门可以针对数据受托人违反信义义务采取多重管理措施，如监管谈话、责令停止、责令删除、责令限制处理、责令消除影响与赔礼道歉、记入信用档案并公示、发布风险提示等，还可以通过大额罚款、吊销主体登记证、吊销个人信息处理经营牌照等行政处罚手段，带来威慑效果。在刑法救济措施方面，囿于刑法的"谦抑性"和"最后手段性"，决定了通过刑事制裁进行打击的数据违法行为，应当是极其严重的违法行为，故在范围上应当严格管控。除了《刑法》目前规定的几类违法犯罪行为之外，对受托人违反信义义务的行为，还可以增设与数据要素加工、流通方面因故意或过失而构成的新型犯罪类别，以增强对数据受托人的行为管制，防止对国家安全、公共利益和社会秩序造成危害。

三、我国开展数据信托的立法建议

作为数据要素流通应用的一种全新尝试，数据信托在我国当前数据实践中应当有一席之地。鉴于国内法律体系目前对此缺少具体的规则支持，在借鉴考虑域外数据信托实践经验的基础上，本书认为可以对现有信托法律进行修改，或者制定专门的数据信托单行法，在数据信托主体、数据信托财产、受托人信义义务等方面进行以下规则尝试，初步构建具有中国特色的数据信托规则体系。

（一）数据信托主体规则

关于委托人，现行《信托法》第19条规定，"委托人应当是具有完全民事行为能力的自然人、法人或者依法成立的其他组织"。因数据资源价值的聚合性以及数据权利行使的可行性，我国不宜采用类似韩国、日本的个人委托模式，可以暂时确定以数据控制者（掌握大量数据的各类企业经营者）为委托人，设立数据信托，待将来数据信托模式验证成功后，再逐步放开个人作为委托人设立数据信托。因此，可以将该条款修改为："委托人应当是具有完全民事行为能力的自然人、法人或者依法成立的其他组织。但是数据信托的委托人应当是具有完全民事行为能力的法人或者依法成立的其他组织。"

关于受托人，现行《信托法》第24条规定，"受托人应当是具有完全民事行为能力的自然人、法人。法律、行政法规对受托人的条件另有规定的，从其规定"。与上述委托人规则类似，受托人应当明确限定范围，建议为："受托人应当是具有完全民事行为能力的自然人、法人，但是数据信托的受托人应当是具有完全民事行为能力的法人或者依法成立的其他组织。法律、行政法规对受托人的条件另有规定的,从其规定。"另外,未来可以采用类似《信托公司管理办法》的文件,对数据信托的受托人制定专门管理规定,对其资质的审核与许可、数据受托人的设立/变更/终止、经营范围、经营规则、监督管理等作出系统规定。明确将数据科技服务提供商、数据交易所、信托公司列入数据信托受托人的主体范围进行管理。

关于数据授权,可以在受托人的专门立法文件中设立专项条文,就数据处理的合规性进行确认,此应为数据信托体系中的关键条款。内容表述建议如下:"数据信托受托人进行数据处理,应当取得数据需求方所服务用户的完整、概括授权,授权内容应当涵盖数据查询、数据收集、使用目的、使用方式、使用范围等方面,如果未取得此类授权,受托人不得开展数据信托业务。"

(二)数据信托财产规则

现行《信托法》第7条规定,"设立信托,必须有确定的信托财产,并且该信托财产必须是委托人合法所有的财产。本法所称财产包括合法的财产权利"。基于数据信托财产的特性,可以将该条修改为:"设立信托,必须有确定的信托财产,并且该信托财产必须是委托人合法所有或控制的财产。本法所称财产包括合法的财产权利,既可以是有体物,也可以是无形财产权利,如知识产权、数据财产权等可以用货币进行价值评估并能依法转移控制的权利。"

现行《信托法》第15条规定,"信托财产与委托人未设立信托的其他财产相区别。设立信托后,委托人死亡或者依法解散、被依法撤销、被宣告破产时,委托人是唯一受益人的,信托终止,信托财产作为其遗产或者清算财产;委托人不是唯一受益人的,信托存续,信托财产不作为其遗产或者清算财产;但作为共同受益人的委托人死亡或者依法解散、被依法撤销、被宣告破产时,其信托受益权作为其遗产或者清算财产"。鉴于数据受托人对数据要素的加工往往基于多个数据源,因此商业性数据信托的委托人一般不是唯一受益人,且作为数据信托财产的数据标签一旦生成之后,也无法采用类似传统财产的返还或分配之类的操作手段进行处理，故此，可以明确在该条规定的基础上增加但书条款："但是，数据信托的委托人死亡或者依法解散、被依法撤销、被宣告破产而终止，信托财产不属于其遗产或者清算财产，具体处理方式可基于信托合同约定或法律规定由受托人进行处置。"

现行《信托法》第16条规定，"受托人死亡或者依法解散、被依法撤销、被宣告破产而终止，信托财产不属于其遗产或者清算财产"。鉴于受托人对数据信托财产的生成亦有贡献，因此这种情况下的数据财产处理应有特别规定，建议如下："受托人死亡或者依法解散、被依法撤销、被宣告破产而终止，信托财产不属于其遗产或者清算财产，具体处理方式可基于信托合同约定或法律规定由其他有资质的受托人进行处置。"

（三）受托人信义义务规则

在现行《个人信息保护法》体系下，受托人应被定义为"数据处理者"，因此与数据处理者相关的现行法律规定依然适用于受托人。除此之外，在具体规范方面，建议在受托人的专门立法文件中设立专项条文，从公法规制方面明确受托人在数据安全、网络安全方面的信义义务及相应的法律责任，督促其诚信履约，维护国家安全和社会公共利益。

结　　论

　　国内数据要素流通实践中当前面临的主要问题是，如何在保护个人信息主体的人格性权益和数据价值最大化之间寻求最佳平衡。存在的主要障碍具体表现为：数据确权问题争论不休、数据结构复杂导致数据流通侵权风险加大、数据匿名化和数据价值最大化之间存在矛盾、以"知情同意原则"为代表的个人信息事先授权模式事实上已经陷入形式合规怪圈，无法真正起到促进数据流通的作用。

　　基于这些问题，本书提出了数据信托的制度尝试。数据信托是具有鲜明时代背景的新概念，是将传统信托法律制度与当代互联网信息技术，以及数据进行深度融合的新尝试。由于这种机制的超前创新性，许多规则也未成熟，实践中仍然处于摸着石头过河的状态，关于数据信托的含义也未见到共识性结论。本书认为，传统信托要义在应用于数据财产的信托机制设计过程中应进行适度修正，紧密结合数据特征，淡化所有权概念，强调数据财产的"控制"并淡化"转移"概念，以数据受益权的可转让性作为数据财产设立信托的基本考量，突出为数据资产服务的特定目的而设立信托（如公共数据信托、商业数据信托）。在功效方面，数据信托能够促进数据安全可信流通、能够为数据权属配置提供灵活空间、能够促进数据要素定价机制的形成，且有利于促进数据合规地实现价值最大化。

　　要构建具有中国特色的数据信托制度，需要在数据信托主体、数据信托财产以及数据信托的信义方面进行重点考量，并构建相应的规则体系予以承载和落地。可以考虑在现有信托法架构基础上,结合已有法律法规并基于数据实践的需求,对数据信托进行规则设计。主要包括以下三个方面。

其一,在数据信托主体结构方面,无论是美国的"information fiduciary"、英国的"data trust",还是日本的"data bank"、韩国的"My data",都不太符合中国的数据要素流通实践。我国的数据信托主体架构,应当具有不同于以上三个代表性国家的独特做法,应有委托人、受托人、受益人、第三方数据科技服务提供商、数据监管部门等主体架构设置。数据委托方和受益人均可以是个人、企业和政府。受托人应当是持牌的专门机构,且受托人亦可聘请专业的第三方机构辅助完成受托义务。上述这些主体都在数据监管部门的监督和管理之下开展数据信托。

其二,在数据信托财产方面,作为信托财产的数据并非原始数据,而是经过模型处理后生成的衍生变量数据(或称数据标签),此类数据的去标识化程度和数据价值之间存在负相关的关系,数据信托的目的是找到两者之间的平衡点并加以商业化或公益性应用。对数据控制者而言,无须再强调"所有"的概念,有能力对数据进行"控制"即代表有资格享有由此带来的各种形式的收益,为实现实际利益提供了一种基础或可能。在财产权谱系中,数据信托财产应当归入第五类,它不仅具有物理垄断性,也有法律垄断性,委托人对数据信托财产的"许可",实质上是特殊的物理传授行为,接近于所有权意义上的"转让"但又不构成"转让"。这正是本书从"控制"而非"所有"的角度理解数据信托财产的理论主张。

在数据信托规则体系中,授权规则是需要重点考虑的问题。本书认为,在数据应用环节,应当从绝对的"前端授权"过渡到"后端授权"。从法经济学角度,"后端授权"比"前端授权"更符合经济上的成本效益原则,在数据要素流通过程中的应用更加具有操作上的便利性和可行性。当前数据实践中,从"前端授权"转变为"后端授权",代表着从"小数据"时代以赋权为核心的行为模式，过渡到"大数据"时代以救济为核心的效果模式，从权利规范过渡到责任规范，这是促使数据要素流通起来的核心和基本前提。

其三，数据信托的信义义务具有特殊性。作为一项填补性规则，信义义务面临的价值冲突是个人隐私保护和数据商业价值最大化。受托人优先倾向于哪个选项作为履行数据管理义务的基础，不仅涉及逻辑判断问题，更涉及价值判断问题。虽然数据信托实践在各国法律体系中尚未有广泛共识，但本书认为，数据信托的信义义务存在基于系统信任的技术基础和公法制度基础，且由于数据价值的场景依赖性而表现出高度的复杂性，这是由数据信托财产的特殊性决定的。根据这些特性，数据信托信义义务的救济也表现出了特殊性，包括解任权、撤销权等方面。在解任权方面，委托人/受益人依据数据信托合同行使解任权时，应通过法院依法作出裁决，而不得自行解任，以防交易秩序混乱及滥权行为的发生。解任权行使后，可以参考目前金融机构经营不善时的"接管"处理方法，将数据标签财产宜交由具有国家背书公信力的机构独立封存或保管，并在合适时机指定适格的受托人进行管理。在撤销权方面，从数据标签的应用规律及其应用后果来看，存在"撤销不能"的情形，无论将撤销权赋予委托人还是赋予受益人，在救济效果方面意义不大。相比撤销权，归入权的行使对数据信托财产的救济更有意义。

综合来看，立法进度的滞后、文件效力层级的强弱不一，致使当前数据实践中仍然存在大量的丛林法则。因此，要寻求科学有效的方法使得数据流通可控、可信，需要牢牢基于当前的数据实践，准确理解国家的数据政策导向，不搞"一刀切"。监管的宽严程度和数据商业流通之间的权衡，也要遵循"从数据实践中来，到数据实践中去"的思路，在隐私权保护、商业秘密保护和公共利益维护之间寻求最佳的平衡解决方案。

主要参考文献

一、著作类

（一）中文专著

1. 吕斌、李国秋：《组织情报学》，上海世界图书出版公司 2013 年版。
2. 李开复：《AI·未来》，浙江人民出版社 2018 年版。
3. 高富平：《个人信息保护立法研究》，光明日报出版社 2021 年版。
4. 朱扬勇主编：《大数据资源》，上海科学技术出版社 2018 年版。
5. 王汉生：《数据资产论》，中国人民大学出版社 2019 年版。
6. 黄志雄：《数据治理的法律逻辑》，武汉大学出版社 2021 年版。
7. 涂子沛：《大数据》，广西师范大学出版社 2015 年版。
8. 程啸：《个人信息保护法——理解与适用》，中国法制出版社 2021 年版。
9. 赵刚：《数据要素》，人民邮电出版社 2021 年版。
10. 陆小华：《信息财产权——民法视角中的新财富保护模式》，法律出版社 2009 年版。
11. 王钊阳：《论商事信托的法人化》，中国财政经济出版社 2023 年版。
12. 赵廉慧：《信托法解释论》，中国法制出版社 2015 年版。
13. 何海波：《法学论文写作》，北京大学出版社 2014 年版。
14. 王涌：《私权的分析与建构：民法的分析法学基础》，北京大学出版社 2020 年版。

15. 陈瑞华：《论法学研究方法》，法律出版社 2017 年版。

16. 涂子沛：《数文明》，中信出版集团 2018 年版。

17. 何克晶：《大数据前沿技术与应用》，华南理工大学出版社 2017 年版。

18. 王忠：《大数据时代个人数据隐私规制》，社会科学文献出版社 2014 年版。

19. 崔聪聪、王融、何培育等：《个人信息保护法研究》，北京邮电大学出版社 2015 年版。

20. 何宝玉：《信托法原理与判例》，中国法制出版社 2013 年版。

21. 徐孟州主编：《信托法》，法律出版社 2006 年版。

22. 周小明：《信托制度：法理与实务》，中国法制出版社 2012 年版。

23. 董慧凝：《信托财产法律问题研究》，法律出版社 2011 年版。

24. 刘雅静主编：《马克思主义政治经济学》，山东人民出版社 2013 年版。

25. 周枏：《罗马法原论》，商务印书馆 2014 年版。

26. 孙宪忠：《中国物权法总论》，法律出版社 2014 年版。

27. 魏振瀛：《民法》，高等教育出版社 2000 年版。

28. 高富平：《信息财产：数字内容产业的法律基础》，法律出版社 2009 年版。

29. 李晓辉：《信息权利研究》，知识产权出版社 2006 年版。

30. 齐爱民：《捍卫信息社会中的财产——信息财产法原理》，北京大学出版社 2009 年版。

31. 马长山：《迈向数字社会的法律》，法律出版社 2021 年版。

32. 殷赣新：《价值、货币和资本新论》，经济日报出版社 2009 年版。

33. 高建伟、牛小凡：《科斯〈社会成本问题〉句读》，经济科学出版社 2019 年版。

34. 何宝玉：《信托法原理研究》（第 2 版），中国法制出版社 2015 年版。

35. 王利明等编著：《民法典新规则解读与适用》，法律出版社 2023 年版。

36. 刘晓星：《大数据金融》，清华大学出版社 2018 年版。

37. 江平主编：《民法学》（第 4 版），中国政法大学出版社 2019 年版。

38. 尹田：《民法典总则之理论与立法研究》，法律出版社 2018 年版。

39. 张天民：《失去衡平法的信托》，中信出版社 2004 年版。

40. 徐卫：《信托受益人利益保障机制研究》，上海交通大学出版社 2011 年版。

41. 文杰：《信托法专题研究》，中国社会科学出版社 2012 年版。

42. 卞耀武主编：《中华人民共和国信托法释义》，法律出版社 2002 年版。

43. 薛波：《元照英美法词典》，法律出版社 2003 年版。

44. 徐国栋：《民法基本原则解释》，中国政法大学出版社 1992 年版。

45. 莫春雷主编：《风险管理体系建设》，经济管理出版社 2019 年版。

46. 陈聪富：《侵权归责原则与损害赔偿》，台北，元照出版有限公司 2004 年版。

47. 朱玮、吴云、杨波等：《区块链简史》，中国金融出版社 2020 年版。

48. 王泽鉴：《侵权行为》，北京大学出版社 2009 年版。

49. 万江：《数字经济与反垄断法》，法律出版社 2022 年版。

（二）中文译著

1. [英] 维克托·舍恩伯格、[英] 肯尼思·库克耶：《大数据时代：生活、工作与思维的大变革》，盛杨燕、周涛译，浙江人民出版社 2013 年版。

2. [美] 查理斯·莫里斯：《指号、语言和行为》，罗兰、周易译，上海人民出版社 1989 年版。

3. [美] 詹姆斯·格雷克：《信息简史》，高博译，人民邮电出版社 2013 年版。

4. [法] 笛卡尔：《谈谈方法》，王太庆译，商务印书馆 2000 年版。

5. ［英］卡尔·波普尔：《客观的知识》，舒炜光等译，中国美术学院出版社 2003 年版。

6. ［英］卡尔·波普尔：《通过知识获得解放》，范景中等译，中国美术学院出版社 2014 年版。

7. ［日］新井诚：《信托法》，刘华译，中国政法大学出版社 2017 年版。

8. ［美］亚伦·普赞诺斯基、杰森·舒尔茨等：《所有权的终结：数字时代的财产保护》，赵精武译，北京大学出版社 2022 年版。

9. ［美］罗纳德·H. 科斯等：《财产权利与制度变迁：产权学派与新制度学派译文集》，刘守英等译，格致出版社 2014 年版。

10. ［美］格里高利·曼昆：《经济学原理》，梁小民、梁砾译，北京大学出版社 2014 年版。

11. ［英］休谟：《人性论》，关文运译，商务印书馆 2016 年版。

12. ［德］卡尔·马克思：《1844 年经济学哲学手稿》，中共中央马克思恩格斯列宁斯大林著作编译局，人民出版社 2018 年版。

13. ［德］尼克拉斯·卢曼：《信任：一个社会复杂性的简化机制》，瞿铁鹏等译，上海人民出版社 2005 年版。

14. ［英］安东尼·吉登斯：《现代性的后果》，田禾译，译林出版社 2011 年版。

15. ［英］哈特：《法律的概念》（第 3 版），许家馨、李冠宜译，法律出版社 2018 年版。

16. ［德］卡尔·拉伦茨：《德国民法通论》（上），王晓晔等译，法律出版社 2004 年版。

17. ［美］罗伯特·考特、托马斯·尤伦：《法和经济学》，史晋川、董雪兵等译，上海人民出版社 2012 年版。

18. ［美］斯蒂芬·芒泽：《财产理论》，彭诚信译，北京大学出版社 2006

年版。

19. [美] 康芒斯：《制度经济学》（上册），于树生译，商务印书馆 1962 年版。

20. [德] 马克思：《资本论》，郭大力、王亚南译，上海三联书店 2009 年版。

21. [德] 黑格尔：《法哲学原理》，范扬、张企泰译，商务印书馆 1961 年版。

22. [美] 安德鲁·V. 爱德华：《数字法则——机器人、大数据和算法如何重塑未来》，鲜于静等译，机械工业出版社 2016 年版。

23. [英] 洛克：《政府论》（下篇），叶启芳、瞿菊农译，商务印书馆 1964 年版。

24. [英] 亚当·斯密：《国民财富的性质和原因的研究》（上卷），郭大力、王亚南译，商务印书馆 1972 年版。

25. [日] 中野正俊：《信托法判例研究》，张军建译，中国方正出版社 2006 年版。

26. [德] 迪特尔·梅迪库斯：《德国民法总论》，邵建东译，法律出版社 2013 年版。

27. [美] 海伦·尼森鲍姆：《场景中的隐私——技术、政治和社会生活中的和谐》，王苑等译，法律出版社 2022 年版。

28. [美] 约翰·罗尔斯：《正义论》，何怀宏等译，中国社会科学出版社 1988 年版。

29. [德] 卡尔·拉伦茨：《法学方法论》，陈爱娥译，商务印书馆 2003 年版。

30. [德] 拉德布鲁赫：《法律智慧警句集》，舒国滢译，中国法制出版社 2001 年版。

31. [奥] 凯尔森:《法与国家的一般理论》,沈宗灵译,商务印书馆 2013 年版。

32. [英] 格雷厄姆·弗戈:《衡平法与信托的原理》(上、下),葛伟军等译,法律出版社 2018 年版。

33. [美] 奥利弗·威廉姆森:《资本主义经济制度》,段毅才、王伟译,商务印书馆 2001 年版。

34. [美] 菲尔·尚帕涅编:《区块链启示录》,陈斌、胡繁译,机械工业出版社 2018 年版。

35. [希] 安德烈亚斯·M. 安东诺普勒斯:《精通比特币》,东南大学出版社 2018 年版。

36. [美] 保罗·维格纳、迈克尔·凯西:《区块链:赋能万物的事实机器》,凯尔译,中信出版集团 2018 年版。

37. [英] 伊恩·麦克唐纳、安·斯特里特:《衡平法与信托法精义》,李晓龙译,法律出版社 2018 年版

38. [日] 能见善久:《现代信托法》,赵廉慧译,中国法制出版社 2011 年版。

39. [美] 赫伯特·霍温坎普:《数字平台企业反垄断救济新论》,李中衡译,商务印书馆 2023 年版。

(三) 外文著作

1. Alan Westin, *Privacy and Freedom*, The Bodley Head Ltd., 1970.

2. Lawrence Lessig, *Code and Other Laws of Cyberspace*, Tandem Library, 1999.

3. Gregory S. Alexander, *Commodity & Property: Competing Visions of Property in American Legal Thought*, 1776 – 1970, University of Chicago Press, 1997.

4. Lohsse, Sebastian, Reiner Schulze and Dirk Staudenmayer, *Trading Data in*

the Digital Economy: Legal Concepts and Tools: Münster Colloquia on EU Law and the Digital Economy Ⅲ. Nomos Verlagsgesellschaft, 2017.

5. John D. McCamus, *The Evolving Role of Fiduciary Obligation*, in Meredith Lectures 1998－1999, *The Continued Relevance of the Law of Obligations*, *Back to Basics*, Les Editions Yvon Blasi, 2000.

6. Baugh, Danile A., Byng, John, *Oxford Dictionary of National Biography*, Oxford University Press, 2004.

二、期刊论文类

（一）中文期刊

1. 王利明：《论数据权益：以"权利束"为视角》，载《政治与法律》2022年第7期。

2. 周汉华：《数据确权的误区》，载《法学研究》2023年第2期。

3. 高富平：《个人信息流通利用的制度基础——以信息识别性为视角》，载《环球法律评论》2022年第1期。

4. 周晓冬：《论大数据时代个人数据产权化的伦理准则》，载《南大法学》2022年第4期。

5. 凌斌：《法律救济的规则选择：财产规则、责任规则与卡梅框架的法律经济学重构》，载《中国法学》2012年第6期。

6. 彭诚信：《论个人信息的双重法律属性》，载《清华法学》2021年第6期。

7. 翟志勇：《论数据信托：一种数据治理的新方案》，载《东方法学》2021年第4期。

8. 蔡丽楠：《数据信托参与数据治理：理论逻辑与实现机制》，载《金融评论》2022年第1期。

9. 凌超：《"数据信托"探析：基于数据治理与数据资产化的双重视角》，

载《信息通讯技术与政策》2022 年第 2 期。

10. 黄京磊、李金璞等：《数据信托：可信的数据流通模式》，载《大数据》2023 年第 16 期。

11. 刘新海、安光勇等：《个人征信行业的创新方向——韩国 MyData 行业与征信应用》，载《征信》2023 年第 6 期。

12. 张丽英、史沐慧：《电商平台对用户隐私数据承担的法律责任界定——以合同说、信托说为视角》，载《国际经济法学刊》2019 年第 4 期。

13. 冯果、薛亦飒：《从"权利规范模式"走向"行为控制模式"的数据信托——数据主体权利保护机制构建的另一种思路》，载《法学评论》2020 年第 3 期。

14. 夏义堃、管茜等：《数据信托的内涵、生成逻辑与实现路径》，载《图书情报知识》2022 年第 5 期。

15. 席月民：《数据安全：数据信托目的及其实现机制》，载《法学杂志》2021 年第 9 期。

16. 钟宏、袁田：《数据信托的制度价值与创新》，载《中国金融》2020 年第 19 期。

17. 梅夏英：《数据的法律属性及其民法定位》，载《中国社会科学》2016 年第 9 期。

18. 纪海龙：《数据的私法定位与保护》，载《法学研究》2018 年第 6 期。

19. 孟小峰、杜治娟：《大数据融合研究：问题与挑战》，载《计算机研究与发展》2016 年第 2 期。

20. 韩旭至：《信息权利范畴的模糊性使用及其后果——基于对信息、数据混用的分析》，载《华东政法大学学报》2020 年第 1 期。

21. 李爱君：《数据权利属性与法律特征》，载《东方法学》2018 年第 3 期。

22. 梅夏英：《信息和数据概念区分的法律意义》，载《比较法研究》2020年第6期。

23. 崔国斌：《大数据有限排他权的基础理论》，载《法学研究》2019年第5期。

24. 黄璜：《数字政府的概念结构：信息能力、数据流动与知识应用》，载《学海》2018年第4期。

25. 程建华、王珂珂：《再论数据的法律属性——兼评〈民法典〉第127条规定》，载《重庆邮电大学学报（社会科学版）》2020年第5期。

26. 邱均平、陈敬全：《网络信息资源法制管理的比较研究——中、美数据库知识产权保护的比较分析》，载《知识产权》2001年第5期。

27. 徐实：《企业数据保护的知识产权路径及其突破》，载《东方法学》2018年第5期。

28. 王超政：《论数据库的邻接权保护》，载《湖北社会科学》2012年第11期。

29. 王玉林、高富平：《大数据的财产属性研究》，载《图书与情报》2016年第1期。

30. 齐爱民、盘佳：《数据权、数据主权的确立与大数据保护的基本原则》，载《苏州大学学报（哲学社会科学版）》2015年第1期。

31. 程啸：《论大数据时代的个人数据权利》，载《中国社会科学》2018年第3期。

32. 程啸：《区块链技术视野下的数据权属问题》，载《现代法学》2020年第2期。

33. 龙卫球：《数据新型财产权构建及其体系研究》，载《政法论坛》2017年第4期。

34. 龙卫球：《再论企业数据保护的财产权化路径》，载《东方法学》2018

年第 3 期。

35. 李雨峰：《互联网领域不正当竞争行为的判定》，载《重庆邮电大学学报（社会科学版）》2016 年第 1 期。

36. 孔祥俊：《论反不正当竞争法"商业数据专条"的建构——落实中央关于数据产权制度顶层设计的一种方案》，载《东方法学》2022 年第 5 期。

37. 申卫星：《论数据用益权》，载《中国社会科学》2020 年第 11 期。

38. 朱扬勇：《从数据的属性看数据资产》，载《大数据》2018 年第 6 期。

39. 杜振华、茶洪旺：《数据产权制度的现实考量》，载《重庆社会科学》2016 年第 8 期。

40. 丁晓东：《论企业数据权益的法律保护》，载《法律科学》2020 年第 2 期。

41. 丁晓东：《论个人信息法律保护的思想渊源与基本原理——基于"公平信息实践"的分析》，载《现代法学》2019 年第 3 期。

42. 解正山：《数据驱动时代的数据隐私保护——从个人控制到数据控制者信义义务》，载《法商研究》2020 年第 2 期。

43. 邢会强：《数据控制者的信义义务理论质疑》，载《法制与社会发展（双月刊）》2021 年第 4 期。

44. 赵廉慧：《论信义义务的法律性质》，载《北大法律评论》2020 年第 1 期。

45. 王涌：《信义义务是私募基金业发展的"牛鼻子"》，载《清华金融评论》2019 年第 3 期。

46. 彭辉：《数据权属的逻辑结构与赋权边界——基于"公地悲剧"和"反公地悲剧"的视角》，载《比较法研究》2022 年第 1 期。

47. 宋行健：《滥用网络爬虫技术收集个人信息的刑法规制》，载《湖南科技大学学报（社会科学版）》2021 年第 24 期。

48. 许可：《数据保护的三重进路——评新浪微博诉脉脉不正当竞争案》，载《上海大学学报（社会科学版）》2017 年第 34 期。

49. 申卫星：《数字权利体系再造：迈向隐私、信息与数据的差序格局》，载《政法论坛》2022 年第 3 期。

50. 黄文杰：《论企业数据有限财产权》，载《宁夏大学学报（人文社会科学版）》2022 年第 5 期。

51. 饶卫雄、高宏业等：《基于半监督学习的多源异构数据治理》，载《同济大学学报（自然科学版）》2022 年第 10 期。

52. 梅夏英：《企业数据权益原论：从财产到控制》，载《中外法学》2021 年第 5 期。

53. 高富平：《数据流通理论——数据资源权利配置的基础》，载《中外法学》2019 年第 6 期。

54. 丁晓东：《数据公平利用的法理反思与制度重构》，载《法学研究》2023 年第 2 期。

55. 许可：《数据权利：范式统合与规范分殊》，载《政法论坛》2021 年第 4 期。

56. 汪太贤：《权利泛化与现代人的权利生存》，载《法学研究》2014 年第 1 期。

57. 张曦：《"权利泛化"与权利辩护》，载《华东政法大学学报》2016 年第 3 期。

58. 任颖：《数据立法转向：从数据权利入法到数据法益保护》，载《政治与法律》2020 年第 6 期。

59. 高富平：《制定一部促进个人信息流通利用的〈个人信息保护法〉》，载《探索与争鸣》2020 年第 11 期。

60. 吴汉东：《财产权客体制度论——以无形财产权客体为主要研究对

象》，载《法商研究》2000 年第 4 期。

61. 吴汉东：《财产的非物质化革命与革命的非物质财产法》，载《中国社会科学》2003 年第 4 期。

62. 徐涤宇：《历史地、体系地认识物权法》，载《法学》2002 年第 4 期。

63. 马俊驹、梅夏英：《财产权制度的历史评析和现实思考》，载《中国社会科学》1999 年第 1 期。

64. 黄泷一：《英美法系的物权法定原则》，载《比较法研究》2017 年第 2 期。

65. 马长山：《智慧社会背景下的"第四代人权"及其保障》，载《中国法学》2019 年第 5 期。

66. 陈万钦：《数字经济理论和政策体系研究》，载《经济与管理》2020 年第 6 期。

67. 丁晓东：《什么是数据权利？——从欧洲〈一般数据保护条例〉看数据隐私的保护》，载《华东政法大学学报》2018 年第 4 期。

68. 丁晓东：《数据到底属于谁——从网络爬虫看平台数据权属与数据保护》，载《华东政法大学学报》2019 年第 5 期。

69. 程啸：《论个人信息权益与隐私权的关系》，载《当代法学》2022 年第 4 期。

70. 王利明：《论个人信息权的法律保护以个人信息权与隐私权的界分为中心》，载《现代法学》2013 年第 4 期。

71. 张新宝：《从隐私到个人信息：利益在衡量的理论与制度安排》，载《中国法学》2015 年第 3 期。

72. 贺小石：《数据信托：个人网络行为信息保护的新方案》，载《探索与争鸣》2022 年第 12 期。

73. 周小明：《信托税制的构建与金融税制的完善》，载《涉外税务》2010

年第 8 期。

74. 高富平：《同意≠授权——个人信息处理的核心问题辨析》，载《探索与争鸣》2021 年第 4 期。

75. 刘艳红：《网络爬虫行为的刑事规制研究——以侵犯公民个人信息犯罪为视角》，载《政治与法律》2019 年第 11 期。

76. 凡景强、邢思聪：《大数据伦理研究进展、理论框架及其启示》，载《情报杂志》2023 年第 3 期。

77. 付霞、付才：《新时代数据安全风险的法律治理》，载《长江大学学报（社会科学版）》2019 年第 2 期。

78. 黎四奇：《数据科技伦理法律化问题探究》，载《中国法学》2022 年第 4 期。

79. 钱子瑜：《论数据财产权的构建》，载《法学家》2021 年第 6 期。

80. 沈健州：《数据财产的权利架构与规则展开》，载《中国法学》2022 年第 4 期。

81. 肖中华：《大数据时代"合理隐私期待"主客观标准的适用》，载《江西社会科学》2016 年第 11 期。

82. 齐爱民：《个人信息保护法研究》，载《河北法学》2008 年第 4 期。

83. 纪庆全：《"合理隐私期待"标准及其对中国的借鉴意义》，载《西部法学评论》2021 年第 5 期。

84. 李爱君：《论数据权利归属与取得》，载《西北工业大学学报（社会科学版）》2020 年第 1 期。

85. 江东等：《数据定价与交易研究综述》，载《软件学报》2023 年第 3 期。

86. 高富平：《个人信息保护：从个人控制到社会控制》，载《法学研究》2018 年第 3 期。

87. 杨自然：《英国衡平法下的"诚信义务"》，载《清华法治论衡》2014年第2期。

88. 赵磊：《信托受托人的角色定位及其制度实现》，载《中国法学》2013年第4期。

89. 汪其昌：《信义关系：金融服务者于金融消费者关系的另一视角》，载《上海财经研究》2011年第6期。

90. 杨瑞龙、聂辉华：《不完全契约理论：一个综述》，载《经济研究》2006年第2期。

91. 朱慈蕴、沈朝晖：《不完全合同视角下的公司治理规则》，载《法学》2017年第4期。

92. 郑佳宁：《现代公司法注意义务规范体系的构建》，载《社会科学研究》2022年第4期。

93. 丁滟、王闯等：《基于区块链监管的联盟数据可信流通》，载《计算机工程与科学》2022年第10期。

94. 闫树、吕艾临：《隐私计算发展综述》，载《信息通信技术与政策》2021年第6期。

95. ［美］凯文·沃巴赫：《信任，但需要验证：论区块链为何需要法律》，林少伟译，载《东方法学》2018年第4期。

96. 石超：《区块链技术的信任制造及其应用的治理逻辑》，载《东方法学》2020年第1期。

97. 吴烨：《论智能合约的私法构造》，载《法学家》2020年第2期。

98. ［英］凯伦·杨：《区块链监管："法律"与"自律"之争》，林少伟译，载《东方法学》2019年第3期。

99. 金可可：《简论罗马法上对人之诉与对物之诉的区分》，载《学海》2007年第4期。

100. 汤维建：《论民事证据契约》，载《政法论坛（中国政法大学学报）》2006 年第 4 期。

101. 程春华：《举证责任分配、举证责任倒置与举证责任转移——以民事诉讼为考察范围》，载《现代法学》2008 年第 2 期。

102. 王利明：《数据何以确权》，载《法学研究》2023 年第 4 期。

103. 周德懋、李舟军：《高性能网络爬虫：研究综述》，载《计算机科学》2009 年第 8 期。

104. 杨定中等：《网络爬虫在 Web 信息搜索与数据挖掘中应用》，载《计算机工程与设计》2009 年第 24 期。

105. 丁晓东：《论数据携带权的属性、影响与中国应用》，载《法商研究》2020 年第 1 期。

106. 卜学民：《论数据本地化模式的反思与制度构建》，载《情报理论与实践》2021 年第 12 期。

107. 洪延青：《国家安全视野中的数据分类分级保护》，载《中国法律评论》2021 年第 5 期。

108. 张琼丽、陈翼：《数据分级分类方法及实践研究》，载《经营与管理》2022 年第 8 期。

109. 商希雪、韩海庭：《数据分类分级治理规范的体系化建构》，载《电子政务》2022 年第 10 期。

110. 刘戒骄：《数据垄断形成机制与监管分析》，载《北京工业大学学报（社会科学版）》2023 年第 1 期。

111. 许光耀：《垄断行为非法性的认定标准及反垄断分析的基本方法》，载《广东社会科学》2022 年第 6 期。

（二）外文期刊

1. Guido Calabresi, Douglas Melamed, *Property Rules*, *Liability Rules*, *and*

Inalienability: One View of the Cathedral, 85 Harvard Law Review 1089 (1972).

2. Jack M. Balkin, *Information Fiduciaries and the First Amendment*, 49 University of California, Davis Law Review 1183, 1186 (2016).

3. L. Edwards, *The Problem with Privacy: A Modest Proposal*, 18 International Review of Law Computers & Technology 309 (2004).

4. Ariel Dobkin, *Information Fiduciaries in Practice: Data Privacy and User Expectations*, 33 Berkeley Technology Law Journal 12 (2018).

5. Sylvie Delacroix, Neil D. Lawrence, *Bottom-up Data Trusts: Disturbing the 'One Size Fits All' Approach to Data Governance*, 9 International Data Privacy Law 236 (2019).

6. Jeremiah Lau, James Penner, Benjamin Wong, *The Basics of Private and Public Data Trusts*, 19 National University of Singapore Law Paper 1 (2019).

7. Jennifer Rowley, *The Wisdom Hierarchy: Representations of the DIKW Hierarchy*, 33 Journal of Information Science 163 (2007).

8. Paul M. Schwartz, *Beyond Lessing's Code for Internet Privacy: Cyberspace Filter, Privacy Control and Fair Information Practices*, 2000 Wisconsin Law Review 743 (2001).

9. Paul M. Schwartz, *Property, Privacy, and Personal Data*, 117 Harvard Law Review 2055 (2004).

10. E. Derclaye, *Databases Sui Generis Right: Should We Adopt the Spin-Off Theory?*, 9 Social Science Electronic Publishing 26 (2004).

11. Lee Anne Fennell, *Lumpy Property*, 160 University of Pennsylvania Law Review 1955 (2012).

12. Thomas W. Merrill, *Property as Modularity*, 125 Harvard Law Review 151 (2012).

13. Lina M. Khan, David E. Pozen, *A Skeptical View of Information Fiduciaries*, 133 Harvard Law Review 497 (2019).

14. Kieron O'Hara, *Data Trusts: Ethics, Architecture and Governance for Trustworthy Data Stewardship*, University of Southampton Institutional Repository 8 (2019).

15. Jack M. Balkin, *Fixing Social Media's Grand Bargain*, Political Science, Law, Business 1814 (2018).

16. Jack M. Balkin, *The Fiduciary Model of Privacy*, 134 Harvard Law Review 11 (2020).

17. Keith Porcaro, *In Trust, Data*, 105 Minnesota Law Review, Headnotes 332 (2021).

18. Joao Marinotti, *Data Types, Data Doubts & Data Trusts*, 97 New York University Law Review 146 (2022).

19. Michael A. Heller, *The Tragedy of the Anti-commons: Property in the Transition from Marx to Markets*, 111 Harvard Law Review 621–688 (1998).

20. Kenneth J. Vandevelde, *The New Property of the Nineteenth Century: The Development of the Morden Concept of Property*, 29 Buffalo Law Review 325 (1980).

21. Pamela Samuelson, *Mapping the Digital Public Domain: Threats and Opportunities*, 66 Law & Contemp. Probs, 147, 160 (2003).

22. Daniel J. Gervais, *The Protection of Databases*, 82 Chicago-Kent Law Review 1109, 1167 (2007).

23. Jane C. Ginsburg, *Copyright, Common Law and Sui Generis Protection of Databases in the United States and Abroad*, 66 University of Cincinnati Law Review 152 (1997).

24. Kathleen C. Riley, *Data Scraping as a Cause of Action：Limiting Use of the CFAA and Trespass in Online Copying Cases*, 29 Fordham Intellectual Property, Media & Entertainment Law Journal 245, 260（2019）.

25. Paul Ohm, *Broken Promises of Privacy：Responding to the Surprising Failure of Anonymizaiton*, 57 UCLA Law Review 1701, 1733 – 34（2010）.

26. Wesley Newcomb Hohfeld, *Some Fundamental Legal Conceptions as Applied in Judicial Reasoning*, 23 Yale Law Journal 16（1913 – 1914）.

27. Vanatta, *Indivisibility of Copyright – An Obsolete Doctrine*, 37 University of Colorado Law Review 95（1964）.

28. Eloit Groffman, *Divisibility of Copyright：Its Application and Effect*, 19 Santa Clara Law Review 171（1979）.

29. Herbert Zech, *Building a European Data Economy*, IIC – 48 International Review of Intellectual Property and Competition Law 501（2017）.

30. Herbert Zech, *A Legal Framework for a Data Economy in the European Digital Single Market：Rights to Use Data*, 11 Journal of Intellectual Property Law & Practice, 460（2016）.

31. Peter K. Yu, *Data Producer's Right and the Protection of Machine – Generated Data*, 93 Tulane Law Review 859（2019）.

32. Pistor, *Rule by Data：The End of Markets?*, 83 Law & Contemporary Problems 101（2020）.

33. Stankovic Pejnovic, Vesna, *The Age of Surveillance Capitalism：The Fight for a Human Future at the New Frontier of Power*, 22 Journal of Information Technology Case and Application Research 288（2020）.

34. Deborah A. DeMott, *Beyond Metaphor：An Analysis of Fiduciary Obligation*, 1988 Duke Law Journal 879（1988）.

35. Robert Flannigan, *The Fiduciary Obligation*, 9 Oxford Journal of Legal Studies 301 (1989).

36. Leonard I. Rotman, *Fiduciary Doctrine: A Concept in Need of Understanding*, 34 Alberta Law Review821 (1995–1996).

37. Paul B. Miller, *A Theory of Fiduciary Liability*, 56 McGill Law Journal 65 (2011).

38. Sanford J. Grossman, Oliver D. Hart, *The Costs and Benefits of Ownership: A Theory of Vertical and Lateral Integration*, 94 Journal of Political Economy 691 (1986).

39. Oliver D. Hart, John Moore, *Property Rights and the Nature of the Film*, 98 Journal of Political Economy 1119 (1990).

40. Onnig H. Dombalagian, *Investment Recommendations and the Essence of Duty*, 60 American University Law Review 1294 (2011).

41. Kenneth B. Davis, Jr., *Judicial Review of Fiduciary Decision Making: Some Theoretical Perspectives*, 80 New York University Law Review 10 (1985).

42. Jones, *Unjust Enrichment and the Fiduciary's Duty of Loyalty*, 84 Law Quarterly Review 477 (1968).

43. Alyssa Knutson, *Proceed with Caution: How Digital Archives Have Been Left in the Dark*, 24 Berkeley Technology Law Journal 437, 444–445 (2009).

三、学位论文类

1. 姬蕾蕾:《数据权的民法保护研究》,西南政法大学2019年博士学位论文。

2. 钱俊成:《资产管理人信义义务研究》,上海财经大学2020年博士学位论文。

四、案例

（一）中文案例

1. 北京知识产权法院（2016）京73民终588号民事判决书。

2. 北京市海淀区人民法院（2015）海民（知）初字第12602号民事判决书。

3. 浙江省杭州市西湖区人民法院（2020）浙0106刑初437号刑事判决书。

4. 浙江省杭州市西湖区人民法院（2020）浙0106刑初437号刑事判决书。

5. 北京知识产权法院（2019）京73民终3789号民事判决书。

（二）外文案例

1. Feist Publications, Inc., v. Rural Telephone Service Co., 499 U. S. 340 (1991).

2. British Horseracing Board Ltd. v. William Hill Organisation Ltd., EU Case C-203/02, 2004 WL 2709083 (2004).

3. Fixtures Marketing Ltd. v. Organismos Prognostikon Agonon Podosfairou AE, ECLI：EU：C：2004：697.

4. Fixtures Marketing Ltd. v. Oy Veikkaus AB, EU：C：2004：332.

5. Fixtures Marketing Ltd. v. SvenskaSpel AB, EU：C：2004：696.

6. Katz v. United States, 389 U. S. 347, 351 (1967).

7. Smith v. Maryland, 442, U. S. 735 (1979).

8. Rakas v. Illinois, 439 U. S. 128, 143-44n. 12 (1978).

9. Florida v. Riley, 488 U. S. 445, 451 (1989).

10. Aronson v. Lewis, 473 A. 2d 805, 812-813 (1984).

五、网址及其他

1. Samuel Flender，*Data is Not the New Oil*，*Towards New Data Sci*，https：//towardsdatascience. com/data – is – not – thenewoil – bdb31f61bc2d.

2. 《滴滴被罚80.26亿元，存在16项违法事实》，https：//www. zjwx. gov. cn/art/2022/7/21/art_ 1694595_ 58871622. html？eqid = e6d0a8e400031547000000066497f06c。

3. 《8·19徐玉玉电信诈骗案》，https：//baike. baidu. com/item/8％C2％B719％E5％BE％90％E7％8E％89％E7％8E％89％E7％94％B5％E4％BF％A1％E8％AF％88％E9％AA％97％E6％A1％88/20091304？fr = ge_ ala。

4. 《中国数据要素安全流通白皮书》（2023），https：//baijiahao. baidu. com/s？id = 1761767347502311369&wfr = spider&for = pc。

5. 《2024—2029年全球及中国数据要素市场监测调研及投资潜力评估预测报告》，https：//www. bilibili. com/read/cv27520978/。

6. 《马斯克警告：人工智能是人类文明最大的威胁之一》，https：//m. chinabyte. com/ai/350/2147443350. shtml。

7. 《公安部："净网2020"专项行动全年侦办网络犯罪案件5.6万起》，https：//www. gov. cn/xinwen/2021 – 03/08/content_ 5591521. html。

8. 《数据价值化与数据要素市场发展报告》（2021年），http：//www. caict. ac. cn/kxyj/qwfb/ztbg/202105/P020210527392862309670. pdf。

9. Jack Hardinges，*Defining a "Data Trust"*，https：//www. theodi. org/article/defining – a – data – trust/.

10. Data trust in 2020，https：//www. theodi. org/article/data – trusts – in – 2020/.

11. Independent assessment of the Open Data Institute's work on data trusts and on the concept of data trusts，http：//theodi. org/wp – content/uploads/2019/04/

Datatrusts – economicfunction. pdf.

12. Extended ODI Data Trust report：5 – Further use cases to consider，http：//theodi. org /wp – content /uploads /2019 /04 /BPE_ PITCH_ EXTENDED_ ODI – FINAL. pdf.

13. Exploring Data Trust Certifications，http：//theodi. org/wp – content/uploads/2019/04/Report_ – Exploring – Data – Trust – Certification. pdf.

14. Designing decision making processes for data trusts：lessons from three pilots，http：//theodi. org /wp – content /uploads/2019/04/General – decision – making – report – Apr – 19. pdf.

15. Data trusts：legal and governance considerations，http：//theodi. org/wp – content/uploads/2019/04/General – legal – report – on – datatrust. pdf.

16. McFarlane, B. Data Trusts and Defining Property，https：//www. law. ox. ac. uk/research – and – subject – groups/property – law/blog/2019/10/data – trusts – and – defining – property.

17. 10 Breakthrough Technologies 2021，MIT Technology Review，https：//www. technologyreview. com/2021/02/24/1014369/10 – breakthrough – technologies – 2021.

18. ALI – ELI Principles for a Data Economy：Data Transactions and Data Rights，https：//www. principlesforadataeconomy. org/the – project/the – current – draft/.

19. 《数据信托功能认定指南 Ver 2. 2》，https：//www. meti. go. jp/press/2022/06/20220630006/20220630006 – b. pdf。

20. 《问路数据信托 中航信托发行首单数据资产信托》，https：//www. financialnews. com. cn/trust/hyzx/201611/t20161128_ 108665. html。

21. ISO /IEC 2382：2015 （en）Information technology—Vocabulary，

https：//www. iso. org/obp/ui#iso：std：iso – iec：2382：ed – 1：v2：en.

22. W. Hall, J. Pesenti, *Growing the artificial intelligence industry in the UK*, https：//assets. publishing. service. gov. uk/government/uploads/system/uploads/attachment_ data/file/ 652097/Growing_ the_ artificial_ intelligence_ industry_ in_ the_ UK. pdf.

23. OECD, Data – Driven Innovation Big Data for Growth and Well – Being, "Interism Synthesis Report", http：// www. oecd. org/sti/inno/data – driven – innovation – interism – synthesis. pdf.

24. Intellectual Property：Evaluation of EU Rules on Databases, http：//europa. eu. int/comm/internal_ market/copyright/prot – databases/prot – databases_ en. html.

25.《老鼠仓案败诉基民陷囚徒困境》, http：//finance. sina. com. cn/money/fund/20090312/11455967055. shtml? from = wap。

26.《理想很丰满现实很骨感　贵阳大数据交易所这六年》, https：//stock. stcn. com/djjd/202107/t20210712_ 3426536. html。

27.《探索个人数据受托制确权, 他山之石可攻玉——个人数据管理（MyData）模式在韩国的发展与应用》, https：//max. book118. com/html/2023/0503/5340241300010201. shtm。

28. IDC,《数据时代 2025》, https：//www. jiemian. com/article/2886390. html。

附　　录

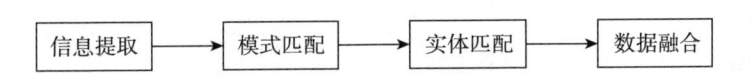

图 1　多源异构数据治理的普遍方案

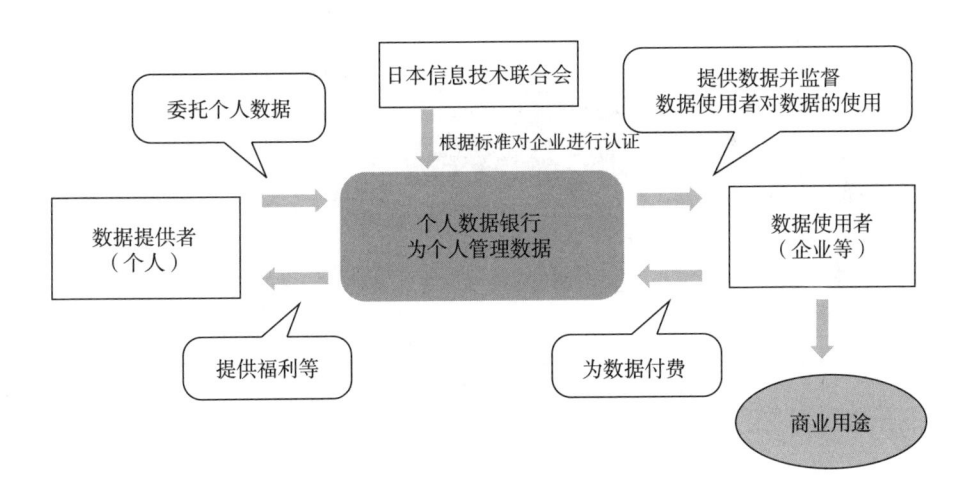

图 2　日本个人信息银行结构

300　···　　　　　　　　　　　　　　　　　　　　　　　　数据信托 | 制度研究

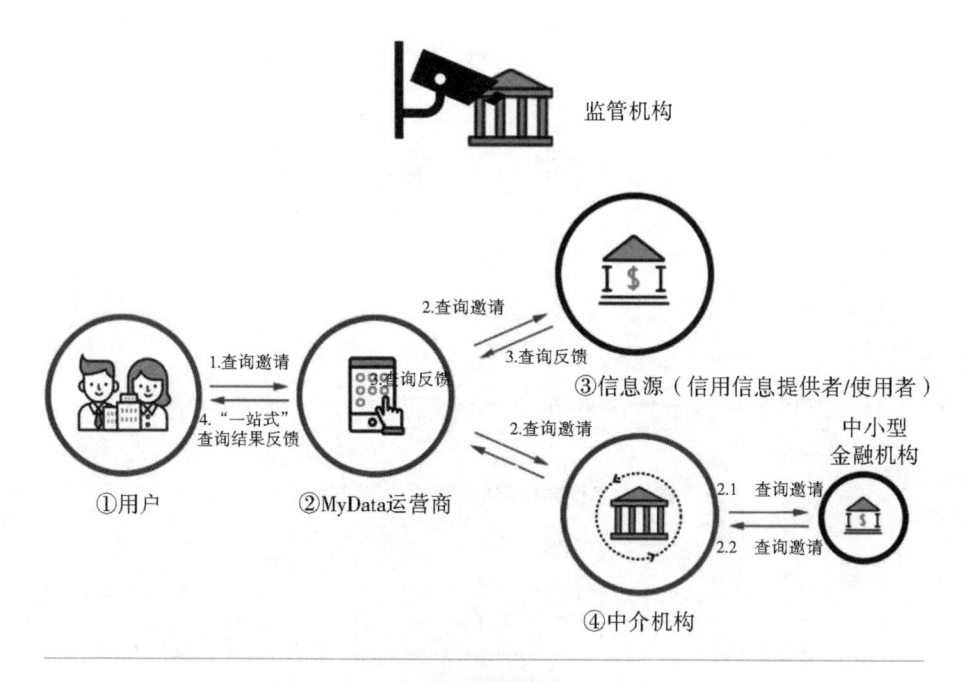

图 3　MyData 参与主体架构

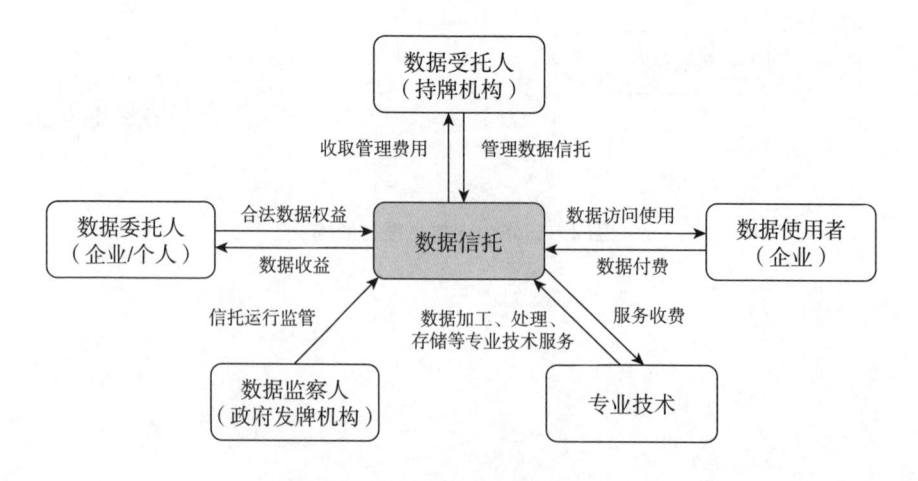

图 4　商业数据信托架构示意

附　录

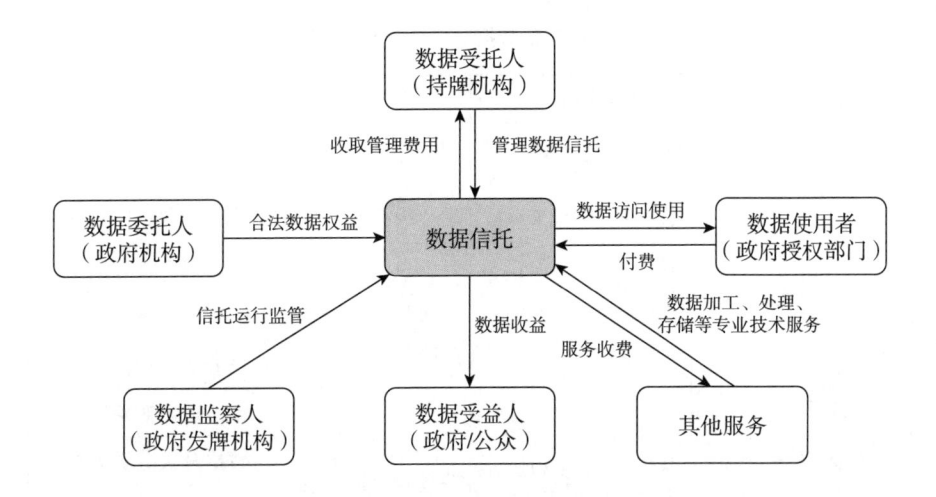

图 5　公共数据信托架构示意

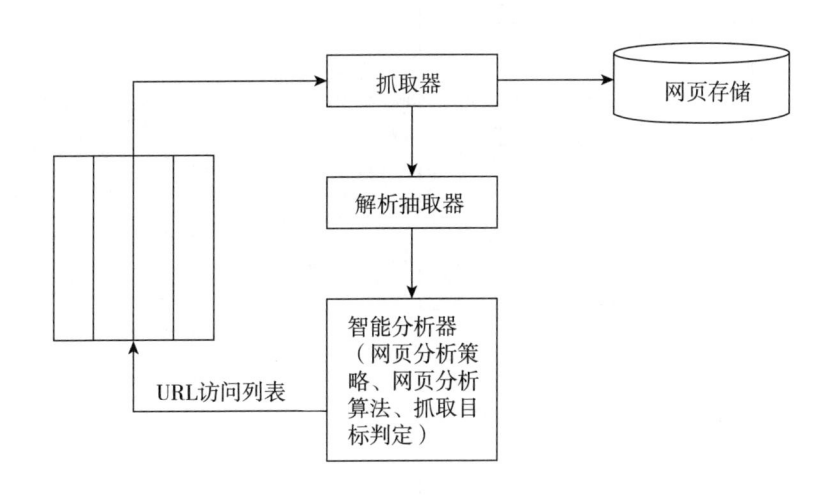

图 6　URL 工作原理

表1 国内目前就数据分类的主要规范性文件

适用行业	实施时间	发文机关	行业指南	框架结构
跨行业	2007年6月	国家质量监督检验检疫总局；中国国家标准化管理委员会	《信息安全技术 信息安全事件分类分级指南》	信息安全事件分类
				信息安全事件分级
	2019年8月	国家市场监督管理总局；中国国家标准化管理委员会	《信息安全技术 大数据安全管理指南》	数据分级方法
				数据分类方法
				数据分级分类保护要求
	2020年2月	中华人民共和国工业和信息化部	《工业数据分级分类指南（试行)》	适用对象
				数据分级分类方法
				数据分级分类原则
				数据分级管理方法
通信	2014年12月	中华人民共和国工业和信息化部	《电信和互联网服务 用户个人信息保护定义及分类》	用户个人信息保护范围
				用户个人信息内容和分类
				用户个人信息保护分级概述
				用户个人信息保护分级方法
	2020年12月	中华人民共和国工业和信息化部	《基础电信企业数据分级分类方法》	数据分级分类原则
				数据分级分类流程
				数据分级分类方法
金融	2018年9月	中国证券监督管理委员会	《证券期货业数据分类分级指引》	数据分级分类前提条件
				数据分级分类方法及原则
				数据分级分类中问题处理
	2020年2月	中国人民银行	《金融数据安全 数据安全分级指南》	数据安全定级
				重要数据识别
医疗	2021年7月	国家市场监督管理总局；中国国家标准化管理委员会	《信息安全技术 健康医疗数据安全指南》	数据分类范围
				数据分级方法
				数据安全管理原则